テキスト 体育・スポーツ経営学

柳沢和雄 木村和彦 清水紀宏 ● 編著

Management for Physical Education and Sport

Management for Physical Education and Sport

大修館書店

まえがき

　スポーツは、私たちの生活に欠かすことのできない営みとなりました。我が国におけるスポーツは、学校体育にみられる教育的価値の実現を前提に発展してきましたが、その後スポーツの楽しさや喜び、健康・体力の維持など、スポーツの多様な価値を求める人や必要とする人々によってスポーツは生活や社会の中に取り込まれようになりました。また高度な競技力を競うスポーツリーグや国際的なスポーツイベントの開催は、多くの人々の興味・関心を惹きつけ、そこから派生する経済の規模も肥大化しました。このように現代のスポーツは、スポーツに内包される多様な価値の実現が期待され、多様なスポーツの場や機会が供給されています。一方、さらなるスポーツの発展が期待され、スポーツ基本法が施行されました。同法では、スポーツを世界共通の人類の文化として位置づけ、スポーツを通して幸福で豊かな生活を営むスポーツ権を宣言しています。また同法を受けて設置されたスポーツ庁をめぐっては、複数の省庁のかかわりを背景にした多様な施策が展開されています。

　このように現代のスポーツはその推進の頂点に達しているとも思える様相を呈しています。しかし、スポーツの現実は、スポーツ基本法に謳った文化としての価値を実現しているでしょうか。権利として謳われたスポーツは、すべての人々に開かれたものになっているでしょうか。私たちは、常にスポーツと人間及び生活とのかかわり、そしてスポーツ自体の発展を注視しなくてはなりません。例えば、成人の週1回以上のスポーツ実施率が向上しない実態やスポーツ実施の二極化現象は、どのような理由で生起し、どのように解消できるでしょうか。また、スポーツの成長産業化が進められています。スポーツが経済発展の一助となることは、スポーツの社会貢献という潜在力を示すものでもあり、スポーツ関係者にとっては喜ばしいことでもあります。しかし、スポーツの成長産業化への過度な期待は、スポーツに期待されてきた教育的価値や文化的価値を低減させる危険性はないでしょうか。成長産業化によってスポーツへのアクセス可能性に格差は生まれないでしょうか。私たちは、現代のスポーツが抱える諸問題を客観的かつ批判的に把握し、その解決に向けた経営学的な考え方を身に付ける必要があります。

　スポーツが発展する過程で、スポーツをめぐる経営現象やマネジメント現象を理論化しようとする試みがなされ、多くの関連書籍が出版されてきました。その理論化をめぐっては研究者によって異なった特徴がみられ、スポーツ経営に対する考え方も多様化していることがわかります。本書では、多様化、肥大化、複雑化するスポーツをめぐって、スポーツの発展をめぐる歴史や期待されてきた教育的価値・文化的価値という側面が軽視されないことを強く意識して"体育・スポーツ経営"という名称を用いています。また、"不易流行"という言葉があります。言うまでもなく、変化し

ない本質的なものを維持しつつも、新しいものも取り入れて行くという意味です。本書の"不易"にあたるのは、故宇土正彦教授の『体育管理学』を代表とする文献で具体化されている思想です。それは、体育・スポーツ経営はスポーツのもっている諸価値、とりわけ体育的価値あるいは文化的価値を最大限に引き出し、経営の対象となる人々の豊かな運動生活の形成を最も重視するというものです。さらにその思想を受け継ぐ八代勉教授が主張する運動者主体・運動者主導という考え方、すなわち体育・スポーツ経営という営みの対象となる人間は、単なるスポーツサービスの受け手ではなく、スポーツ文化を主体的に創造し実践する運動者として自立・自律してほしいという願いも、堅持しなくてはならない人間を中心に据えた思想です。本書ではこのような基本的な思想に沿って体育・スポーツ経営という営みを解説していますが、"流行"にあたる現代的な課題や理論も随所に取り入れています。

　本書は、八代勉教授が編纂した『体育・スポーツ経営学講義』を基礎にしながら、主に大学生を読者層として考え、体育・スポーツ経営学の現代的な入門書として編集しました。第1章から第3章は、是非理解してほしいと考えている体育・スポーツ経営学の基礎的な理論です。また、「第4章　体育・スポーツ事業と経営資源」「第5章　体育・スポーツ事業の運営」は、先行文献より内容を充実させ、「第6章　体育・スポーツ経営とマネジメント」は経営過程論として復活してみました。さらに、「第7章　体育・スポーツ経営の実践領域」「第8章　『みるスポーツ』の経営」では、これまで扱われてこなかった内容にも挑戦しました。

　本書を通して、体育・スポーツ経営の実践領域での活躍をめざす学生諸氏に、人間とスポーツとのかかわりや生活の充実を最重要視することをもって、スポーツ文化の発展に寄与する体育・スポーツ経営学の思想、基礎的な理論、現代的な課題等を理解して欲しいと願っています。最後に、大修館書店の久保友人氏には、企画から編集作業に至るまで大変お世話になりました。心より感謝申し上げます。

平成29年9月

柳沢和雄

テキスト
体育・スポーツ経営学
目次

まえがき………iii

第1章 現代社会と体育・スポーツ経営

第1節 スポーツの可能性と課題………2
第2節 スポーツとのかかわりとスポーツ生活………6
第3節 体育・スポーツ経営の広がりと社会的責任………8
コラムI スポーツ経営とイノベーション………12

第2章 体育・スポーツ経営の概念と構造

第1節 体育・スポーツの捉え方………14
第2節 経営とは何か………16
第3節 体育・スポーツ経営の概念………18
第4節 体育・スポーツ経営の仕組み………22
コラムII スポーツ産業と体育・スポーツ事業………24

第3章 体育・スポーツ経営と運動生活

第1節 体育・スポーツ経営とスポーツ生活………26
第2節 運動者と運動者行動………28
第3節 豊かな運動生活の捉え方………32
コラムIII スポーツ生活をとりまくデータのあれこれ………34

第4章 体育・スポーツ事業と経営資源

- 第1節 体育・スポーツ事業の基礎となる経営資源………36
- 第2節 人的資源………38
- 第3節 物的資源………42
  - ①体育・スポーツ施設整備の考え方………42
  - ②体育・スポーツ施設の有効活用………46
- 第4節 財務資源………48
- 第5節 情報資源………52
- コラムⅣ スポーツ指導者の職域と指導者資格………56

第5章 体育・スポーツ事業の運営

- 第1節 エリアサービス事業………58
  - ①エリアサービス事業とは何か………58
  - ②エリアサービスの質的向上ポイント………60
  - ③エリアサービス事業の進め方………62
- 第2節 プログラムサービス事業………64
  - ①プログラムサービス事業とは何か………64
  - ②スポーツプログラムの構造………66
  - ③スポーツプログラムの分類………68
  - ④スポーツプログラムの演出法………72

第3節 **クラブサービス事業**………76
①スポーツクラブの概念と特徴………76
②スポーツクラブの設置………78
③スポーツクラブの維持・発展………82
④学校運動部活動の経営論………84
⑤地域スポーツクラブの経営論………88

第4節 **体育・スポーツ事業をめぐるマーケティング志向**………90
①スポーツマーケティングの基本………90
②スポーツマーケティング戦略の構築………94

コラムⅤ **スポーツ経営とまちづくり・地域活性化**………98

第6章 体育・スポーツ経営とマネジメント

第1節 体育・スポーツ経営におけるマネジメントサイクル………100
第2節 経営目的と経営計画………102
第3節 体育・スポーツ経営組織のつくり方………106
①組織づくりの基本的な考え方………106
②総合型地域スポーツクラブを事例として………110
第4節 体育・スポーツ経営をめぐるモチベーションとリーダーシップ………112
第5節 体育・スポーツ経営の有効性と評価方法………116
コラムⅥ スポーツ経営におけるボランティア・マネジメント………120

第7章 体育・スポーツ経営の実践領域

- 第1節 「行う」スポーツをめぐる経営領域………122
- 第2節 「みる」スポーツをめぐる経営領域………126
- コラムⅦ 体育・スポーツ経営における組織間関係とステークホルダー………130

第8章 「みるスポーツ」の経営

- 第1節 みるスポーツの経営を考える………132
- 第2節 みるスポーツライフを豊かにする経営………134
- 第3節 みるスポーツの地域経営論………138
- 第4節 スポーツイベント経営論………140
- 第5節 みるスポーツのスポーツプロデュース論………142
- コラムⅧ スポーツ参加とスポーツ観戦の関係………144

索引………145

第**1**章

現代社会と体育・スポーツ経営

この章のねらい

現代社会におけるスポーツは、人々の豊かな生活の形成に不可欠な文化活動になっており、スポーツを通して豊かな生活を営むことは人々の権利であるという認識が高まっている。文化としてのスポーツのもつ価値を最大限に引き出し、生活の豊かさを創造するため、「行う」「みる」「支える（創る）」という人とスポーツとのかかわりを促進する環境づくりが重要になる。体育・スポーツ経営は、人とスポーツとのかかわり、とりわけ「行う」というかかわりをめぐって、スポーツ行動の成立・維持・発展を通して、豊かな運動生活を形成することをめざした営みである。本章では現代社会におけるスポーツの意義や課題を理解すると共に、人とスポーツとのかかわりを促す体育・スポーツ経営実践の広がりと、その基本的目的を理解する。

キーワード ●スポーツ文化 ●スポーツ権 ●「3つ」のかかわり ●基本的目的（価値）●社会的責任

第1節 スポーツの可能性と課題

第2節 スポーツとのかかわりとスポーツ生活

第3節 体育・スポーツ経営の広がりと社会的責任

第1章
現代社会と
体育・スポーツ経営

第1節

スポーツの可能性と課題

1.現代社会とスポーツの意義

　現代社会におけるスポーツは、人々の生活に欠かせないものとなっている。オリンピックやワールドカップ、プロスポーツなどのチャンピオンシップスポーツに多くの人々が関心を寄せ、ジョギングやウオーキング、少年サッカーなどスポーツを行う人も増加しているように、スポーツは多様な形で人々の生活の中に取り込まれている。

　このような幅広いスポーツの発展の背景には、都市化や産業化等がもたらした自然環境の破壊、生活の機械化による運動不足や健康不安、過剰なストレス、人間関係の希薄化などの社会問題がある。また経済発展などによる生活水準の向上や自由時間の増大は、スポーツやレジャーに対する欲求を生み出してきた。このような現代社会が抱える社会問題や欲求を背景に、スポーツがもつ多様な便益（効用）に期待が寄せられてきた。

　子どもの体力問題や医療費の肥大化と関連する生活習慣病などは現代社会における公共的な課題となっており、スポーツがもつ身体的便益に対する期待はますます高まっている。また、スポーツを行ったりみたりすることによる爽快感や楽しさなどの心理的便益もスポーツの発展の基盤となっている。さらにスポーツを行う際につくられるスポーツ集団や仲間は、肯定的な人間関係の形成を前提としたものであり、それら社会関係は地域づくりとも関連づけられた社会的便益として大きな期待が寄せられてきた。そしてスポーツとのかかわりを主体的に自己決定したり、スポーツマンシップに則りフェアプレイを尊重する価値観などの文化的側面が、スポーツが評価される根底にある。以上のようにスポーツは多様な便益をもっているため、学校体育をはじめ生涯学習や福祉など、多様な領域に取り込まれてきたのである。

　また、トップレベルのスポーツは、人間のもっている可能性の限界に挑戦する営みでもあり、それをみる人に大きな感動と楽しみを与えてくれる文化である。そしてトップレベルのスポーツ大会等は、スポーツ施設や鉄道などの公共施設整備を伴うこともあり、都市開発や地域開発と関連することも多い。また、トップレベルのスポーツ大会には多様な地域や国が参加するが、スポーツは言語の障壁を越えた世界共通の文化として、人々の相互理解や友好と親善を促すことに貢献できるという働きもある。

2.文化としてのスポーツの意味

　2011（平成23）年に制定されたスポーツ基本法は、「スポーツは、世界共通の

①スポーツ基本法（2011年）の前文では、「スポーツは、世界共通の人類の文化である。スポーツは、心身の健全な発達、健康及び体力の保持増進、精神的な充足感の獲得、自律心その他の精神の涵養等のために個人又は集団で行われる運動競技その他の身体活動であり、今日、国民が生涯にわたり心身ともに健康で文化的な生活を営む上で不可欠のものとなっている。スポーツを通じて幸福で豊かな生活を営むことは、全ての人々の権利であり、全ての国民がその自発性の下に、各々の関心、適性等に応じて、安全かつ公正な環境の下で日常的にスポーツに親しみ、スポーツを楽しみ、又はスポーツを支える活動に参画することのできる機会が確保されなければならない。」と、文化としてのスポーツとその便益、権利としてのスポーツが謳われている。

人類の文化である。」という文章からはじまる[1]。

スポーツの捉え方は、時代や社会、国によって異なり、多義的に解釈されてきた。我が国では、スポーツは高い体力や技術を有した人々が勝利を求めて行う身体的技能の競争というように、狭い意味でスポーツを捉えている人も多い。しかし、広くはレクリエーショナルな身体活動から高水準の競技まで、多種多様な運動を含む意図的な身体活動として捉えるようになってきている[2]。またスポーツは、「遊技性（プレイ）」を第一条件とする活動であるとされ、楽しみや喜びを求める自己目的的な身体文化であるとされている[3]。このようにスポーツは、健康増進や体力づくりのためといった手段的な便益を求める活動だけでなく、スポーツの楽しみや喜びを求めて自発的に行われる自己目的的な活動として捉えるところに独自の価値がある。

一方、文化とは、芸術や宗教、学問などの知的あるいは精神的な営みとして価値づけられることもあった。しかし現在では、スポーツは人間の生活・福祉・幸福につながるように活動が工夫され、ルールによって秩序化・組織化された、独自の価値をもつ文化として捉えられるようになってきている。

このような文化としてのスポーツはいくつかの要素から構成されるが[4]、とりわけ重要となる要素は道徳的な規範（ルール）であるスポーツマンシップとフェアプレイであるとされる[5]。スポーツにおける高度な技術や緻密な戦術もスポーツ文化を構成する重要な要素であるが、スポーツマンシップやフェアプレイが失われれば、文化としてのスポーツの価値は損なわれてしまう。

3.スポーツの発展とその推進をめぐる課題

(1)スポーツの生活化と継続化

現代社会が抱える多様な社会問題や期待を背景にスポーツに対する関心が高まり、スポーツを実践する人は堅調に増加してきており、1年間に運動やスポーツを行った人は8割を超えるまでになった。しかし、生活の中にスポーツが取り込まれているという視点から成人の週1回以上の運動・スポーツの実施率をみると、実施率は約半数にとどまっており（図1-1）、ウオーキングや体操などの軽運動さえ行わない人もかなりいる。また、スポーツを行う人と行わない人の二極化現象も大きな問題である。とりわけ発達段階にある中学生からその傾向がみられるとともに、若年層のスポーツ実施率が低調であることも課題となっている。このようにスポーツの

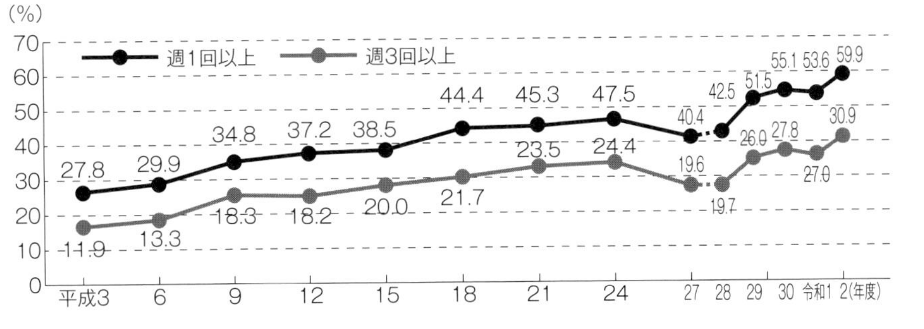

②ヨーロッパ・スポーツ担当大臣会議『ヨーロッパ・みんなのスポーツ憲章』1975（昭和50）年では、スポーツを「楽しみや健康を求めて、自発的に行われる運動」と定義している。

③1968（昭和43）年のメキシコオリンピック・スポーツ科学会議で採択された「スポーツ宣言」ではスポーツを「遊技の性格をもち、自己または他人との競争、あるいは自然の障害との対決を含む運動」と定義し、「遊技性」をスポーツの第一条件としている。

④スポーツ文化は、スポーツ観、スポーツ規範、スポーツ行動様式（技術・戦術・戦略）、スポーツ物的事物から構成されている。スポーツ観は、例えば健康増進とか教育的機能などの手段的価値や、楽しみや自己実現など自己目的的な価値のようにスポーツの存在価値を正当化するもの、スポーツ規範はルールブックのような規則と道徳的なルール、スポーツ物的事物は施設や用具等を意味する。

⑤スポーツマンシップは公正さや礼儀正しさ、潔さなど好ましい人格を意味し、フェアプレイや競技相手や審判の尊重、感情の抑制などがその前提となる。またフェアプレイは、ルールや審判の判定の遵守、競技の公平性を尊重する態度や行為にみることができる。

図1-1　成人の週1回以上の運動・スポーツ実施率（『体力・スポーツに関する世論調査（平成24年度まで）』及び『東京オリンピック・パラリンピックに関する世論調査（平成27年度）』『スポーツの実施状況等に関する世論調査（平成28年度から）』）

第1節　スポーツの可能性と課題

実践をめぐっては、今まで以上にその継続化と生活化が求められる。一方、プロ野球やフィギュアスケート、サッカーなどのテレビ視聴率は非常に高いものの、スポーツ・ボランティアへの参加率は伸び悩んでいるという課題もある。

(2)自立(自律)的なスポーツ実践者の育成

　我が国のスポーツは学校体育を基盤に発展してきたこと、あるいはスポーツ振興のために行政が強く支援してきた歴史があるため、自立(自律)的にスポーツを行うという考え方が育ちにくい状況が続いてきた。例えば、戦後のスポーツ振興をめぐっては、スポーツへの参加を促すために無償あるいは低料金でスポーツ教室や大会が提供されてきたため、自分たちでそれらを企画・運営したり、必要な資金を出し合うといった考え方は育ちにくかった。そのため、誰かがスポーツ環境を整えてくれればスポーツを行うといった他律的、他者依存的なスポーツ実践者も未だに多く存在している。これからの学校体育やスポーツ教育では、スポーツの楽しみや喜び、健康・体力の増進等は自らの努力で生み出して行くという、自立(自律)的なスポーツ実践者を育成する必要がある。

(3)文化としてのスポーツの発展

　スポーツを固有な文化として価値づけるものは、スポーツマンシップやフェアプレイであるとした。しかし、中には勝敗にこだわりすぎるため、公正さや対戦相手や審判に対する尊敬の念が欠落した言動をとったり不正を行ったりする人もいる。また、スポーツをめぐる体罰や暴力も社会的な批判を招く。そのような行為はスポーツの文化的価値を損なわせる行為であることはいうまでもない。それら公正さに則ったり他者を尊敬したりすることは、プレイ以外の場面でも重要である。例えば、自分たちだけが楽しめればよいと施設を独占する大人、施設の利用マナーを守れないスポーツマンなどはスポーツマンシップがあるとはいえないし、文化レベルの低い人々と映ろう。そのような文化レベルが問われるような行為は、偏った応援や対戦相手に対する暴言など、スポーツの観戦や応援の中でもみることができる。このように我が国のスポーツは堅調に実践者や観戦者・視聴者を拡大してきてはいるものの、文化としてのスポーツにふさわしい質的な高まりに欠ける側面もある。

(4)スポーツ権を保障するスポーツ環境の整備

　スポーツ基本法において、スポーツは世界共通の文化であると位置づけられるとともに、「スポーツを通じて幸福で豊かな生活を営むことは、全ての人々の権利」であるとスポーツ権が明文化された。これまで女性や高齢者、障害者など運動やスポーツにかかわりにくい人々を対象に、その環境づくりが進められてきてはいるものの、未だにスポーツをしたくてもできない人がいるという状況は人々のスポーツ権が保障されていないことを意味する。

　人々のスポーツ権を保障するためには、多様なスポーツ環境の整備が必要となる。例えば、スポーツを行うためには、スポーツを行う施設やスポーツを教えてくれる指導者などの経営資源を整備しなければならない。また、それら経営資源を活用し、スポーツ教室や大会などスポーツを行う場や機会が提供される必要があるし、スポーツクラブのようなスポーツの仲間を育成する必要もある。さらに、スポーツ施設の利用システムやスポーツ情報の提供方法の不備によってスポーツから阻害されていることも多い。より多くの人々がスポーツにかかわり、その便益を享受できる

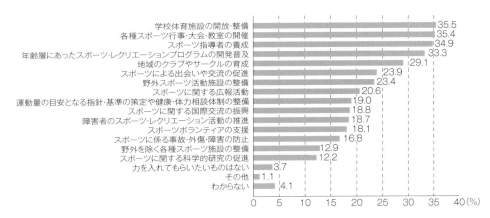

図1-2　スポーツ振興についての国や地方公共団体への要望（文部科学省『体力・スポーツに関する世論調査』2013年1月実施）

ようにするにはスポーツへの接近を可能にするスポーツ環境の整備が必要となる（図1-2）。

4. 体育・スポーツ経営学の考え方と役割

　体育・スポーツ関係者は、文化としてのスポーツの発展に貢献し、幸福で豊かな生活の基盤となる人々のスポーツ権を保障する責務がある。

　経営というと、経済的利潤を目的とした企業活動というイメージが強い。しかし体育・スポーツ経営は、経済的利潤を目的とした活動ではない。スポーツの発展にかかわる組織は多様であり、それぞれ個別の目的をもって組織されている。例えば、学校はスポーツを活用した教育を目的としているし、地域スポーツを推進する組織は住民の生活の豊かさを目的としている。民間のフィットネスクラブは営利活動を展開するが、フィットネス活動が会員の生活の豊かさに寄与していることが前提となるため、その経営目的は経済的利潤だけで構成されるわけではない。

　これら組織に共通している経営目的の特徴は、スポーツのもっている多様な価値や便益を最大限に引き出し、人々にその享受を促すことにある。このことから体育・スポーツ経営学は、スポーツを通じて人々の生活の豊かさや幸福が実現することを最も重視し、そのために必要なスポーツ環境のあり方や条件整備の方法を開発する研究領域といってよい。これまで体育・スポーツ経営学では、経営の対象となる「人」やその「生活」を最も重視する考え方を、「運動者」[6]という専門用語を用いて、運動者を重視した運動者主導の体育・スポーツ経営を主張してきた。したがって体育・スポーツ経営学は、可能な限り多くの運動者がスポーツの価値や便益を獲得できるよう、運動者の必要や欲求に合わせた最適なスポーツ環境を開発し、各種の条件整備をするところに大きな役割がある。その役割は、運動者が直接かかわるスポーツ環境の創造という意味で、極めて実践的な性格を有するとともに、スポーツ文化の発展やスポーツ権の保障に直接かかわる重要な責務といえる。しかし運動者重視といっても、他者依存的な運動者の育成にならないよう留意しなければならない。自立（自律）的な運動者の育成が、文化としてのスポーツの基礎となる。

（柳沢和雄）

[6]「運動者」とは、運動（スポーツを行う）へのかかわりの推進という観点から人間を捉える考え方。その詳細及び関連用語については、第3章を参照。

第1章	**第2節**
現代社会と 体育・スポーツ経営	

スポーツとのかかわりと スポーツ生活

1. 人とスポーツの「3つ」のかかわり

　体育・スポーツ経営は、スポーツがもっている多様な価値や便益を最大限に引き出し、人々の生活の豊かさの実現をその責務としている。人々がスポーツを通した豊かな生活を営む前提には、人とスポーツのかかわりを創り出し、その質を高める必要がある。そこには「3つ」のかかわりが重要であるといわれている（表1-1）。

　第1のかかわりは、「スポーツを行う」というかかわりである。これまで、学校においては1人でも多くの児童生徒のスポーツ参加が期待されてきたし、地域におけるスポーツ推進においてもスポーツ実施者の増加が大きな課題となっている。この「行うスポーツ」の推進は、身体的・心理的な効果と直接的な関係をもつとともに、人々の交流を促すなど社会的便益の実現への期待も寄せられてきた。このように「行う」というかかわりは体育・スポーツの推進をめぐる基本的なかかわりであり、今後もさらなる推進が期待されている。また「行うスポーツ」にかかわる人の中には、高い競技力を追求する人も多く、それは「みるスポーツ」の対象となることも多い。

　次に、「スポーツをみる」というかかわりも、人々の生活の豊かさを生み出す源泉となっている。とりわけ大きなスポーツイベントの招致やプロスポーツの隆盛は、スタジアムや競技場での人々のスポーツ観戦やテレビなどのメディアによるスポーツ視聴を活性化させてきた。それら高いレベルのスポーツは、人々に楽しみや感動を与え、生活の豊かさに幅をもたせたり、また競技者の学習材料ともなり、スポーツ文化の普及と高度化に貢献してきている。一方、家族のスポーツを応援するといった、日常生活の中での「みるスポーツ」も生活の豊かさにつながっている。

　「みるスポーツ」との関連では、スポーツ観戦やスポーツ視聴の他に、新聞記事や雑誌等でスポーツ記事を「読む」というかかわりも重要である。特に新聞や書籍というメディアは、スポーツの出来事を報道するだけでなく、スポーツを客観的に

表1-1　スポーツとの「3つ」のかかわり

> 1. スポーツを行う：「行うスポーツ」（健康体力、楽しみ、学習、交流、競技力など）
> 2. スポーツをみる：「みるスポーツ」（楽しみ、応援、学習など）
>   (1) 観戦型スポーツ：スポーツ大会、イベントなど
>   (2) 視聴型スポーツ：テレビ、ラジオ、インターネットなど
> 3. スポーツを支える・創る：「支える（創る）スポーツ」
>   (1) スポーツを指導する
>   (2) スポーツを創る（ニュースポーツの開発、ルールの工夫など）
>   (3) スポーツの機会や場を創る（機会や場の企画・運営）

解説したり批判することでスポーツ文化の成熟化を促してきた。

「スポーツを行う」「スポーツをみる」というかかわりは、人がスポーツに直接かかわる現象であるが、第3のかかわりは、それら直接的なかかわりを支えたり、創り出すというかかわりである。これら「スポーツを支える・創る」というかかわりには、スポーツを指導する、新しいスポーツを開発（創る）する、そしてスポーツを行ったりみたりする機会や環境を創るといった活動が含まれる。例えばスポーツ少年団の指導者は子どもへの指導というかかわりで「行うスポーツ」を支えてきたし、地域のスポーツ指導者やスポーツ団体は、高齢者や障害をもった人々も行うことができるニュースポーツを開発し、提供してきた。またそれら指導者や団体は、より多くの人々がスポーツにかかわることができるようスポーツ教室やスポーツ大会などを企画・運営し、「行うスポーツ」「みるスポーツ」を支え・創り出してきている。

2.3つのかかわりとスポーツ生活・社会生活

これらスポーツのかかわりは、文化としてのスポーツの成熟という視点から、そのかかわりの拡大が検討されねばならない。すなわち「スポーツを行う」人々が増大するとともに、それらの行動が文化という名にふさわしい内容に成長させる必要がある。スポーツマンシップやフェアプレイに則らない、あるいは他者依存的な「行うスポーツ」や「みるスポーツ」が拡大しても、我が国のスポーツ文化は成熟しないであろう。

人とスポーツの3つのかかわりが生涯にわたり、スポーツ活動の多様な場面でバランスよく展開されるところに生涯スポーツ社会が求める豊かなスポーツ生活をみることができる。生涯にわたり「行うスポーツ」や「みるスポーツ」を日常生活の中に取り組むことは、生活の豊かさに不可欠なものになっている。また、自立（自律）的にスポーツを楽しむとともに、時によっては他の人のスポーツ指導をしたり、スポーツクラブやスポーツ団体の中で、スポーツ教室などの企画・運営を支えたり世話をするというような、人々の協働を促す幅広いかかわりが期待される。

特に、「支える（創る）スポーツ」の広がりは、体育・スポーツ経営の発展にとって欠かすことはできないかかわりである。すなわち「行うスポーツ」「みるスポーツ」の普及の基盤には「支える（創る）スポーツ」の広がりが必要とされるからである。スポーツの発展には、自立（自律）的なスポーツ実践者を育てるスポーツ指導者や誰でもスポーツが行える機会や場を創る人材がますます必要となっている。

さらに「支える（創る）スポーツ」は、スポーツ生活の豊かさにつながるだけでなく、日常の社会生活の豊かさにも関連している。子どものスポーツ、高齢者のスポーツ、障害者のスポーツにみるように、それらのスポーツ活動は多様な関係者や組織の支えによって成り立っている。同様に、私たちの社会生活は、個人個人の生活の寄せ集めではなく、社会を構成する多様な人々の支え合いや協働[1]で成り立っているのである。そのような支え合いは、それが職業的であれ、非職業的（ボランティア）[2]であれ、支える人々の協働から生み出される新しい人間関係が、コミュニティの再生や活性化、そして豊かな社会生活の形成に連動する可能性がある。ここに、「支える（創る）スポーツ」の現代的意義がある。　　　　　　　　（柳沢和雄）

[1] 2010年内閣府は「新しい公共」というこれからの社会の考え方を提案している。「新しい公共」とは、支え合いと活気のある社会をつくるための当事者たちの協働の場といわれている。そこでは、国民、市民団体や地域組織、企業やその他の事業体、政府等が、一定のルールによってそれぞれの役割をもって当事者として参加・協働することが期待されている。（内閣府「新しい公共」円卓会議『「新しい公共」宣言』2010）

[2] 我が国でボランティアが社会的に注目されはじめたのは、1995年の阪神淡路大震災における災害ボランティアが報じられてからであり、ボランティア元年ともいわれている。一方、スポーツにおいてもボランティアの重要性が再認識されてきている。地域スポーツの中ではボランティア指導者が一般的であったものの、例えば1998年の長野オリンピックや2002年の日韓ワールドカップなどのイベントでのスポーツボランティアの活動が注目された。その後、市民マラソンには多くのイベントボランティアが参加するようになったり、トップアスリートが地域に戻ってアスリートボランティア活動をするようにもなってきた。

| 第1章
現代社会と
体育・スポーツ経営 | 第**3**節 |

体育・スポーツ経営の広がりと社会的責任

1.体育経営からスポーツ経営へ

　体育・スポーツ経営では、人々にスポーツとのかかわりを量的に広め、またその文化的なかかわりを深めることをねらいに多様な組織が活動を展開してきた。特に、スポーツがもつ身体的便益、心理的便益、社会的便益など、多様な価値を実現するためには、人々がスポーツという文化に直接かかわる「行う」というかかわりが基本となる。したがって本著では、主に「行うスポーツ」とそれを「支える（創る）スポーツ」をめぐるスポーツ経営について解説していく。本節では我が国における体育・スポーツ経営の広がりを概観する。

(1)学校の体育経営

　戦後、我が国のスポーツの発展は、学校体育にその基礎を置いてきた。教育の一環としての体育の役割は重要であり、学校における体育的活動の活性化が体育経営の基本的課題であった。現在の体育・スポーツ経営学の確立は、学校体育経営の理論化からはじまる。そこでは、学校の体育活動の施設・用具や人の管理などに関心が寄せられたり、体育的現象を生起させるために必要な条件と生起された体育的現象をよりよいものに高めるための条件を整備する営みを体育経営として扱ってきた。とりわけ児童生徒の運動やスポーツの活性化を支える条件としての体育事業とスポーツサービスの理論化[1]は、我が国の体育・スポーツ経営学の拠り所となっている。学校では、体育の授業をはじめ体育的行事や運動部活動など多様なスポーツサービスが用意されている。また運動部活動は学校教育の一環として位置づけられているものの、我が国の競技力向上の一翼を担ってきたという歴史もある。

　学校の体育経営は、学校教育の立場に立って、心身の教育、スポーツによる人間形成、スポーツの楽しさや喜びの教育、主体的にスポーツに親しむ教育といった学校体育の目標（教育的価値）の達成を目的にして展開されている。学校の体育経営は、体育教員を中心とした学校教員の組織と児童生徒の組織が主体（支える組織）[2]となっている。

(2)地域のスポーツ経営とスポーツ行政

　学校の児童生徒だけでなく、一般の大人もスポーツが行えるように、教育委員会を中心としたスポーツ行政がスポーツ経営を展開してきた[3]。戦後は学校体育以外の体育的活動を「社会体育」と呼称し、地域住民の健康体力の増進や地域の活性化などを目的にスポーツ経営が実践されてきた。その後、高度経済成長に伴う地域崩壊に対処するために国がコミュニティ政策を展開するようになると、地域のスポーツにもコミュニティ形成の機能が期待されるようになり、1970年代には「コミュ

[1]第2章及び第5章で解説される体育・スポーツ事業は、学校の体育経営の中では体育事業と呼んでいる。

[2]現行の中学校学習指導要領（平成20年）の総則、教育課程編成の一般方針では、「学校における体育・健康に関する指導は、学校の教育活動全体を通じて適切に行うものとする。」というように全教員が体育的活動の指導に当たることとされている。また「家庭や地域社会との連携を図りながら、日常生活において適切な体育・健康に関する活動の実践」を促すというように家庭や地域の協力も必要とされている。

[3]スポーツ行政とスポーツ経営は、厳密には区別すべきである。しかし、スポーツ経営とはスポーツ事業を営むことであるので、例えば教育委員会が地域住民対象としたスポーツ教室やスポーツ行事などのスポーツサービス（第2章第3節及び第5章を参照）を提供するという活動はスポーツ行政がスポーツ経営という機能を担っているとみることができる。

ニティ・スポーツ」という用語が流布した。さらに、1988(昭和63)年には生涯学習社会への移行を意図した文部省(現文部科学省)の組織再編で生涯学習課が設置され、生涯にわたるスポーツ実践をめざした「生涯スポーツ」という用語が登場してくる。

このように地域のスポーツ経営は時代によって期待されるスポーツの価値や便益の考え方は変化してきているものの、一般的には、スポーツによる地域住民の健康体力づくり、人間関係の活性化、そしてコミュニティ形成といった価値が期待されてきている。地域のスポーツ経営を担う主体は多様である。体育協会やレクリエーション協会、そしてスポーツ推進委員(旧体育指導委員)協議会[4]は伝統的なスポーツ経営組織であり、住民のスポーツ実践の拡大や競技力向上に貢献してきた。近年の総合型地域スポーツクラブやスポーツNPOもスポーツサービスを提供するスポーツ経営組織である。また、都道府県や大きな市区にはスポーツ振興財団とか公社といった組織がある。これらの組織は、公共スポーツ施設を管理運営したり様々な事業を行うために、行政が行政組織の外部に設立したスポーツ経営組織である。

⑶職場のスポーツ経営

社会体育の振興と並行して、職場(企業)におけるスポーツ経営が盛んに展開された時期もあった。例えば、従業員を対象とした運動会やスポーツ大会の開催や、従業員のスポーツクラブを支援するといった活動がよくみられた。

このような職場におけるスポーツ経営には企業の立場からスポーツ活動を促すという意味と、労働者の生活拡充という意味からスポーツを取り入れていた経緯がある。すなわち、職場内でのスポーツやレクリエーションを活性化することによって、労働による人間疎外を排除し、社内意識の高揚による労働力の再生と生産性の向上を促すという企業経営にとっての価値があった[5]。一方では、従業員が労働から離れスポーツを行うことによって良好な人間関係が形成されたり、スポーツ欲求が充足されるといった職場生活の充実という機能が期待されていた。しかし職場のスポーツ経営は、経営者の職場内でのスポーツに対する考え方に相違がみられ、またスポーツ施設などの経営資源が不十分なこともあり、日常的に展開されることは少なかった。

⑷企業(民間営利)のスポーツ経営

古くからゴルフ場やテニスクラブなど、民間営利のスポーツ施設が企業としてのスポーツ経営を行っていた。そして1964年の東京オリンピックを契機に、スイミングクラブやフィットネスクラブが開業し、本格的に企業としてのスポーツ経営が行われるようになった。企業のスポーツ経営の中では、ゴルフ関係の事業は最も市場規模が大きく、次いでフィットネスクラブの市場が大きい[6]。ゴルフ場、テニスクラブ、スイミングクラブ、ボウリング場などの企業のスポーツ施設は、各種目の楽しみを享受したり、技術向上の場となっている。また、フィットネスクラブは、地域住民の身近なスポーツ施設として健康体力の維持向上に大きな役割を果たしてきた。特に1981年にアメリカから導入されたエアロビクスという有酸素系の運動プログラムは、その後のフィットネスクラブ発展の契機となった。

これら民間営利の企業としてのスポーツ経営は、顧客や会員の運動欲求に応じたスポーツサービスを提供することにより、人々の健康増進を図るとともに、経済的利潤を得ることが課題となる。企業のスポーツ経営が注目されるようになり、ます

[4] 1957(昭和32)年の文部事務次官通達により体育指導委員制度が発足し、1961(昭和36)年のスポーツ振興法により、市区町村教育委員会が任命する体育指導委員が非常勤公務員として法的に位置づけられた。そして2011(平成23)年のスポーツ基本法によりスポーツ推進委員と名称が変更された。全国では約5万1千人のスポーツ推進委員が、市区町村教育委員会もしくは市区町村長から委嘱されており(2015年度)、地域のスポーツ推進をめぐる事業の実施にかかわる連絡調整、スポーツの実技指導、スポーツに関する指導・助言を行っている。

[5] レクリエーション(recreation)は、自由時間に自発的に楽しみを求めて行われる人間の活動を意味するが、仕事による肉体的・精神的な疲れを回復させる(re-create)という意味もある。

[6] ゴルフ場の市場規模は約8,540億円(経済産業省2020年)、フィットネスクラブは約4,500億円の市場規模(スポーツ庁・経済産業省2016年)と報告されている。

⑦スポーツマーケティングの考え方については、第5章第4節を参照。

ますスポーツ経営に対する関心も高まった。また、スポーツマーケティング⑦という理論や考え方が体育・スポーツ経営学に導入されるようになった。

2.体育・スポーツ経営の基本的目的（価値）

戦後の「行うスポーツ」は学校の体育経営を基礎として、地域のスポーツ経営から企業のスポーツ経営へと、多様な領域で展開されてきており、その営みは多くの体育・スポーツ経営組織によって支えられてきた。それらの体育経営あるいはスポーツ経営では、その経営が達成すべき固有の目的や価値が想定されている。例えば学校の体育経営では、児童生徒のスポーツ教育であったり人間形成という教育的価値、地域のスポーツ経営では地域住民の健康づくりやコミュニティ形成、職場のスポーツ経営では生産性の向上や従業員の福利厚生、企業のスポーツでは経済的利潤や顧客の健康増進、楽しみの提供が固有の経営目的として設定されてきた。

このように体育・スポーツ経営では、多様な価値や便益の実現を経営目的として設定しているが、どの実践領域にも共通する便益や価値は、文化としてのスポーツのもつ価値や便益を最大限に引き出し人々の生活の豊かさを実現することにある。特に「行うスポーツ」をめぐってはスポーツ行動の成立・維持・発展を通して豊かな運動生活を形成することにあり、これを各実践領域に共通する体育・スポーツ経営の基本的目的（価値・便益）ということができる。

3.体育・スポーツ経営と社会的責任

⑧体育・スポーツ事業の詳細は第5章第1節から第3節を参照。

体育・スポーツ経営では、その基本的目的の実現を前提にし、実践領域個別の目的を達成しようとその経営が営まれている。それらの目的を達成するために関係者は組織をつくり、事業を行う。事業とは人間生活に必要な物あるいはサービスを継続的・反復的に提供する仕事である。また、体育・スポーツ経営では、人々の行うというスポーツ行動の成立・維持・発展を支える環境条件を整える仕事を体育・スポーツ事業と呼んでいる⑧。したがって体育・スポーツ経営の中心となる活動は、体育・スポーツ事業を営むということになるが、この営みは人々のスポーツ生活に必要なスポーツサービスの提供であるので、事業は本質的に「社会的性格」を強くもっている。例えば、民間営利の企業としてのスポーツ経営では、経済的利潤を得ることがスポーツ経営の個別目的となるが、その経済的利潤は、提供される各種スポーツプログラムやサービスが顧客や会員が必要とするものと評価され購入されることによってもたらされる。このように体育・スポーツ経営の成立は、営まれる体育・スポーツ事業と提供される各種スポーツサービスが、運動者の生活に必要なものとして「社会的承認」が得られることを前提としている⑨。体育・スポーツ経営では、社会的性格をもつ体育・スポーツ事業が人々から社会的承認が得られるよう展開されなければならない。それは体育・スポーツ経営が、実践領域の個別目的や共通する基本的目的を達成するという社会的責任を果たすことでもある。

⑨アメリカの著名な経営学者であるP.ドラッカーが、経営者の第一の職務は事業を経営することで、その目的は「顧客の創造」(to create a customer)としていることは多くの人に知られている。

4.社会的責任の対象

体育・スポーツ経営をめぐる社会的責任としては、第一に運動者に対する責任を果たさなければならない。すなわち経営の対象となる児童生徒、地域住民、顧客に

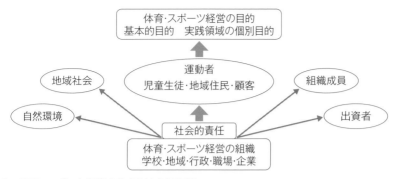

図1-3　体育・スポーツ経営をめぐる社会的責任

　人々の必要とする文化的な質の高いスポーツやスポーツ環境を提供し、スポーツ生活や社会生活を豊かにすることが体育・スポーツ経営の第一義的な社会的責任であることはいうまでもない。また、地域社会や自然環境に対する社会的責任もあり、近年ではこれらの社会的責任を厳しく問われることも多くなった。地域社会に対する社会的責任では、例えば運動者が望むから夜遅くまで照明をつけスポーツをするわけにはいかないし、騒音問題やごみ問題、駐輪・駐車問題などを起こさないといった地域の社会生活に対する責任が伴う。また、ゴルフ場やスキー場などの開発では、自然環境への影響がないよう厳しい配慮が求められるように、自然破壊を回避するという社会的責任もある。

　体育・スポーツ経営に携わる組織成員（メンバー）に対する社会的責任も大きい。体育・スポーツ経営の実践領域には、学校や体育協会のような非営利の経営組織と、フィットネスクラブのような営利の経営組織がある。また、それらの組織で働いている人は、職業的なメンバーと非職業的なメンバー（ボランティア）がいる。体育・スポーツ経営は、経営にかかわるメンバーの動機や参加目的を充足させるという社会的責任がある。例えば、職業的なメンバーには生活を営んでいくことができる経済的保障が担保されなければならない。特に、企業のスポーツ経営をめぐっては、従業員の経済的保障ができなければ、サービスの質も向上しないであろうし、離職・転職を招くことになり、経営の存続にも影響する。また、非職業的なメンバーには、経営への参加動機[10]が充足できるような配慮や組織的な対応が必要となる。

　最後に、出資者や投資者に対する社会的責任についても理解しておく必要がある。体育・スポーツ経営を展開するためには、経済的基盤とその支援が必要となる。学校の体育経営や地域のスポーツ経営では、公的財源、すなわち税金でその経営が行われることになる。もちろん運動者自身が参加費や会費等を負担する必要もあるが、多くの公的財源が使われている。体育・スポーツ経営に携わる人は、それら公的財源の使用について自覚し、実践領域の個別目的と基本的目的を効率よく（ムダなく）達成する責任がある。また企業のスポーツ経営では、株式会社の場合、その経営に出資している株主に対する社会的責任がある。質の高いサービスを提供し、顧客を維持し、会社を維持・発展させ、投資家（株主）に利益を還元するという企業経営固有の社会的責任があるのである[11]。

（柳沢和雄）

[10]ボランティアには、自ら進んで参加するという「自発性」、金銭的報酬を求めないという「無償性」、他人の利益のために活動するという「利他性」という特徴があるとされる。またスポーツ・ボランティアの参加動機には、自身の能力開発、社会への貢献、社会的な交流、経験の有効活用などがあるといわれている。

[11]本稿で述べている「社会的責任（Social Responsibility; SR）」と「企業における社会的責任（Corporate Social Responsibility; CSR）」とは視点が異なっている。企業経営では、企業の社会的責任について多様な考え方が示されている。例えば企業が果たすべき社会的責任には、利益を上げるという「経済的責任」、法律を遵守する「法的責任」、正しく公正に活動するという「倫理的責任」などがあるという。

column I

スポーツ経営とイノベーション

　今日の経営学において「イノベーション」が1つの重要なキーワードとなっている。イノベーションという用語の定義は多岐にわたっているが、簡単には「従来の製品やサービス、仕組みにそれまでとは異なった技術や考え方を取り入れ、新しい価値を生み出すことを通じて、人々の生活に変化をもたらすこと」と説明することができる。

　スポーツの世界でも、世の中に生まれた新しい技術や考え方が導入されることで、それまでにはなかった楽しみ方や新しい行動様式が生み出されることがある。例えば、新しい発想に基づくトレーニング方法や革新的なスポーツ用品が開発されると、それまで誰も破ることができなかった記録が多くの選手たちによって次々と更新されるようになったり、選手たちに求められる技術やチーム戦術の内容に大きな変化が生じたりする場合がある。また、フリースタイルフットボールやバブルサッカーのように、既存の競技が人々の創意工夫によって、新しい競技やスポーツサービスに生まれ変わるといったことも起こっている。かつてテレビやラジオといった新技術の登場によってスポーツの大衆化が急速に進んでいったように、近年ではICT（情報通信技術）やAI（人工知能）にかかわる様々な革新が人々のスポーツ享受の実態を著しく変容させている。

　イノベーションは個別の技術革新のみならず、新組織の出現、あるいは企業組織における新しいマーケティング手法の導入を通じて表面化することもある。Jリーグが開幕する以前の我が国では、学校や企業におけるスポーツ活動が中心で、地域でスポーツクラブを支えていくといった考え方はほとんど存在していなかった。また、「カープ女子」や「セレ女」といった言葉の流行にも代表されるように、そこで生み出される製品（ゲーム）自体は同じであっても、その「売り方」が変わることで、市場のトレンドや人々のスポーツ活動に大きな変化がもたらされることもある。スポーツ経営にかかわる人々には、社会経済で生じる様々な変化と常に向き合いながら、これらに柔軟に対応できる幅広い視野と能力を身につけていくことが求められているのである。

　とりわけ、今日におけるスポーツイノベーションの領域は、これまでとは比較にならないほどの拡大をみせている。それはスポーツ組織が対峙すべき課題が、単に選手やチームの競技能力を高めることだけにはとどまらず、地域住民の関係づくりといったローカルなものから、地球規模での環境・経済問題、さらには民族・宗教・倫理をめぐる問題に至るまで、実に多様な領域に及んでいることとも決して無関係ではない。インターネットの普及や科学技術の進歩によって、消費者のニーズが変化するスピードもますます加速していく傾向にある。劇的な変化を続ける現代社会において、これらの課題を一組織の努力だけで乗り越えていくことは不可能に近い。そのため、今日のスポーツ経営においては、自らの組織がもつ経営資源や知識・技術を積極的に開放し、これらを他組織や顧客と共有することで課題解決を図っていくといった「オープンイノベーション」の時代が到来しつつある。

　また、ここでは、イノベーションにいくつかのリスクが存在していることも見逃してはならない。新しく生み出された技術や製品、アイデアは、ある一定の段階に到達すると、創始者の思いや一部の組織によるコントロールだけでは歯止めが利かなくなるほど急速なスピードで、社会経済に普及していくことがある。革新的なスポーツ用品の開発をきっかけに、世界記録が簡単に塗り替えられていったとしたら、選手たちの日常的な努力に対する人々の評価はどのように変化するだろうか。国際大会での活躍等をきっかけに大ブームが到来している競技では、行き過ぎた報道や無計画なブランディングによって、選手たちの存在が「使い捨て消費」の対象になりかねないような事態が散見されることもある。スポーツに対する政治、経済、メディア等の影響力が強まりつつある今、スポーツの魅力はいかなる形で維持・増大されていくべきなのか。スポーツ経営におけるイノベーションのあり方を検討していく際には、イノベーションの成果を最大化するための方策だけではなく、これらのプロセスで起こり得る「意図せざる結果」を念頭に置いた、多面的・多角的な視点からの議論や対話が必要不可欠なのである。　　　　　　　（山本悦史）

12　第1章　現代社会と体育・スポーツ経営

第2章

体育・スポーツ経営の
概念と構造

本章では、体育・スポーツ経営学の基本用語である「体育・スポーツ経営」の概念について学習する。また、体育・スポーツ経営とはどのような営みであるかを構造的に把握する上で必要となるその他の主要な専門用語もあわせて概説することで、体育・スポーツ経営学を学ぶための基礎知識を習得することがねらいである。そこでまず、「体育・スポーツとは何か（第1節）」と「経営とは何か（第2節）」を別々に解説した後、①「体育・スポーツ経営とは何を目的とした営みか」、②「体育・スポーツ経営の主体は誰か」、③「体育・スポーツ経営ではどのような事業を営むのか」、④「体育・スポーツ経営を円滑にかつ効率的に行うためにはどのような働き（マネジメント）が必要か」という4つの問いにかかわる基本的事項を概説する（第3節）。そして最後に、体育・スポーツ経営という営みは、どのような仕組みによって成り立っているのかを構造的に理解する（第4節）。

キーワード ◉経営 ◉体育・スポーツ経営 ◉体育・スポーツ事業 ◉体育・スポーツ経営組織 ◉マネジメント

第1節 体育・スポーツの捉え方

第2節 経営とは何か

第3節 体育・スポーツ経営の概念

第4節 体育・スポーツ経営の仕組み

第2章
体育・スポーツ経営の
概念と構造

第1節

体育・スポーツの捉え方

1. 身体運動とスポーツ

①知的な戦略能力を競い合う遊びを指してスポーツと呼ぶこともある。これは、特にゲーム性に着目した用い方である。例えば、アジア競技大会では、囲碁やチェス、シャンチー（中国象棋）も競技種目として採用されたことがある。ただし、現在ではスポーツの一般的な用法とはいえない。

スポーツという用語には通常、「身体活動性」、「遊戯性」、「競争性」という3つの要素が含まれている。中でも、身体活動性はスポーツを定義する上で欠かせない[①]。しかし、人間が行うすべての身体運動をスポーツと呼ぶわけではない。例えば、通勤途中に道を歩いたり走ったりしているサラリーマンをみて、「彼は今スポーツをしている」とは誰も思わないだろうし、年の瀬の大掃除で額に汗して雑巾がけをしている母親に、「お母さんスポーツをしているの？」とは聞かないだろう。このように、仕事や家事労働など生活の必要に迫られて行う身体運動を「自然的運動現象」という。

一方、健康のために毎朝30分のウオーキングをしている人、自分の限界にチャレンジしたいと市民マラソンに参加して走っている人たちがいる。この人たちは、明らかに仕事や労働に付随して身体運動をしているのではなく、生活上は体を動かす必要はないのに、敢えて身体運動をしている。このような人間の自発的な身体運動を「意図的運動現象」という。本書で用いる「スポーツ」は、この意図的運動現象全般を含んでいる。したがって、試合で勝利を得るために定期的にサッカーや野球の練習をしたり、運動会で速く走る全力の競争をしているというような、競技性をもった狭い意味のスポーツだけでなく、楽しみや生きがいのため、健康やストレス解消のため、社交・親睦のためなど、様々な意図や目的をもって自発的に行われる身体運動を広くスポーツという語の中に含めて理解することにする。

2. 2つのスポーツ経営

②生活スポーツの類義語に生涯スポーツという用語がある。生涯スポーツは、元来、人の生涯にわたるスポーツを推奨し支援しようとするスローガン的・包括的な概念である。生涯にわたるスポーツライフの中で、その一時期に、勝敗を重視する競技スポーツやチャンピオンシップスポーツに取り組む人たちも多い。すなわち、競技スポーツも生涯スポーツの一領域に含まれる。よってここでは、チャンピオンシップスポーツの対義語として生涯スポーツではなく、生活スポーツを用いている。

高度経済成長（昭和30〜40年代）以降の我が国では、労働及び生活の機械化・情報化・効率化に伴って自然的運動現象は著しく少なくなり（身体運動の必然性の減少）、かわって人々は、増大した余暇時間を活用して意図的にスポーツに親しむようになってきている。こうしたスポーツ参加の量的な拡大は、必然的にスポーツ現象の質的な変化を生じさせる。その質的な変化の様相を概観したものが表2-1である。表の右側に示したスポーツ現象は、人々が日常生活の中で健康・楽しみ・交流・生きがいなど生活の豊かさを求めて行われるスポーツであり、これを「生活スポーツ」[②]と呼ぶことができる。一方、表の左側にあるスポーツ現象は、一部の選ばれた人たちが勝利や高水準の技術・記録をめざして行うスポーツであり、「チャンピオンシップスポーツ」と呼ばれる。

第1章で述べたように、体育・スポーツ経営は、文化としてのスポーツの発展を

14 第2章 体育・スポーツ経営の概念と構造

重要な責務としているが、スポーツの発展には大きく2つの方向性（ベクトル）がある。1つは、誰もが生涯にわたる生活の中でスポーツ活動に親しめるようになっていくという「生活化・生涯化・大衆化」の方向であり、もう1つは、人間能力の限りない可能性に挑戦し、技術や記録の向上を追求する「競技化・高度化」の方向である。また、この2つのベクトルは、別の見方をすれば、前者はすべての人々にとっての「行うスポーツ」として存在し、後者

表2-1　スポーツの質的変容

これまで	→	現在・これから
チャンピオンシップスポーツ		**生活スポーツ**
男性中心 体力のある若者 運動の上手な人 選ばれた一部の人	〈誰が〉 スポーツを行う人	性別・年齢・技能の優劣を問わない みんなのもの
学校や企業で行うもの	〈どこで〉 スポーツを行う場所	各自の生活に即した場や機会で行うもの
勝利・記録達成 人間形成・教育	〈何のために〉 スポーツの目的	各自の目的で
多くのことを犠牲にして	〈どのように〉 スポーツの行い方	自らの生活にバランスよく位置づけて
みるスポーツ		**行うスポーツ**

は「みる（見る・観る）スポーツ」として多くの人々に楽しまれることになる。文化としてのスポーツがもつ多様な価値の享受を、すべての人々の権利として保障するためには、行うことだけでなく、みることによって得られる価値・効用にも注目し、人がスポーツとかかわることで得られる価値を最大化するための経営（Management for sport）を総合的に推進することが求められる。

　以上のことから、体育・スポーツ経営は、「行うスポーツのための経営」と「みる（みせる）スポーツのための経営」に大別される。

3.体育経営とスポーツ経営

　次に「体育」と「スポーツ」の区別について若干触れておこう。本書では、体育とスポーツを厳密に区別して用いることはしない。正確には、スポーツ経営の一部分に体育経営が位置づけられるのであるが、いくつかの理由から敢えて体育・スポーツ経営という表現を用いている。「スポーツ経営」という用語には、スポーツを営利の手段として用いる経営をイメージしがちであり、この言葉の本来の意味を誤って理解してしまう危険性がある。後に詳しく述べるように、スポーツ経営の実践には、学校や自治体のように営利とはまったく無縁な目的（公的な目的）をもってスポーツの推進に携わっている組織も含まれており、また今後もそのような組織がスポーツ経営の重要な担い手であり続けることは間違いない。よって、学校や地域社会における体育・スポーツ活動を無視することがないように、ということを強く意識して「体育・スポーツ」という表記を本書では用いている。

　さて、スポーツ経営の一部分をなす体育経営とは、「体育の目的（体育的成果）を達成するためのスポーツ経営」を指す。体育という営みには、歴史的・社会的に、①身体の教育、②スポーツによる教育（スポーツによる人間形成）、③スポーツの教育及びスポーツへの教育（スポーツ教育）、④スポーツについての教育（スポーツ科学の教育）という4つの側面がある。体育のいずれの側面が重視されるかは、時代や社会のニーズにより変動する。現代の我が国の学校体育[③]では、生涯スポーツに向けたスポーツ教育（スポーツの教育、スポーツへの教育）を中核にしながらその他の側面も含めた総合的な教育を志向している。このように体育経営では、複数目標の同時達成が求められる点に大きな特徴がある。　　　　　（清水紀宏）

[③]2008年告示の高等学校学習指導要領の目的は以下の通りであり、体育の4つの側面のすべてが含まれている。
「運動の合理的・計画的な実践を通して、知識を深める（スポーツについての教育）とともに技能を高め、運動の楽しさや喜びを深く味わうことができるようにし（スポーツの教育）、自己の状況に応じて体力の向上を図る能力を育て（身体の教育）、公正、協力、責任、参画などに対する意欲を高め（スポーツによる教育）、健康・安全を確保して、生涯にわたって豊かなスポーツライフを継続する資質や能力を育てる（スポーツへの教育）。」

第2章	
体育・スポーツ経営の	第**2**節
概念と構造	

経営とは何か

1.「経営」概念への誤解

体育・スポーツ経営という現象は、他の体育・スポーツ科学が対象とする運動現象やスポーツ現象そのものではなく、経営と呼ばれる人間の営みに含まれる一領域である。体育・スポーツ経営という用語の正しい理解を妨げている源をたどると、結局はこの「経営」への誤解にあるようだ。そこでここでは、経営概念について概説する。

経営という用語が、文字通り人間の何らかの"営み"を指すことに間違いはない。つまり、経営は正確には経営実践である。しかし、人間のすべての営み・行為・実践を経営と呼ぶわけではない。他方で、金銭的な利益を得るための行動やテクニックというようにあまりにも狭く理解することも妥当ではない。経営とは次の4つの条件を満たした人間の営みである。

2.経営の4条件

(1)目的達成活動であること

第1に、経営は目的（purpose）を成果として実現する営みである。目的のない経営はない。目的は経営という営みの始点であり、その達成をめざして経営がなされる。企業経営、学校経営、病院経営はそれぞれ、企業目的、学校の目的、病院の目的が経営の目的となる[1]。ただし、この目的にも長期的・究極的・抽象的なビジョン・スローガンのような目的(経営理念)もあれば、身近で具体的な数値で示される目的(経営目標) もある。経営理念のような大きな究極目的に到達するためには、そこに至るまでの身近な手段目標を立てて、一歩一歩大きな目的に近づいていく。優れた経営を行うには、大小様々な目的を体系的に設定し、構成員たちはその目的を常に意識しながら経営上の意思決定を行い、諸活動・業務に取り組むことが重要である。

さらに、近年では、様々な社会組織（企業、学校、官庁、病院など）をめぐる不祥事が社会的注目を集め、経営倫理が注目されている。経営倫理とは、経営目的を達成するために行う手段の選択にあたって、考慮しなければならない倫理的な価値前提である。それは、1つの時代、1つの社会・文化の中で一般的に認められた行動規範である。組織の利益を優先するあまり、人間の尊厳を傷つけたり、自然環境や社会環境を害したりなど、「目的のためには手段を選ばない」というような経営倫理を逸脱した行動は、一般社会からの不信・反発・抵抗を引き起こすことになる。

(2)組織の活動であること

第2に、経営は、組織（organization）の活動である。経営は目的を成果として実現する活動であったが、目的の設定からその達成に至る一連の諸活動は組織に

[1]経営という語が営利活動（金儲け）を連想しがちなのは、現代の経済活動の大きな部分を企業が占める社会（資本主義企業社会）だからである。経済とは一般に、人間の生活に必要な財貨・サービスを生産・分配・消費する活動であるが、現代では企業が生産活動の多くを担っている。そして企業経営は、本質的に利潤の最大化を目的とすることから経営＝営利活動というイメージが定着したと考えられる。しかし、学校や病院の経営目的が、収益性ではないことは明らかである。

よって担われる。つまり、組織は経営の主体である（企業経営は企業組織、学校経営は学校組織が経営の主体である）。組織とは、「複数の人間が共通の目的を達成するためにつくる協力の仕組み」である。

⑶事業を行うこと

　第3の条件は、目的を達成するために事業（enterprise or business）を営むことである。第1・第2の条件を満たす人間の活動には実に多様なものがある。例えば、スポーツのチームには目標があり、メンバーが役割を分担し、互いにコミュニケーションを図りながら組織的に活動することで目標を達成しようとしている。しかし、それは経営という営みには含まれない。なぜなら、この第3の条件が欠落しているからである。事業は、「経営」を定義する上で最も重要な概念の1つである。事業とは、「人間生活に必要な物あるいはサービスを継続的・反復的に提供する仕事」である。経営は、人々に何らかの物やサービスを提供することによって自らの目的を遂げようとする営みである。第二次産業に含まれる企業経営では一般的に製造事業を、病院経営や学校経営ではそれぞれ医療事業、教育事業というサービス事業（第三次産業）をそれぞれ営んでいる。各経営の目的は、これらの事業を通して達成される。

　なお事業は、営利事業と非営利事業に分けられる。事業活動の成果となる金銭的利益（利潤・純収益＝剰余金）を出資者に分配することを目的に行われる事業を営利事業、金銭的利益を個人に分配せず次の事業活動に投入する場合を非営利事業という。以前は、非営利事業といえば公共事業（公費を使用する事業）がほとんどであったが、近年はNPO・NGO等の民間非営利団体が台頭して、公共事業以外の民間非営利事業が増加してきている。

⑷合理性・効率性を追求すること

　経営の第4条件は、事業を合理的・効率的（efficiently）に営むことである。事業は、物やサービスを反復的・継続的に提供する仕事であったが、物やサービスという最終的な産出物（アウトプット）は、図2-1に示すように、経営資源（インプット）を調達しそれらを組み合わせたり、変換することによって創り出される。この意味から事業の過程とは、経営資源の変換過程であると捉えることもできる。

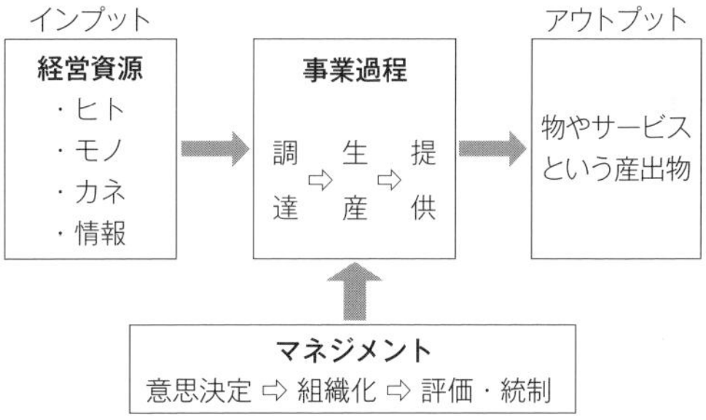

　効率性を追求するということは、この事業過程に投入される資源（インプット）と産出される産出物（アウトプット）との比率（アウトプット／インプット）を高めること（より少ない資源でより多くのアウトプットを生み出すこと）に他ならない。そして、そのための働きをマネジメント（管理）という。マネジメントとは、経営の目的を達成するために、事業が合理的で効率的に営まれるようにするための機能ないし作用である[2]。

　以上の説明をまとめると、「経営」概念は次のように定義することができる。

図2-1　事業の過程とマネジメント機能

[2]マネジメント機能の詳細は、本章第3節及び第6章第1節を参照。

> 　経営とは、「組織」が、共通の「目的」を達成するために、「事業」を「効率的」に行うことである。

（清水紀宏）

第2章 体育・スポーツ経営の概念と構造

第3節 体育・スポーツ経営の概念

本節では、経営概念を構成する4つの条件について、体育・スポーツ経営ではどのように具体化したらよいのかを考えることによってこの概念を理解する。

1. 体育・スポーツ経営の目的

現代社会では、実に様々な組織が体育・スポーツ経営に携わっているが、その共通した目的は、スポーツ行動の成立、継続、発展[1]を通して人々の豊かなスポーツ生活を実現させることにある。

第1章で述べたように、文化としてのスポーツには多様な望ましい価値・便益（例えば、心身の健康、人間的成長、良好な人間関係、自己実現、社会統合など）が含まれている。そして、文化としてのスポーツの価値が我々にとって有益に働くためには、何よりもまず人間がその文化と直接かかわるという現象が生まれなければならない。つまり、スポーツを実際に行ったり、みたりといったスポーツ行動が成立しなければならない。また、1回限りのスポーツ行動では、スポーツの豊かな価値を得ることは期待できないから、生起したスポーツ行動は長期にわたって継続されることが大切であり、そのことによってスポーツは生活の重要な一部分に位置づけられる（スポーツの生活化）。さらに、スポーツの行われ方によっては、スポーツ行動から得られる便益の質も異なるから、スポーツの価値を幅広くかつ深く享受するためには、質の高いスポーツ行動に発展していくことが必要となる。このような文化としてのスポーツと人間との直接的なかかわり合いを成立させ、スポーツのもつ文化的価値が多くの人々に享受されるように促す働きが体育・スポーツ経営である。

2. 体育・スポーツ経営における事業

次に、体育・スポーツ経営では、人々の「スポーツ行動の成立・継続・発展」のためにどんな事業をするのか、について考えてみたい。そこで、「人はどんな条件が満たされるとスポーツ行動を起こすのか」、この問いを手がかりにしながら、体育・スポーツ事業が提供するアウトプットを検討する。スポーツ行動の規定要因には様々なものがあり、また、人によってその重要さの程度も異なることはいうまでもないが、一般的には以下の4つの条件に整理することができる（図2-3）。

第1に、「スポーツを行う人自身の条件（主体的条件）」がある。スポーツとは自発的な身体運動であるから、それを行う人自身にスポーツへの興味・関心、欲求や必要感がなければ成立しない。また、良好な健康状態にあること、ある程度の運動技能やスポーツ経験があることもスポーツ行動に有利な条件となるであろう。

第2の条件は、「生活・社会環境的条件」である。スポーツは、通常は余暇時間

[1] スポーツ行動が成立している者を「年1日以上のスポーツ実施者」、スポーツ行動が継続している者を「週1日以上のスポーツ実施者」、スポーツ行動が発展している者を「スポーツクラブ加入者」とすると、現在の国の世論調査（2020）では、それぞれ、81.4％、59.9％、20.6％となっており、スポーツ行動の継続及び発展という面でまだ多くの課題を抱えている。また、図2-2に示すように、健常者と障害者では、スポーツ実施率に大きな差がみられる。このように、個人の諸属性・特性によって格差があることも、今後解決を要する重要な経営課題である。

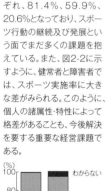

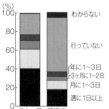

図2-2 スポーツ実施率—一般成人と障害者の比較—（平成25年度文部科学省委託事業、内閣府『東京オリンピック・パラリンピックに関する世論調査（附帯：テロ対策に関する世論調査）』2015年6月）

に実践される。よって、自分の生活時間の中でスポーツ活動に配分する時間を確保できなければスポーツ行動は成立しない。また、スポーツを行うには、施設の利用や用具・用品の購入等々に費用がかかる。スポーツにどれだけの時間と経費がかけられるかは、その人自身の生活状態(家計と生活時間)によって異なる。そして、人々の生活状態は、社会・経済の状況[2]によって決まるところが大きい。

3つ目は、「スポーツの条件」である。スポーツ行動は、人が行ってみたい、みてみたいと欲するスポーツがなければ生じ得ない。今日、女性、高齢者、障害者など、少し前まではスポーツと縁遠かった人たちのスポーツ参加が急速に広がってきている。こうした現象は、ニュースポーツや障害者スポーツ種目の開発が誘発したものとみることができよう。人々のスポーツに対するニーズや価値観の多様化が著しい今後の社会では、ますます、新しいスポーツの創造が求められるであろう。

最後が、「スポーツ環境の条件」である。スポーツを行うための施設が整えられていること、スポーツを共に行う恒常的な仲間（クラブやサークル）があること、スポーツを行うためのプログラム（教室やイベント）が提供されること、スポーツにかかわるアドバイスや指導をしてくれるスポーツ指導者がいること、スポーツにかかわる様々な情報が提供されること、などといったスポーツにかかわる環境条件は、人々のスポーツ行動の成立・継続・発展を支える重要な条件[3]である。

以上の4つの条件のうち、「スポーツの条件」と「スポーツ環境の条件」を整えるのが体育・スポーツ事業である。

ところで、体育・スポーツ事業によって提供される産出物をスポーツサービスという。体育・スポーツ事業の詳細については第5章以降で学ぶことになるが、ここでは、体育・スポーツ経営にとって最も基幹的なスポーツサービスについて触れておこう。

スポーツ行動の成立・継続・発展にとって最も直接的に作用する条件は、人々が「運動・スポーツを行う機会や場」である[4]。そのような機会がなければスポーツ行動は成立し得ないし、スポーツの機会が身近なところにあればスポーツ行動は生まれやすい。

人々がスポーツを行う場合、利用できる運動の機会や場は表2-2に示した3つである。そして、それぞれに対応したスポーツサービスは、運動の場を人々に開き、その場に近づきやすくしたり、そこで展開される運動・スポーツ活動の質をより高めたりする働きをもつ。

[2] 高度経済成長によってスポーツを行ったりみたりする人々が飛躍的に増えたのも、社会全体の生産性が高まって経済的に豊かになり、余暇やレジャーに投資できるだけの時間的・経済的ゆとりが生まれたことが、大きな要因となっている。

[3] どれほどスポーツが好きで、スポーツ活動が可能な時間に恵まれた人でも、スポーツ施設が身近になければスポーツ行動は成立しがたい。逆に、近所にテニスコートができたおかげでテニスをはじめる人もいる。このようにスポーツを行いやすい環境を整えることは、スポーツ行動の成立にとって不可欠の条件である。

[4] ここでは、スポーツ行動のうち、スポーツを行うという運動行動だけに焦点を当てている。

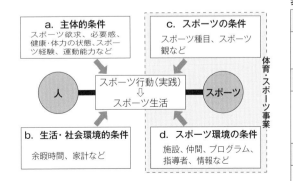

図2-3 スポーツ行動の成立条件

表2-2 3つの運動スポーツの機会とスポーツサービス

1. 施設開放という運動の機会
運動施設の魅力や機能でスポーツ行動を導こうとするサービス ⇨エリアサービス（Area Service: A. S.）
2. スポーツプログラムという運動の機会
運動の「時間」と「内容」が企画されたスポーツプログラムを提供するサービス ⇨プログラムサービス（Program Service: P. S.）
3. スポーツクラブという運動の機会
同好の仲間が継続的に集団で運動する機会を提供するサービス ⇨クラブサービス（Club Service: C. S.）

3. 体育・スポーツ経営の組織と領域

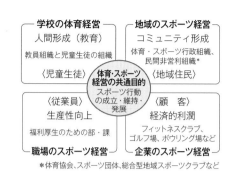

図2-4 体育・スポーツ経営の組織と実践領域

例えば、学校組織（教員組織と児童生徒組織）は、自校の児童生徒を対象に、彼らのスポーツ行動の成立・継続・発展をめざして、体育・スポーツ事業（具体的には、体育授業、体育的行事、運動部活動など）を営んでいる。このようにある特定の体育・スポーツ経営組織（体育・スポーツ事業を営む組織）が、特定の経営対象に対し、体育・スポーツ経営の目的にそって体育・スポーツ事業を営む場のまとまりを「体育・スポーツ経営の実践領域」と呼ぶ。

図2-4に示した4つの実践領域は、いずれもその経営対象となる人たちのスポーツ行動を成立・継続・発展させるという体育・スポーツ経営の目的を共通にもっている。しかし他方で、各々の実践領域は各領域に固有の目的を同時に有している。例えば、学校の体育経営の領域では、児童生徒のスポーツ行動を成立させるだけでなく、そのスポーツ行動の成果に教育的・体育的な価値を伴うことが求められる。地域のスポーツ経営であれば、スポーツ活動を通じて豊かな地域コミュニティをつくること、職場スポーツ経営であれば、従業員の健康管理、帰属意識の高揚、欠勤率の低下を通じて本業の生産性向上に寄与することが目的となる。また、民間スポーツ施設のようにスポーツサービスを商品として供給する企業組織では、顧客のスポーツ行動の成立・継続・発展を通じて収益性や成長性などの経済目的も同時にめざされる。このように、各実践領域に固有の目的があること、そして経営の対象となる人たちの特性が各々の領域で異なっていることから、実際の経営にあたっては、体育・スポーツ経営の一般理論とともに各実践領域の状況に即した知識や技術（各論）も必要とされる。

4. 体育・スポーツ経営におけるマネジメント

体育・スポーツ事業は多くのタスクと一定の事業過程からなる[5]。この事業過程を経験や思いつきで進めたのでは、資源のムダ遣いが起きたり、資源が途中で不足したり、あるいは期待した成果が得られなかったりなど、様々な負の事態を招きかねない。こうした事態に陥ることを未然に防ぎ、事業の効率性を高めるための働きがマネジメントである。体育・スポーツ経営におけるマネジメントには、次の3つの機能がある。

(1) 意思決定の機能——目的設定と計画策定

事業を進める際、どのような資源を、どのように使って、どんなサービスを、誰に、どのような方法で提供するのかなどの判断・選択に迫られる場面に数多く直面する。このような事業活動の目的とその達成に至る道すじ（シナリオ）を事前に組織メンバー間で議論して決め、共通理解を得ておかないと、場当たり的な経営に陥り、効率性を損なう。内外の環境状況と体育・スポーツ経営の目的に照らしてとるべき行動を選択する働きを意思決定の機能という。

また、意思決定の機能には、「目的の設定」と「計画の策定」が含まれる。目的

[5] 例えば、スポーツ教室というスポーツプログラム（スポーツサービス）を提供するためには、使用する施設や用具の選定・購入・配置とそれに伴う財務活動、指導者の選定と配置、種目や指導内容の検討とそのための知識・情報収集、広報活動、参加者のニーズや要望の把握等々、様々な仕事が必要であり、それら諸業のつながりによって教室が営まれる。さらに1回限りの開催ではなく、年間を通じて、様々な種目の教室を、様々な特性をもった人々に提供しようとすれば、教室の数もバラエティも多くなるから、とても個人の力でなし得る仕事ではない。

の設定とは、体育・スポーツ事業を実施した結果、経営対象となった人々にどのような望ましい変化をめざすのかを体育・スポーツ経営の立場から示すことである[6]。次に、設定された目的は、単なる形式的なものではなく、その達成に向けて確固たる方法的な根拠をもたなければならない。計画の策定とは、「目的を達成するためにとるべき行動の道すじ」「目的達成のために必要な手段・方法の段階的なシナリオ」を描くことである[7]。

(2) 組織化の機能──人員配置と動機づけ

体育・スポーツ事業の遂行には多くの組織メンバーが携わる。それぞれのメンバーが思い思いに勝手に仕事をしていたのでは、とても共通の目的など達成できない。組織化の機能とは、メンバーの力をうまく引き出し、組織全体として一定の目的に向かっていけるような協力の仕組みをつくる働きであり、次の2つの機能からなる。

①人員配置：誰がどのような仕事を担当し、それぞれの組織メンバーは互いにどのような関係にあるのか、を決めることで組織メンバーの間に適切な協力の仕組みをつくる。人員配置の機能によって、仕事の重複をなくし、メンバーの能力を最大限に引き出し、組織内のコミュニケーションルートを円滑化し事業の効率化が促進される。

②動機づけ：どれほど優れた目的を立て、その実現に向けて周到に練り上げられた計画があっても、それを実行するのは組織を構成する一人ひとりのメンバーである。メンバーにやる気がなければ目的は達成できない。よって、事業活動を効果的・効率的に進めるためには、組織のメンバーが共通の目的に向かって協働しようという意欲を常にもち、各自の仕事に積極的に取り組めるよう個人の努力を引き出すことが必要となる。組織における動機づけ機能に果たすマネジャー（管理者）の役割は大きい。

(3) 評価・統制の機能

評価・統制の機能とは、事業活動の事中・事後において、事前に決定されている目的や計画を基準として、進行状況や実施結果をチェック・点検・診断し、問題がみつかれば適切なタイミングで修正・改善を施す働きである。事業活動の事前に決定された目的や計画は、未来予測に基づいて選択された道すじであり、必ずしも常に正しい目的や計画が選択されるとは限らない。また、現実の経営活動では、描いたシナリオ通りに進まないこともしばしば生じるし、たとえ計画通りに進んだとしても思うような成果が表れないこともある。こうした、事業活動のプロセスとその結果において生じた問題点を整理し、次回の事業活動に生かすことで、より合理的で効率的な体育・スポーツ事業が再創造されていく。

(4) マネジメントサイクル

上に述べた3つのマネジメント機能は、一定の順序（マネジメント・プロセス：意思決定→組織化→評価・統制）によって遂行され、かつ、図2-5のように1つのサイクルをなしている。特に、第三段階の評価・統制の段階から第一段階の意思決定へ必要な情報をフィードバックすることが重要である。体育・スポーツ事業は1回限りで終わるものではなく、反復的・継続的に行われるところにこそ事業の本質がある。マネジメント・プロセスも一方通行ではなく、サイクルをなすことでマネジメント本来の機能（事業の効率化）を果たすことが可能となる。　　　　（清水紀宏）

[6] 例えば、学校の体育・スポーツ経営であれば、「児童生徒にこんな能力を身につけてほしい」「児童生徒にこんなスポーツ生活を送るようになってほしい」などといった体育の目的と、「運動部活動に参加して運動をする生徒を〇〇%にまで高める」「昼休みに運動をする児童を〇〇%にする」などのように、体育・スポーツ経営組織が実施した体育・スポーツ事業に対する児童生徒の行動レベルで捉えた目的がある。

[7] 良質な計画をデザインするには、次の4つの要件を満たすことが重要である。
1)「論理性」：計画の根拠が明確であり、目的達成の道すじが合理的で正しいこと。
2)「緻密性」：計画の内容が細部にわたって示されており、計画策定に参加していない者にも行動手順が具体的にイメージできること。
3)「独創性」：対象者にとって魅力的で、他にはない独自のアイデアに溢れていること（ありふれていない）。
4)「現実性」：保有する資源の範囲で実施することが可能であること。第6章第2節も参照。

図2-5　マネジメントサイクル

第2章	第4節
体育・スポーツ経営の概念と構造	

第4節 体育・スポーツ経営の仕組み

1. 体育・スポーツ経営の構造的把握

　本章では、体育・スポーツ経営の概念について述べてきた。図2-6は、ここまでの学習内容を総括するために、「体育・スポーツ経営の構造」を図示したものである。

　一般的に構造とは、「諸要素間の相対的に定常的な関係パターンからなる全体」とされている。したがって、何らかのモノやコトの「構造」を説明するためには、次の2つのことを知らねばならない。1つは、モノやコトの全体は、どんな諸要素から成り立っているかであり、もう1つは要素と要素の関係性である。体育・スポーツ経営の仕組みを構造的に理解するということは、体育・スポーツ経営という事象が、どのような要素から成り立ち、それらの諸要素が互いにどのような関係になっているのか、その全体像を明らかにするということである。

2. 体育・スポーツ経営の仕組み

　体育・スポーツ経営の概念は、「体育・スポーツ経営の目的」「体育・スポーツ事業」「体育・スポーツ経営組織」「マネジメント：効率性」の4つの主要な要素から成り立っていた。まず、体育・スポーツ経営の目的は、繰り返し述べてきたように人々のスポーツ行動を成立させ、さらに継続・発展させることによって人々の豊かなスポーツ生活を実現するとともに文化としてのスポーツの発展を促すこと（アウトカム：経営成果）である。図2-6では、このことを「人と運動・スポーツとの結びつき」によって表している。そして、人とスポーツの結びつきが生まれ、スポーツ行動が成立するためには、スポーツと出会う場や機会に運動者・観戦者・視聴者が接近しなければならない。このスポーツの機会として創り出された体育・スポーツ事業の産出物（アウトプット）がスポーツサービスである。体育・スポーツ事業は、このスポーツサービスを人々に継続的・反復的に提供するために、経営資源（インプット）を調達・投入し、資源を活用してサービスを生産し、これを経営対象者に供給する。この一連の事業過程を担うのが体育・スポーツ経営組織である。体育・スポーツ経営組織は、マネジメント機能（意思決定／組織化／評価・統制）を司ることで体育・スポーツ事業を合理的・効率的に営む体育・スポーツ経営の主体である。

　ここまでが、本章で学習してきたことの要約であるが、体育・スポーツ経営の仕組みを理解する上で重要なポイントをさらに付け加えておきたい。それは、体育・スポーツ経営が「環境に開かれた営み（open-system）」であるということである。まず、体育・スポーツ経営にとって最も重要な環境要素は経営対象（運動者／観戦

者・視聴者）である。体育・スポーツ経営は行うスポーツ・みるスポーツのいずれにおいても、体育・スポーツ事業を通じて経営対象となる人々に直接働きかけ、彼らのスポーツ行動を促し、スポーツ行動の質を高めるように意図的にサービスを提供することで環境を変容させる（環境創造）。したがって、体育・スポーツ経営が成功するためには、運動者の特性や要求を常に把握し、体育・スポーツ事業が人々に受け入れられるように創意工夫が施されなければならない（マーケティング的思考の重要性）。

　また、第1章で述べたように体育・スポーツ経営学では、運動者を単なるサービスの受益者（サービスを与えられる人・受ける人）というように受動的・依存的な存在と捉えるのではなく、重要な体育・スポーツ経営の担い手（サービスをつくる人）としての位置に高めていくことが大切であると考えている。図2-6の中で、「人」から体育・スポーツ経営組織への矢印（経営参加）は、このことを表している。特に学校体育経営や地域スポーツ経営の領域では、体育・スポーツ経営における子ども自治、住民自治を尊重することが、重要な経営倫理でもある。

　最後に、体育・スポーツ経営組織は、事業活動に必要な経営資源（ヒト・モノ・カネ・情報）をすべて自前で保有しているわけではない。例えば、小・中・高等学校という体育・スポーツ経営組織は、体育・スポーツ行政体[1]（この場合は教育委員会）、PTA・後援会、同窓会（OB・OG会）などの様々な関連的組織[2]、地域スポーツクラブや公共スポーツ施設等の他のスポーツ経営組織から経営資源を調達・収集し、それらを自らの体育・スポーツ事業に投入してサービス（A.S./P.S./C.S.）を生産する。したがって、そうした組織・団体の意見や要望にも耳を傾けて経営実践が行われる必要がある。また、経営組織が実施する体育・スポーツ事業の質・量両面において体育・スポーツ行政体から規制や指導を受けるケースも少なくない。このように体育・スポーツ経営という営みは、様々な人々、組織・団体に開かれ、相互に良好な組織間関係（パートナーシップ）を築いていくことも重要な経営課題となる。

（清水紀宏）

[1] 体育・スポーツ行政体とは体育・スポーツの推進・振興を目的に、体育・スポーツ経営組織に対して指導・助言、規制や援助・助成等をする公的な組織である。地方公共団体の教育委員会や文部科学省・スポーツ庁の体育・スポーツ関連部署が該当する。

[2] 元々は、スポーツ活動のためにつくられた組織ではないが、体育・スポーツ経営組織に協力・支援・連携している組織。

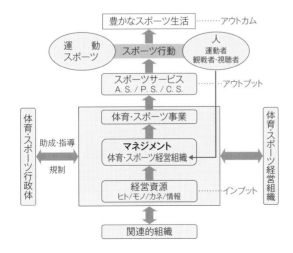

図2-6　体育・スポーツ経営の構造[3]

[3] 図2-6のように体育・スポーツ経営を構造的に理解することで体育・スポーツ経営学の主要な研究課題及び学習課題が導かれる。それは、次の3点である。
1) 人々のスポーツ行動を促進するためには誰にどんなスポーツサービスをどのように提供したらよいのか。
2) 良質なスポーツサービスを安定的に提供するには、どんな資源をどのように整えたらよいのか。
3) 体育・スポーツ事業を効果的・効率的に実施するためにふさわしい組織のあり方やマネジメントの方法。

column Ⅱ

スポーツ産業と体育・スポーツ事業

　多くの人々は、運動やスポーツが心と身体の健康を保持増進し人間関係を構築したり、青少年の健全な発育発達を促すなど、人々の生活を豊かにする様々な価値を有していることを知っている。だが、これらの価値は人々とスポーツがかかわらなければ生まれないし、そのかかわり方によっては、心や体、人間関係のバランスを崩してしまうことさえあり得る。体育・スポーツ事業は、運動やスポーツの価値をできる限り豊かにすることをめざし、人々がスポーツとかかわる場や機会を生産・提供することで、両者の適切な関係をつくり、保ち、深めていくために営まれる仕事である。

　だが、世の中で営まれている運動やスポーツに関連する事業は、人々が直接スポーツとかかわる場や機会をつくり提供するものだけではない。スポーツ活動を支えるスポーツ用品や用具の開発・製造・販売、専門的な指導者の育成、スポーツに関連するメディア・コンテンツの制作・放送など、その例をあげればきりがないだろう。さらに最近では、情報通信業と関連するコンピューターゲームが「eスポーツ」と呼ばれて世界的に普及し、大規模な大会も開催されるようになった。また、スポーツを目的とした旅行である「スポーツ・ツーリズム」が観光業の発展における目玉として期待されている。このように、スポーツはあらゆる事業と関連づけられて今も広がり続け、「スポーツ産業」という分野を形づくっている。

　産業とは、業種別にみた事業の集まりである。また、一般的に産業は事業を通じて生産される製品やサービス、それらの生産方法によって、製造業、卸売・小売業、教育・学習支援業、娯楽業のように分類される。ただし、スポーツ産業は業種の異なる産業をまたいでおり、一般的な産業分類にはなじまないため、各種産業の中からスポーツと関連する事業を取り出してまとめたものと捉えられている。もちろん体育・スポーツ事業も、それ以外の種々雑多な事業と共にスポーツ産業に含まれる。

　なお、体育・スポーツ事業はスポーツ産業に含まれる他の事業とまったくかかわりをもたないで営まれているわけではない。例えば、機能性の高いスポーツウェアやスポーツドリンクの製造・販売は人々がスポーツを行うときに役立つ。新たなスポーツ用品・用具の開発やスポーツ施設の整備は、技能や年齢、障害の有無にかかわらず、多様な人々がスポーツに参加する機会を広げてくれる。指導者の育成は、人々とスポーツが適切にかかわる上で重要な役割を担っている。つまり、スポーツ産業に含まれる事業の多くは、人々と運動・スポーツとのかかわりをつくる体育・スポーツ事業を支え、その質を高めるために営まれている。

　もともとスポーツ産業は、人々のスポーツ活動に対する要求の高まりとその活動を支えるための用具・用品の必要性をきっかけに発展してきた。つまり、人々とスポーツとのかかわりを生み出す体育・スポーツ事業は、当初、スポーツ産業の中心であった。だが、今現実に起こっているスポーツ産業の広がりは、必ずしも体育・スポーツ事業を中心に進展しているわけではない。例えば、体育・スポーツとは別の事業を営んでいた企業や組織が、事業の拡大やビジネスチャンス開拓のために、何らかの意味でスポーツに関連する事業を展開する場合もある。このような営みやスポーツ産業の拡大自体は否定されるものではないものの、スポーツ産業の広がりがどのように起こっているのか、体育・スポーツ事業とどのようにかかわっているのかについては、慎重に見ていかなければならない。「スポーツ」が多種多様な事業の単なるコンテンツや素材として扱われるだけでは、例えそのことによってスポーツ産業が拡大したとしても、人々と運動・スポーツとのかかわりが深まるわけではない。

　体育・スポーツ経営の中心は、人々と運動・スポーツとの適切な関係をつくり、人々にとってのスポーツの価値を豊かにしていく体育・スポーツ事業を営むことにある。体育・スポーツ事業とかかわりがないままスポーツ産業が拡大しても、人々にとってのスポーツの価値は豊かにはならず、スポーツ産業の中心も空洞化してしまう。体育・スポーツ経営学の立場からは、広がり続けるスポーツ産業をそのまま見過ごしてしまうのではなく、スポーツ産業を形づくっている事業の特徴や事業間の関係について、体育・スポーツ事業を中心に分析していく視点を大切にしたい。

（朝倉雅史）

第**3**章

体育・スポーツ経営と
運動生活

この章のねらい

体育・スポーツ経営は、人々の豊かなスポーツ生活の実現をめざして営まれている。本章では、体育・スポーツ経営の対象となる人々のスポーツとのかかわり方や生活をどのように捉えるかについて解説する。

まず、「スポーツを行う」「スポーツをみる」「スポーツを支える・創る」といったスポーツとのかかわりから、スポーツ生活とスポーツ生活者の考え方を解説する。そして「行う」というかかわりに焦点を当てた運動者の考え方を理解する。また、スポーツサービスをめぐって運動者がとる運動者行動を把握する視点や方法を解説する。さらに運動者行動が生活の中にどのように取り込まれているかについて運動生活という視点から把握すると共に、運動生活の豊かさを形成する条件について理解を深める。このような運動者行動や運動生活の把握が、体育・スポーツ経営の課題の確認と改善につながる重要な役割をもっていることを理解する。

キーワード ●スポーツ生活 ●運動者 ●運動者行動 ●接近・逃避行動 ●運動生活 ●類型と階層

第1節　体育・スポーツ経営とスポーツ生活

第2節　運動者と運動者行動

第3節　豊かな運動生活の捉え方

| 第3章 | **第1節**
| 体育・スポーツ経営と
| 運動生活 |

体育・スポーツ経営と
スポーツ生活

1.体育・スポーツ経営におけるスポーツ生活

　体育・スポーツ経営の構造や営みを検討する際に重視されるべきことは、人々が体育やスポーツにかかわることによって、その生活がより豊かになるということである。体育・スポーツ経営は、文化としてのスポーツのもつ価値や便益を最大限に引き出し、人々のスポーツ生活の豊かさを実現することを目的としている。すなわち、豊かなスポーツ生活は、体育・スポーツ経営がめざす基本的な目的（価値）として位置づけられる。そして豊かなスポーツ生活の実現のために、体育・スポーツ経営では様々な条件を整備するという経営活動が展開されることになる。その結果、人々の豊かなスポーツ生活の実現の程度が、体育・スポーツ経営の成果として評価対象となるのである。このようにスポーツ生活は、体育・スポーツ経営の営みそのものではないが、経営目的・経営目標として、そして経営成績の評価基準として重要な役割をもっている。

　このような豊かなスポーツ生活は、体育・スポーツ経営学にかかわる人々だけの目的ではなく、広く一般に了解されている願いである[1]。しかし人々にとってどのようなスポーツとのかかわりが生活の「豊かさ」を生み出すかを確認しておく必要がある。

2.豊かなスポーツ生活とは

(1)スポーツ生活

　人々の日々の生活はどのような構成になっており、スポーツとどのような関係になっているのであろうか。

　人間の生活の構成を表す用語としてよく取り上げられる言葉に「衣食住」がある。そして、それぞれの語尾に生活をつけると、衣生活、食生活、住生活となり、人間の基礎的生活を形づくることとなる。衣食住は人々の基礎的生活ではあるが、それが満たされているだけでは「豊かな生活」とはいえない。生命の維持・存続を支える最低限の基礎的生活を越えて、より人間らしく自己実現が可能になる生活が保障されねばならない。すべての国民は、「健康で文化的な」生活を営む権利（日本国憲法第25条）が謳われているように、人々は心身共に健康で、多様な文化とのかかわりをもった「文化的生活」を営むことが期待されている[2]。人間が生み出してきた多様な文化に触れたり、趣味をもつことにより生活が潤い、生きがいややりがいをもつことが豊かな生活に連動するであろう。そして、文化としてのスポーツとのかかわりから形成されるスポーツ生活は、健康で「文化的生活」を生み出す重要

[1] 例えば、スポーツ基本法（2011）の前文では、「スポーツを通じて幸福で豊かな生活を営むことは、全ての人々の権利」であるとスポーツ権が明文化されている。

[2] 文化の概念は多様であるが、「知識・信仰・技芸・道徳・法律及びその他の能力や慣習を含む、ある社会の一員としての人間によって獲得された複合体」などと定義され、その内容は⑴非物質的文化（宗教・芸術・科学など）、⑵物質的文化（道具・機械・交通手段など）、⑶制度的文化（慣習・制度・法律など）があるという（見田宗介他編『社会学事典』弘文堂、1994、p. 780-782）。したがって、「文化的生活」とはこのような多様な文化の内容に触れ、それを活用し、またそれに支えられながら生きがいのある生活を営んでいる状態ということができよう。

26　第3章　体育・スポーツ経営と運動生活

な活動として位置づけられることになる。

さて、人とスポーツとのかかわり方には3種類があった。1つは「スポーツを行う」、2つ目は「スポーツをみる（スポーツ大会などの観戦、テレビなどの視聴）」、そして3つ目としては、「スポーツを支える・創る（スポーツを指導、スポーツを創る、スポーツの機会や場を創るなど）」である。

体育・スポーツ経営が対象とするスポーツ生活は、人々の生活における「人とスポーツとの多様なかかわり」から構成される生活である。すなわち、スポーツ生活とは人々のすべての生活の中からスポーツにかかわる局面を整理したものといえ、個人の生活の中にスポーツがどのように取り入れられているのかを総合的に捉えたスポーツにかかわる生活ということができる。

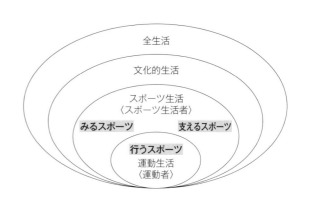

図3-1　生活とスポーツ生活

生活の豊かさをもたらす文化としてのスポーツの価値が広く認められるようになった今日、人々がバランスよく多様なスポーツとかかわっている状態こそが、体育・スポーツ経営がめざす「豊かな」スポーツ生活を体現している。しかし、スポーツ生活を形づくるスポーツとのかかわりは、テレビでスポーツを視聴するかかわりのように個人の努力で可能となるものもあるが、例えばスポーツ教室に参加してスポーツを行うといったかかわりは、個人の力だけでは実現しないものも多い。そのための「行うスポーツ」「みるスポーツ」の環境づくりが求められるとともに、それらを「支える（創る）スポーツ」の機会を充実させねばならない。

⑵ スポーツ生活者

体育・スポーツ経営の目的は、人々の豊かなスポーツ生活の実現であり、スポーツ経営組織からの働きかけの対象はスポーツ生活を営んでいる人間ということになる。体育・スポーツ経営学では、働きかけの対象となるすべての人を「スポーツ生活者」と呼んでいる。このような総称の用法は、他の領域にもみられる。例えば、経済学や一般経営学の領域では、その活動の対象となる人を「消費者」と総称したり、教育の領域では対象となる児童生徒を「学習者」と呼んだりする。両者に共通する考え方は、活動の対象となる人々すべてを総称した用語であるという点である。すなわち、現在ある商品を消費していない人も対象となる「消費者」であり、学習に参与していない児童生徒も「学習者」である。消費して欲しいすべての人が「消費者」であり、学習して欲しいと願うすべての児童生徒が「学習者」なのである。このように考えるとスポーツ生活者とは、多様なスポーツ現象とのかかわりで捉える人間であり、体育・スポーツ経営組織が、スポーツにかかわり、スポーツを生活の中に取り込んで欲しいと願う人々の総称ということができる。

また、生活とは、生命を維持・存続するとともに、自分を再生産していく過程である。その意味で、スポーツ生活者は、自らが「スポーツ生活」を創っていく主体的な担い手であることが重要であり、スポーツ生活者の主体的な活動を支援するのが体育・スポーツ経営ということになる。

（永田秀隆）

第3章
体育・スポーツ経営と 運動生活

第2節

運動者と運動者行動

1. 運動者とは

　豊かなスポーツ生活は、人とスポーツとの多様なかかわりによって生み出される。特に「行うスポーツ」へのかかわりは、運動やスポーツが意図的運動現象であり、その運動現象が身体的便益、心理的便益、社会的便益などを直接的にもたらす身体文化[1]であることから、政策的にもその実施率向上は重要視されてきた[2]。

　多様なスポーツ現象にかかわる人のことをスポーツ生活者と呼ぶように、スポーツ生活の中で、運動（行うスポーツ）という視点から捉えられる人間を「運動者」と呼んでいる。

　先のスポーツ生活者と同様、運動やスポーツを行ってほしいと期待するすべての人々が運動者として、体育・スポーツ経営の対象となる。具体的には、現在運動を頻繁に（定期的に）実施している人をはじめ、時々運動することがある人、今は事情により運動はしていないが運動したい意思がある人、さらには運動には興味・関心がない人までもが運動者に含まれるのである。現在はまったく運動していないとしても、スポーツサービスが提供され、スポーツ環境が整備されることによって、スポーツ行動が生起する可能性があるからである。このように運動者は、体育・スポーツ経営の対象であり、その経営が展開される領域で運動者は異なる。例えば、学校であればすべての児童生徒が運動者として位置づけられるし、地域であればスポーツ経営組織が対象とする地域住民が運動者ということになる。

2. 運動者行動の捉え方

(1) スポーツサービスと運動者行動

　運動者の、運動やスポーツをめぐってとる行動は2つに大別できる。1つは、運動やスポーツ活動の中でとる行動であり、「運動行動」といわれる。例えば、走ったり投げたりという行動や、積極的に活動に取り組むといった運動・スポーツへの対応の仕方などである。運動行動は、学校体育やスポーツの指導・コーチングなどの分野で強い関心が寄せられてきている重要な研究領域である。

　一方、体育・スポーツ経営では、運動行動とは別に、運動やスポーツの「場」をめぐって運動者がとる行動を「運動者行動」として区別している。体育・スポーツ経営は運動者のスポーツ行動の成立・継続・発展をめざしており、そのためにスポーツサービスを提供している。すなわち、体育・スポーツ経営の第一義的な課題は、運動者がスポーツサービスに積極的に参加し、活用するという運動者行動を生起させるところにある。スポーツサービスとして運動の場、機会や条件が与えられた場

---

[1] 身体文化とは、体を基盤にした文化を意味する。衣食住や休息からスポーツや体操など積極的な活動まで含めた、身体や運動に関する社会的諸現象の総体のことである。

[2] 例えば、2000（平成12）年のスポーツ振興基本計画では、成人の週1回以上のスポーツ実施率を2人に1人（50%）にするという政策目標が立てられた。その後、2012（平成24）年のスポーツ基本計画、2017（平成29）年の第2期スポーツ基本計画では、その目標は65%程度にするとされた。

図3-2 運動者行動の分析視座

表3-1 運動の場への接近・逃避行動と運動者

スポーツクラブへ接近行動をとっている人 …………………… C運動者（Club運動者）
スポーツクラブへ逃避行動をとっている人 …………………… non C運動者
スポーツプログラムへ接近行動をとっている人 ………………… P運動者（Program運動者）
スポーツプログラムへ逃避行動をとっている人 ………………… non P運動者
施設開放へ接近行動をとっている人 ……………………………… A運動者（Area運動者）
施設開放へ逃避行動をとっている人 ……………………………… non A運動者
全ての運動・スポーツの「場」から逃避行動をとっている人 … S運動者（Stay運動者）

合、運動者はそれぞれに対して多様な行動をとる。クラブサービスの1つである運動部活動を例にすると、特定の運動部に入部するのか入部しないのか、入部していた部を退部する、退部後に別の運動部に入り直すなどといった行動がみられる。このような行動は、エリアサービスやプログラムサービスにおいても程度の差はあれ実際にみられるものである。このようなスポーツサービスに対してとる運動者の接近行動、逃避行動などを総称した用語が運動者行動である。

(2) 運動者行動の捉え方

運動者行動の実態を明らかにすることで、提供されるスポーツサービスの課題や体育・スポーツ事業の進め方の改善策を探ることができる。なぜなら、運動者がスポーツサービスとどのようにかかわっているのか、またスポーツサービスに接近しない理由などを理解することは、体育・スポーツ経営の起点となるからである。

運動者行動は次のいくつかの視座により分析をすることが可能である（図3-2）。

①運動の場、機会や条件への接近—逃避行動

運動者行動を、行うスポーツにおける運動の場、機会や条件への接近・逃避という基本的な視点から整理する考え方である。接近行動とは、スポーツクラブ（Club）、スポーツプログラム（Program）、施設開放（Area）といった運動の場面に参加・利用する行動を指す。逆にこうした場面が提供されているにもかかわらず、その場面には近づかず参加しない・利用しない行動のことを逃避行動という。体育・スポーツ経営の立場からは、多く運動者が接近行動をとることをめざす。

②運動者行動の実質性・形式性（接近行動をめぐって）

運動の場面に接近していたとしても、活動の継続性や内容によっては運動の効果が得られやすいものと得られにくいものとに分かれる。例えば、スポーツクラブに入っていても活動が定期的・継続的に行われなければ所属している成果は得られない。そこで接近行動を、スポーツサービスのねらいとの関係から効果が期待できるかどうかという視点で分類する考え方がある。運動の効果が期待できると判断できる行動をとる者を実質的運動者、逆に効果は期待できそうもない行動をとる者を形式的運動者、そしてこの両者のどちらとも判断しにくい行動をとる者を不規則的運

表 3-2 接近行動の実質性・形式性

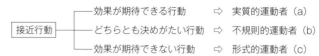

動者と位置づけている。

このような視点から、例えば、A運動者の場合はスポーツ施設等への接近行動が実質的な者を（Aa）[3]、不規則的な者を（Ab）、形式的な者を（Ac）と便宜上分類することができる。P運動者やC運動者においても同様の取り扱いが可能である。

さて、実質的か形式的かという視点で3つの運動者に分類したが、その判別基準は必ずしも明確にされているわけではない。身体的効果という視点からは、A運動者の場合は1週間の運動日数、P運動者の場合は運動プログラムへの参加回数やそのための練習への参加回数、C運動者の場合には1週間あたりの活動日数によって、実質的な接近行動をとるか形式的であるかを判断することも可能であろう。しかし運動の実施日数・回数が多いからといって、必ずしも運動の効果が高いとはいい切れない。身体面のみならず、精神面や社会面への影響、運動者の発達段階、学校や地域など体育・スポーツ経営が展開される場や対象なども考慮するとより複雑になる[4]。

③運動者行動の自律性・他律性（接近行動をめぐって）

運動者の接近行動をめぐっては実質的か形式的かという視点以外に、自律的か他律的かという観点がある。運動やスポーツの場への接近行動が運動者の自由意思によって生起したものか、それとも他から強制されて生じたものかを区別するという視点である。体育・スポーツ経営の立場からは、他律的なものよりは運動者の自律的・主体的な行動を推進しようとすることはいうまでもない。なぜなら、本来、スポーツは自己目的的な活動であり、自発的・自主的に行われるものだからである。体育・スポーツ経営では、運動者の自律性や自主性を育てることも重要な課題となっている。

運動者行動の自律的行動は、Voluntaryな行動（その運動を支えている条件を運動者自身で整えている場合）とMotivatedな行動（用意された「場」に動機づけられる場合）とに分類され、また他律的な行動はRequiredな行動（他から強制されて運動する場合）とされる。

自律的行動の有効性を指摘したが、スポーツサービスを提供する経営組織からするとVoluntaryな行動よりMotivatedな行動、Motivatedな行動よりはRequiredな行動の方が管理はしやすい。Requiredな行動の方が、経営組織の意図をスポーツサービスに組み込みやすいし、運動者の行動も把握しやすい。学校では体育の授業や体育的行事などが必修の位置づけとなっているのは、生涯スポーツの実践能力に結びつく基礎・基本をすべての運動者に身につけて欲しいとの教育的願いがあるからであるが、必修として位置づけられることで、全員が参加し類似した活動をするという意味で管理しやすいといえる。しかし、いかなる経営組織にとっても、Requiredな行動をVoluntaryな行動へと発展させなければならない。Voluntaryな行動は奨励される行動ではあるけれども、自然に生まれるわけではない。それゆえそこに至る過程としてのMotivatedな行動をどう動機づけするかが経営組織にとっ

---

③（Aa）とは、エリアサービスに接近行動を起こし(A)、効果が期待できる行動（a）をとっている運動者という意味である。

④運動者行動の実質性・形式性の判断においては、一定の基準があるわけではない。これまで学校における児童生徒の運動者行動をめぐっては、トレーニングの効果は、一般的には1週間に3～5日の運動頻度が望ましいとされてきたことから、週3日以上の運動頻度を実質的運動者と判断した例もある。また、生涯スポーツの推進をめぐっては、週1回以上のスポーツ実施率が目標とされたり、最近では週3回以上の実施頻度のデータが示されることも多くなった。このように運動者行動の実質性・形式性は、体育・スポーツ経営が展開される領域ごとに効果が期待できる基準が設定される必要がある。

て極めて重要となる。他者依存的な状況に陥らない自律（自立）的な運動者の育成を心がける必要がある。

④運動者行動の可能性（逃避行動をめぐって）

　体育・スポーツ経営にとって、スポーツサービスからの逃避行動の把握は極めて重要である。運動者が逃避・離脱行動をとる原因や理由を明らかにすることによって、接近行動への抵抗条件を取り除く可能性があるからである。接近行動への抵抗条件としては、①参加したいスポーツクラブや教室がないといったスポーツサービスや環境に関する条件、②興味や欲求がなかったり健康を害しているなどの運動者の主体的条件、③時間を取ることができないとか経済的な余裕がないなどの自然的または社会的条件、の3つがあげられる。なお、これら3つの抵抗条件の他に、例えば高齢者や障害者が実施できるスポーツそのものがないといったスポーツの条件が抵抗となっている場合がある。このスポーツの条件は、便宜的に①のスポーツサービスや環境の条件に入れておきたい[5]。

⑤第2章第3節のスポーツ行動の成立条件を参照。

　そして3つのスポーツサービスと前述の3つの抵抗条件との組み合わせにより、逃避行動をとっているA運動者は$A_1・A_2・A_3$に、P運動者は$P_1・P_2・P_3$に、そしてC運動者は$C_1・C_2・C_3$というように抵抗条件で区分することができ、それぞれの運動者がどのような抵抗条件を抱えているのか把握される。経営組織の立場としては、抵抗条件が体育・スポーツ経営の働きの範囲内にあるのかどうかに着目する。②と③の条件は体育・スポーツ経営の働きだけでは改善しがたい条件もあるが、①に関しては体育・スポーツ経営の範囲内であるため、何らかの工夫や取り組みにより接近行動を生起させることが可能な運動者となる。したがって$A_1・P_1・C_1$に位置づく運動者に対しては改善の余地が大いにあると考えられる。また、②③の抵抗条件の中にも、健康やスポーツに関する情報提供によって、興味関心を喚起させたり、経済的な支援によりスポーツサービスへの接近を促すことも可能であるため、抵抗条件の内容を吟味し、対応する必要がある。

（永田秀隆）

表3-3　運動者行動の可能性

①スポーツサービスやその運営に抵抗条件がある運動者	C_1	P_1	A_1
②運動者の主体的条件に抵抗がある運動者	C_2	P_2	A_2
③自然的または社会的条件に抵抗がある運動者	C_3	P_3	A_3

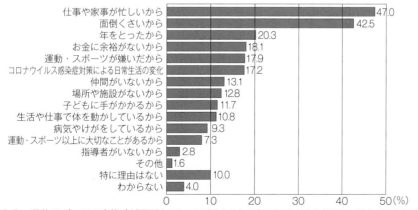

図3-3　運動・スポーツの実施疎外要因（スポーツ庁『令和2年度「スポーツの実施状況等に関する世論調査」』）

第3章
体育・スポーツ経営と
運動生活

第3節
豊かな運動生活の捉え方

1.運動生活の概念

　運動者行動は、運動やスポーツの「場」への接近・逃避をめぐって、いくつかの視点から把握することができた。そのような運動者行動の把握は、特定の視点で行動を把握することから、運動者がどのような行動をとっているのか理解しやすい。また3つのスポーツサービスとも対応していることから、その実態を踏まえた体育・スポーツ事業の改善や工夫につながりやすい。

　しかし、運動者行動が多様なスポーツの便益を享受するためには、「生活」という視点から運動者行動を捉え直す必要がある。例えば、運動者の中にはスポーツクラブで運動するとともに、時には施設開放を利用したりしている。このように運動者は、生活の中で、複数の運動の場とのかかわりをもちながら生活している。運動者が、どのような運動者行動をとり、運動やスポーツが日常生活の中にどれだけ取り入れられ、定着しているかが体育・スポーツ経営の実践では重要な視点となる。運動生活とは、行うスポーツの「場」をめぐる運動者行動が個人の生活の中にどのように組み合わされて定着しているかという運動者の生活のことを指す。

2.運動生活の捉え方

(1)運動生活の類型的把握

　行うスポーツの3つの場面をめぐって運動者が接近行動をとるのか逃避行動をするのかを組み合わせて分類したものが、運動生活の類型的把握（運動生活の8類型）である。スポーツサービスの対応から、3つの運動の場にかかわっているCAPから、いずれの場にもかかわりのないSまで8つの群に類型化される（表3-4）。

　運動者は、学校、職場、地域社会、公共施設や民間施設といった様々な領域で日々のスポーツ活動を行っている。運動生活の類型的把握は、その複数にわたる運動生活を総合的に捉えやすく、また学校の児童生徒など多人数の運動生活の集団的な把握に便利である。しかし、類型的把握では、接近行動か逃避行動かだけを取り上げるため、運動の実施頻度といった運動の程度を加味した捉え方はできない。

表3-4　運動生活の類型と階層

類型	CAP	CA	CP	C	AP	A	P	S
C運動者	○	○	○	○	/	/	/	/
A運動者	○	○	/	/	○	○	/	/
P運動者	○	/	○	/	○	/	○	/

└────── C階層 ──────┘ └── A階層 ──┘ P階層 S階層

⑵運動生活の階層的把握

　運動者がよりよい運動生活を送っているというのはどのような状態を指すのだろうか。運動生活の豊かさを、スポーツの便益あるいは文化的価値を享受している（しやすい）という観点から序列化しようとするのが、運動生活の階層的把握である。多様な効果を生み出し、運動生活の豊かさを実現するには、表3-5のような4条件が重要となり、これらの条件を多く備えた運動の場面にかかわっている運動者がよりよい運動生活を送っていると考えられる。

　先の8つの運動生活の類型群は、以下の4つの階層に区分できる。C階層（表3-4のCAP、CA、CP、Cの4類型で構成）は少なくともスポーツクラブへ関与する階層、A階層（APとAの2類型）はC階層を除きスポーツ施設や施設開放を利用する階層、P階層はC階層とA階層を除きスポーツプログラムに参加する階層、そしてS階層はいずれの運動の場面に対しても逃避行動をとる階層のことである。

　この4階層についてそれぞれ先の4条件をどれほど満たしているのか考えてみると、C階層が多くの条件を備えていることから豊かな運動生活を送る階層とみることができる。逆に豊かな運動生活とはほど遠い階層はS階層であることは間違いない。A階層とP階層については、どちらが豊かな運動生活に近づいているかの判断は容易ではない。なぜならP階層がかかわるスポーツプログラムの多様性に配慮する必要があるからである。具体的にはスポーツプログラムにはスポーツ教室のように実施期間が比較的長いプログラム（P_L: Long Program）とスポーツ大会のように単発で短期間のプログラム（P_S: Short Program）があるが、この両者への参加者を同様の運動生活をする運動者と考えることはできない（表3-6）。

　このようにみると、体育・スポーツ経営の立場からは、多くの便益が可能になるであろうC階層に運動者を導くことが望ましいといえよう。また、運動生活の類型的把握や階層的把握では、運動生活の実質性・形式性という視点を加味すると、より的確に運動生活が把握できる。

（永田秀隆）

表3-5　豊かな運動生活の視点

①スポーツ活動の継続性	運動が生活の中で継続的・定期的に行われることで心身への様々な諸効果をもたらしてくれる。
②スポーツ活動の合理性	適切な段階を踏んだ正しい活動により効果が出れば、さらに意欲がわきその後に好影響を及ぼしやすい。
③スポーツ活動の組織性	運動を共に楽しむ仲間がお互いに協力し、励ましあい、支えあいながら活動を展開することにより社会的効果が期待できる。
④スポーツ活動の自律性	自発的・主体的なスポーツ活動が行われることが重要である。活動場所、活動内容などの条件を自ら整えるとともに、他者の運動環境の整備にも協力しようとする態度も重要である。

表3-6　運動生活の4階層（一般的な場合）

階層		運動生活の類型
Ⅰ	C	Cに関係するすべての運動者
Ⅱ	P_L+A	Long Programに参加する運動者及びAに関係する運動者
Ⅲ	P_S	Short Programに参加する運動者
Ⅳ	S	S運動者

column **Ⅲ**

スポーツ生活をとりまくデータのあれこれ

　体育・スポーツ経営学では、人々の運動生活やスポーツ生活の実態を把握し、人々がより豊かなスポーツ生活を構築できるような手立てを検討していく使命を負っているといえよう。人々がどのようなスポーツ生活を行っているかに関する調査データは、官民様々なところから公表されている。

　まず、日本人成人のスポーツ実施率について、スポーツ庁（文部科学省）が世論調査の結果に基づいて推計値を発表している（1979年度より2012年度まで「体力・スポーツに関する世論調査」、2015年度「東京オリンピック・パラリンピックに関する世論調査」、2016年度以降「スポーツの実施状況等に関する世論調査」）。それによると、週に1回以上スポーツを実施する人の割合は1990年代前半までは30％に満たない状況であったが、その後徐々に増え続け、2017年度に初めて50％を突破し、2020年度には59.9％まで伸びてきている。笹川スポーツ財団では独自の「スポーツライフに関する調査」を1992年から隔年で実施しており、週1回以上の定期的運動・スポーツ実施者は、2004年以降50％以上を維持しており、2020年に過去最高の59.5％に達したと報告している。これらの調査結果を見る際には、調査の対象年齢や実施内容の捉え方、調査方法等に違いがあるので、単純に数値だけを比較することには若干の注意を払う必要があろう。

　また、前回の東京オリンピックが開催された1964年以来、国民の体力・運動能力の現状を明らかにするため、「体力・運動能力調査」が毎年実施されている。2019年度の調査では、前回東京オリンピック（1964年）当時の世代と2019年における世代について、握力，50m走，持久走，ボール投げの記録を比較した結果、ボール投げを除き，ピーク時を迎える年代やその値にあまり大きな差は見られないが、いずれのテスト項目においても大学生（18，19歳）での記録の低下が見られることが報告された。1964年度に比べ2019年度の青少年期の体格（身長，体重）は，いずれの年齢においても大きく向上しているが，筋力は，15歳以後の発達の程度が緩やかであり，1964年度の記録を下回っていると報告された。

　人々の日常的スポーツ活動の場として重要な担い手となることが期待されている総合型地域スポーツクラブは、スポーツ庁「令和2（2020）年度総合型地域スポーツクラブに関する実態調査結果」によると全国で3,594クラブが創設され、148のクラブが創設準備中である。この創設準備クラブは2005年度の743クラブをピークとしてそれ以降減少してきている。それとともに、廃止・統合されるクラブが増加してきており、量的拡大から質的安定への方向に向けて、より良いクラブマネジメントが求められてきている。

　スポーツを行う場として、商業的（民間）スポーツ施設も特別な場ではなくなってきている。なかでもフィットネスクラブは、人々の日常的なスポーツ生活の場として浸透してきている。日本生産性本部の「レジャー白書2020」によると、ゴルフ練習場、ボウリング場などの民間スポーツ施設が1990年代以降市場を縮小する中、フィットネスクラブは堅実に拡大を続けており、2019年度には約5,000億円の市場規模に達している。ただ、新型コロナウィルス感染拡大により、2020年度には余暇市場に大きな打撃を受けた。「レジャー白書2021」によれば、2019年度の日本の余暇市場全体の規模は72兆2,940億円であったが、2020年度は国内観光旅行が大きな打撃を受け、55兆2,040億円（前年比23.7％減）という結果となった。大人数が集まるスポーツ行動が制限され、人々のスポーツ行動にも変化が現れた。以前から人気が高かったジョギング・マラソンやウォーキング人口は更に増加し、スポーツ自転車、ゴルフ練習場なども売上を伸ばした。

　みるスポーツにおいても、各プロリーグが観客動員数や登録選手に関わるデータなどを公表している。Jリーグは毎年スタジアム観戦者調査を行い、リーグステージ毎に観戦者データを公表している。J1クラブの入場者数は2019年度の約635万人から2020年度は177万人に大きく減少した。また観戦者調査のサマリーレポートも公表しており、2019年の調査によると、全体の男女比は男性62.4％女性37.6％であり、平均年齢は42．8歳、観戦頻度はJ1で平均11.0回、J2で14.3回、家族同伴者が54.3％と報告されている。

　なお、笹川スポーツ財団では国民のスポーツライフの実態把握を定期的に行う「スポーツ活動に関する全国調査」を1992年から隔年で実施し、これまで刊行したスポーツライフの元データを無料で提供している。近年ではインターネット上に多くのデータが公表されているので、最新データを調べてみよう。（中路恭平）

第4章

体育・スポーツ事業と経営資源

この章のねらい

本章では、各種スポーツサービスを創り出す営みである体育・スポーツ事業の基礎となる経営資源について理解する。一般的に、ヒト（人的資源）、モノ（物的資源）、カネ（財務資源）、情報（情報資源）を経営の4資源と呼んでいる。

人的資源では、体育・スポーツ経営が営まれる領域における人的資源の実態や求められる資質の考え方及び指導者資格について解説する。物的資源では、体育・スポーツ施設の捉え方とその現状、施設整備の考え方を解説する。また、学校体育施設開放の現状や課題、公共施設整備の動向についても触れる。財務資源については、その分類や領域の特徴を解説すると共に、公的財源の現状と課題について概説する。最後に、情報資源については、その特性を解説した後、情報資源の内容・種類や情報技術の重要性について理解する。

キーワード ●人的資源 ●物的資源 ●財務資源 ●情報資源

第1節 体育・スポーツ事業の基礎となる
経営資源

第2節 人的資源

第3節 物的資源

第4節 財務資源

第5節 情報資源

第4章
体育・スポーツ事業と
経営資源

第**1**節

体育・スポーツ事業の基礎となる経営資源

1.体育・スポーツ事業と経営資源

　体育・スポーツ経営は、スポーツがもっている多様な価値や便益を最大限に引き出し、人々の豊かなスポーツ生活と運動生活の実現をめざし、スポーツサービスを創るという体育・スポーツ事業を営む活動である。行うスポーツの推進をめぐっては、スポーツを行う「場」や「機会」となるエリアサービス（A.S.）、プログラムサービス（P.S.）、クラブサービス（C.S.）を創り、その質を高めるために多様な経営資源が必要となる。経営資源には、人的資源（ヒト）、物的資源（モノ）、財務資源（カネ）、情報資源（情報）があるといわれ、それらを経営の4資源と呼んでいる。提供可能となるスポーツサービスは、これら経営資源に規定されることとなるため、経営資源の獲得や蓄積は体育・スポーツ経営の成否にかかわる重要な課題となる。人々のスポーツに対する欲求は、少子高齢化などの人口動態やIT（Information Technology）技術の発展などによって変化する。また、民間営利組織におけるスポーツ経営では、競争環境が激化する中で、他社との差別化が求められている。そのような変化する経営環境の中で新たなスポーツサービスを開発し、提供してゆくためには、新たな経営資源の調達と効率的な活用が基盤となる。体育・スポーツ事業は、獲得・蓄積した経営資源を効率よく活用し、スポーツサービスを創り出す営み（プロセス）ということもできる。

2.経営資源の種類

⑴人的資源(ヒト)

　体育・スポーツ経営は、人々の組織的活動で展開される。ここで人的資源は、体育・スポーツ経営にかかわるすべての人々を意味する。それら人的資源は、運動指導者と組織指導者に大別される。運動指導者は、展開されるスポーツサービスにおいてスポーツの実技指導を担う人々である。一方、組織指導者は直接的なスポーツの実技指導は行わないが、スポーツサービスの企画運営や組織運営に携わる人材である。それら指導者は、生活の糧を得ている職業的な指導者もいれば、ボランティアとしてスポーツ経営にかかわっている人材も多い。また、これら人的資源の専門的能力をめぐる指導者資格制度は、質の高いスポーツ活動やスポーツサービスの創出にかかわる課題であり、有資格指導者の育成という観点も重要となる。

⑵物的資源(モノ)

　体育・スポーツ施設は、スポーツ活動が展開される物理的な空間や環境であり、スポーツサービスの基礎的条件となる経営資源である。スポーツの推進と高度化に

は、体育・スポーツ施設の量的な拡大と質的な高度化は欠かすことができない。例えば、さらなるスポーツ推進のためには、日常生活圏におけるスポーツ施設の整備が求められるし、シャワールームなど利便性を高める付帯施設や冷暖房の空調など施設機能を高度化する付属設備の充実も重要になる。また、近年では障害をもつ人の利用を促すためのバリアフリー化[1]や、誰もが利用できるという考え方に基づくユニバーサルデザイン化[2]などは施設整備をめぐる一般的な考え方になっている。

(3)財務資源（カネ）

財務資源は、体育・スポーツ事業に充当できる経済的な財を意味している。この財務資源により、物的資源の整備や人的資源の獲得など、他の経営資源の調達が可能となる。体育・スポーツ経営に関連する財務資源には、国・都道府県・市区町村の行政が支弁する公的財源と、スポーツクラブの会費やスポーツ教室の参加費など運動者から徴収される私的財源がある。近年では、公的財源が逼迫する中での財源の確保が大きな課題となっており、新たな公的財源が模索されてきた。しかしそれら公的財源は必ずしも潤沢ではないとともに、その活用方法も検討されなければならない。一方、私的財源をめぐっては、運動者の受益者負担意識の欠如などの課題が指摘されている。

(4)情報資源（情報）

体育・スポーツ経営をより効果的・効率的に展開するために、資源としての情報の重要性は増すばかりである。情報資源は、情報がもつ内容に意味がある情報資源と、体育・スポーツ経営をめぐる情報技術・能力としての情報資源に大別される。内容としての情報資源には、運動者のニーズや運動生活の実態、スポーツサービスの企画運営にかかわる手法、法律や制度をめぐる情報などがある。一方、情報技術・能力では、情報収集力や情報分析力などが重要になり、それらの情報能力は経営の行動様式や意思決定の方法などの組織文化などの組織知として蓄積される[3]。

3.経営資源の循環

体育・スポーツ経営は、これら経営資源を調達・活用しながらスポーツサービスを創り出し、運動者に提供することで豊かな運動生活の実現をめざすことになる。そしてそのプロセスから、新たな財務資源や情報資源、さらには人的資源が生み出される。例えば、スポーツサービスへの参加料は次のスポーツサービスを創る財源になるし、スポーツサービスの中での運動者との接触による情報やスポーツサービスの企画運営をめぐるノウハウは、新たな情報資源として経営組織に蓄積される。また、参加者の中から運動指導者や組織指導者が生まれることも期待できるし、そのような人材が生まれるようスポーツサービスの内容が企画される必要がある。このように体育・スポーツ事業をめぐる経営資源の循環関係を創り出すことが継続的な体育・スポーツ経営につながる。

（柳沢和雄）

[1]バリアフリー（barrier-free）とは、障害者や高齢者など社会的弱者の生活に支障となる物理的な障害を取り除くこと。例えば、階段にスロープをつける、エレベーターのドアを広くする、点字ブロックや音響式信号機を設置するなど、色々な工夫がなされている。

[2]ユニバーサルデザイン（universal design）とは、障害の有無、年齢、性別、文化・言語の違いなどにかかわらず、誰もが快適に利用できるよう製品・サービス、建物、都市や生活環境などをデザインすること。例えば、ノンステップバス、多機能トイレ、外国人のための絵文字（ピクトグラム）など、日常生活の中にこの考え方が取り入れられている。

[3]組織文化（organizational culture）とは、組織のメンバーに共有された思考様式や価値観、行動様式など、組織固有の特性を意味する。例えば、学校運動部には運動部固有の考え方や行動様式があるし、学校の体育経営組織とフィットネスクラブの経営組織では、その価値観や行動様式は大きく異なる。このように、組織には固有の組織文化があり、メンバーは知らず知らずのうちにそれらに準ずる行動をとるようになる。組織文化は、組織風土（organizational climate）と同義に使われることも多い。

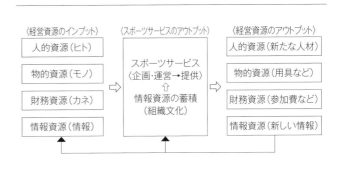

図4-1　経営資源の循環

| 第4章 |
| 体育・スポーツ事業と |
| 経営資源 |

第2節

人的資源

1.体育・スポーツ経営の領域と人的資源

⑴行うスポーツ経営における人的資源

　行うスポーツ経営における人的資源の特徴は、学校の体育教師の事例をあげれば理解しやすい。体育教師の職業上の能力としては、体育・スポーツが実践されている場における指導能力（指導能力）と体育行事や運動部活動などの体育・スポーツ事業の企画・運営能力（経営能力）の2つが必要となることが指摘されている。指導能力は、①運動に関する知識・能力、②学習指導に関する知識・能力からなり、経営能力は、①事業の企画・運営能力、②組織運営能力、③外部組織とのコミュニケーション能力から構成されている。

　学校以外の領域においても、行うスポーツ経営においては指導能力と経営能力の両面が求められることが多い。もちろん一般的には職位が上位になればなるほど指導能力よりも経営能力が求められる。例えば民間スポーツクラブの場合には、インストラクターよりも経営者や支配人の方が、指導能力よりも経営能力が求められることになる。しかし、少人数の小さな組織によって営まれることが多い行うスポーツ経営においては、経営者であってもスポーツの実践場面に関する知識や能力が必要となる。反対に、インストラクターは、運動の現場での対人的な指導だけでなく、スポーツサービスの企画力はもちろんのこと、組織全体の運営や対外的なコミュニケーション能力を養い、経営者と協働することが不可欠になる。また、スポーツ基本法の制定（2011年）によって、従来の体育指導委員はスポーツ推進委員に名称が変わったばかりでなく、スポーツ実践の場での指導者としての役割に加えて、これまで以上に地域スポーツ推進のためのコーディネーターの役割を担うという経営能力への期待が高まっている。

⑵みるスポーツ経営における人的資源

　行うスポーツと同様に、みるスポーツ経営においてもスポーツ（ゲーム）の実践に携わる人々（プロスポーツでは、監督やコーチ、トレーナーなど）が必要になる。さらにみるスポーツ経営においては、観客を創造し、ゲームに動員する役割を担う人材が求められるところに特徴がある。具体的には、広報や宣伝、チケット販売や流通、メディア対応、市場調査などができる人材、広い意味ではマーケティング担当者が求められる。またメガ・スポーツイベントでは、参加者のみならず観客に対応するために、人的資源として多様な役割を担う多くのボランティアを利用する場合が多く、その募集や育成が大きな課題となる。マーケティング担当者にしてもボランティアにしても、自分たちがかかわるスポーツやスポーツの実践に関する知識

表4-1　行うスポーツ経営の実践領域と人的資源

	体育・スポーツ経営の領域	人的資源
行うスポーツ経営	学校体育・スポーツ 　例）幼・小・中・高・大学・専門学校	管理職、体育主任、保健体育教員、部活動顧問、監督、コーチ
	地域スポーツクラブ 　例）任意団体、スポーツNPO、総合型地域スポーツクラブ	会長、理事長（運営委員長）、理事（運営委員）、クラブマネジャー、アシスタントマネジャー、指導者
	公共スポーツ施設 　例）財団（事業団）、市町村、都道府県、国	管理者、所長（館長）、運営スタッフ
	スポーツ行政 　例）国、都道府県、市区町村、外郭団体	社会教育主事[1]、自治体独自のスポーツに関連した行政職員、スポーツ推進委員[2]
	民間スポーツクラブ（施設） 　例）フィットネスクラブ、スイミングスクール、テニスクラブ、ゴルフクラブ、野球場	経営者、支配人、運営スタッフ、インストラクター
	職場スポーツ 　例）企業総務部、健康保健組合、労働組合	総務部長、総務部社員、健康保健組合職員、労働組合職員

表4-2　みるスポーツ経営の実践領域と人的資源

	体育・スポーツ経営の領域	人的資源
みるスポーツ経営	企業スポーツ 　例）ラグビートップリーグ、Vリーグ、実業団駅伝	チーム担当役員、社員、監督、コーチ
	プロスポーツ 　例）野球、サッカー、相撲、バスケット、ゴルフツアー	経営者（オーナー）、球団社長、GM、球団社員、監督、コーチ、ツアー運営会社社員
	競技別統括団体 　例）日本陸上競技連盟、日本サッカー協会	会長、理事長、専務理事、理事、職員
	メガ・スポーツイベント 　例）オリンピック・パラリンピック、国民体育大会	会長、理事長、理事、職員、イベント運営会社社員、ボランティア
	公営競技 　例）競馬、競輪、競艇、オートレース	法人（財団）理事長、理事、職員、施設管理者
	スポーツショー 　例）アイスショー、シルク・ドゥ・ソレイユ	運営会社社長、社員、プロデューサー、演出家、元アスリート

や理解が求められるのは、行うスポーツ経営の場合と同様である。当該スポーツやゲームの歴史やルール、戦術や技術、面白さや魅力など文化的な特性について理解しておくことは、集客や観客の満足度、再観戦意図を高めるといったマーケティング課題にとっても役立つに違いない。プロチームをもたない競技別統括団体では、独自にこのような人的資源を確保することは難しい。企業スポーツでは、親会社からの出向者でまかなわれることが多いが、必ずしも専門的な能力をもった人材とは限らない。いずれにしても外部研修機会の活用やスポーツイベント会社の利用などを通じて補完することが必要になる。

2. 人的資源の育成と資質

(1)体育・スポーツ経営に求められる資質

　一般的に管理者が成功するためのスキルとしては、①テクニカル・スキル、②ヒューマン・スキル、③コンセプチュアル・スキル、の3つが必要といわれている（R. Kats、1974）。テクニカル・スキルは、特定の活動の方法、過程、手続きや技術に関する理解や熟達を意味する。体育・スポーツ経営の場合には、スポーツそのものの技術や知識、スポーツサービスの経営に関する理解や技術、統計的な手法を使って分析する能力が含まれる。ヒューマン・スキルは、管理者がリードするチームの協働を図り、組織や集団のメンバーと効果的・効率的に仕事をする能力のことである。スポーツ経営の場合には、選手や指導者をはじめ、ボランティアを含めた

[1]社会教育法に基づいて、都道府県及び区市町村の教育委員会事務局に置かれる、社会教育を行う者に専門的な助言と指導を与えることを職務とする専門職員。生涯学習を推進する際、住民と協働し、専門的な立場から多様な事業を企画・運営・調整する人材として、社会教育主事の役割は重要である。

[2]スポーツ推進委員については第1章第3節を参照。

スポーツサービスの現場に携わる人々との良好な関係を構築することが望まれる。そのためにはチームや組織のメンバーの参加動機やニーズの理解と公平・公正な態度が不可欠である。また、コンセプチュアル・スキルは、組織や社会の全体を考えながら、現状や問題を概念的に理解し、長期的視野で総合的な意思決定を行うことができる能力のことであり、より上位の経営者に求められる。Jリーグにおいて、サッカーのプロ化というイノベーションを進めるために、従来のファンではなくサポーターという概念やホームタウンという概念を創造、普及し、球団と観客や地元地域との新しい関係を創ってきたプロセスは、リーグ経営者の優れたコンセプチュアル・スキルが発揮された良い事例といえる。

体育・スポーツ経営の場合、前述したような体育・スポーツ経営の領域ごとに、これら基本的なスキルに加えて、管理者や指導者に求められる資質や育成方法が異なる。

⑵体育・スポーツ経営における人材の育成

一般的に企業や組織における人材の育成は、通常の仕事を通じて知識や能力の向上を図ろうとするオン・ザ・ジョブ・トレーニング（OJT）と通常の仕事とは別に特別な研修やプログラムを通じて知識や能力の向上を図ろうとするオフ・ザ・ジョブ・トレーニング（Off・JT）の2つがある。

スポーツ経営に関する代表的なOff・JTのしくみとして、（公財）日本体育協会とその加盟団体等が講習や試験を課して資格認定する「公認スポーツ指導者」制度がある（表4-3）。

その他にも、（公財）日本体育施設協会等（体育施設管理士、体育施設運営士）、（公財）日本レクリエーション協会（レクリエーションに関する指導者）、（公社）日本キャンプ協会等（野外活動指導者）、（公財）健康・体力づくり事業財団等（健康運動指導士、健康運動実践指導者）、（公財）日本障がい者スポーツ協会（身体障がい者スポーツ指導者）などがある。また（公財）日本サッカー協会は、2004年度からJFAスポーツマネージャーズカレッジを開催しているが、日本体育協会のマネジメント資格と異なり、講習プログラムには顧客としての観客に注目したマーケティ

表4-3　（公財）日本スポーツ協会公認スポーツ指導者の種類と登録者数

スポーツ指導基礎資格	スポーツリーダー コーチングアシスタント	416,199 1,131		
競技別指導者資格	スタートコーチ コーチ1 コーチ2 コーチ3 コーチ4 教師 上級教師	696 120,060 11,571 22,739 6,689 2,979 1,082		合計 608,986
フィットネス資格	スポーツプログラマー フィットネストレーナー ジュニアスポーツ指導員	3,276 432 4,398	合計 192,787	
メディカル・ コンディショニング資格	アスレティックトレーナー スポーツドクター スポーツデンティスト スポーツ栄養士	4,331 6,420 585 411		
マネジメント資格	アシスタントマネジャー クラブマネジャー	5,530 387		
旧資格	スポーツトレーナー1級 スポーツトレーナー2級	22 48		

（令和2年10月1日現在）

ングの内容が盛り込まれている。

3.大学における体育・スポーツ経営教育

　中央教育審議会第2期教育振興基本計画答申素案（2013）では、大学教育の制度的な特質は、①教育期間の長さ、②カリキュラム（科目）の豊富さと多様性、③成績評価システムの厳格さにあるという。したがって大学は、前述したような研修や資格制度と比較して、しっかりと時間をかけて体系的に体育・スポーツ経営を担う人材の育成の場として期待できる。

　プロスポーツや健康関連産業の拡大、オリンピック・パラリンピックをはじめとしたメガ・スポーツイベントの誘致などの追い風を背景に、体育・スポーツ系学部が増えるとともに「スポーツマネジメント」や「スポーツビジネス」を冠したスポーツ経営に関連する学部、学科やコースが新設されてきている。とりわけ2000年以降、従来の体育・スポーツ系の大学・学部以外に、経済学部や経営学部の中に開設されているのが特徴的である。スポーツ経営教育に携わる教員も、体育・スポーツ系大学出身者だけでなく、経営・経済の専門やスポーツ産業・経営の実務経験者など多様になってきている。

　しかし体育・スポーツ系大学と経営・経済学部に設置されたスポーツ経営教育には、スポーツやスポーツ経営の考え方や目的に基本的な違いがあることに注意が必要である。前者は、体育・スポーツ科学の分科学として、文化としてのスポーツの理解や発展、そのためのスポーツ経営のあり方を問題にするのに対して、後者では経済学や経営学の分科学として、利潤追求が前提となるプロスポーツや経済波及効果が大きいといわれるメガ・スポーツイベントやスポーツによる都市開発などに注目する傾向がある。これはスポーツの目的的な価値重視（前者）と手段的な価値重視（後者）の違いといい換えることができる。

　学部・学科や教員のバックグラウンドの多様化を背景に、めざす人材養成の目的やスポーツ経営教育に関するカリキュラムの内容や質は大学によって大きく異なっている。アメリカにおいて、学会などが統一のカリキュラムを提唱し、アクレディテーション（認定）を行い、大学におけるスポーツマネジメント教育の内容と質的な信頼性の保証に努めている状況とは大きな差がみられる。

　体育・スポーツ系の大学では、多くの学生が保健体育科教員をめざして入学してくるが、常勤教員になれるのはわずかである。スポーツ経営に関する学科・コースを選んだ学生が、プロスポーツをはじめとするみるスポーツや健康産業への就職を希望していても、現実のジョブマーケットは小さく、スポーツ以外の仕事につく学生が大半である。もちろん大学で学んだ専門的な知識や能力を活かせる職業に就くことができることは望ましいし、スポーツ経営領域のジョブマーケットを拡大することは高等教育機関としての大学の責務でもある。近年、インターンシップや社会人教育に力を入れる大学が増えてきているが、これまで以上に産業界と大学の連携による教育という視点が重要になってきている。　　　　　　　　　　（木村和彦）

［参考文献］
＊Robert L. Kats『Skills of an Effective Administrator』HBR、1974

第3節　物的資源

①体育・スポーツ施設整備の考え方

1. 体育・スポーツ施設の捉え方と現状

(1)運動施設としての体育・スポーツ施設の捉え方

私たちの生活する地域の中には、体育館やグラウンドなどの学校体育施設の他、国や自治体が所有する運動やスポーツのための施設、民間企業が運営するスイミングクラブやジム、スタジオなど、多様な体育・スポーツ施設が存在している。

こうした施設は、体育・スポーツ経営における経営資源の中で、物的資源として位置づけられる。物的資源としての施設は、体育・スポーツ事業のうち、エリアサービス事業においては、人々の運動やスポーツとのかかわりを成立させる物理的・地理的な環境として直接的に作用する。一方、クラブサービス事業やプログラムサービス事業においては、クラブやプログラムの質を高める基礎的な条件として機能する。

体育・スポーツ施設は人々の運動やスポーツとのかかわりを成立させる条件としての物理的・地理的な「場」であり、「設備(固定)」や「用具(非固定)」を内包し、「付属設備」や「付帯施設」を併せもつ「運動施設」という概念で捉えられる[①]。

(2)体育・スポーツ施設の分類

体育・スポーツ施設の分類には、まず施設の形態に着目した分類がある。例えば、「運動広場」や「テニスコート」といった場合、各施設は単独で設置されている。一方、「総合運動公園」などの場合、複数の施設がまとめて設置されている。このような違いに着目し、前者を「単独」の施設、後者を「総合」の施設と呼ぶ。

また、体育・スポーツ経営組織との関係から、施設の設置主体別に分類する視点もある。文部科学省が実施してきた「体育・スポーツ施設現況調査」[②]では、「学校体育・スポーツ施設」、「大学(短期大学)・高等専門学校体育施設」、「公共スポーツ施設」、「職場スポーツ施設」、「民間スポーツ施設」などの設置主体別に集計を行っている。

一方、人々の生活圏域の中で施設が利用される範囲や果たす機能に着目した分類もある。「近隣レベルの施設」(小学校区程度の近隣住民が、日常的なスポーツ活動を行うための施設)、「地区レベルの施設」(より広域な中学校区程度の地区住民が、日常的なスポーツ活動を行うための施設)、「市区町村レベルの施設」(市区町村全体を対象として、より総合的・専門的な事業が実施される施設)などの分類がそれである。

今日、人々の日常生活の範囲は広がりをみせると同時にスポーツとのかかわり方も多様化している。「スポーツ・ツーリズム」という言葉が生まれたように、生活圏を離れて運動やスポーツのために遠方の目的地を訪れる人も増えてきた。また、みるスポーツが生活化され、観戦のために遠方の施設を高頻度で訪れる人も少なくない。こうした広域的なスポーツの場となる施設や、みるスポーツのための施設の

---

①「運動施設」は、それだけでは運動施設の機能をもたないが、運動施設の機能を維持したり高めたりする「付属設備」や、運動施設と関連させて設けられると、運動施設への動員機能を高める「付帯施設」を合わせて構成される(図4-2)。

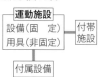

図4-2　「運動施設」の概念

②『体育・スポーツ施設現況調査』は、体育・スポーツ施設の設置者別現在数などを明らかにし、今後の施設整備計画策定などスポーツ振興施策の企画・立案に必要な基礎データを得ることを目的として、文部科学省が1969(昭和44)年から、概ね5〜6年おきに実施しているものである。2018(平成30)年度における体育・スポーツ施設の設置主体別構成比(%)は図4-3の通り。

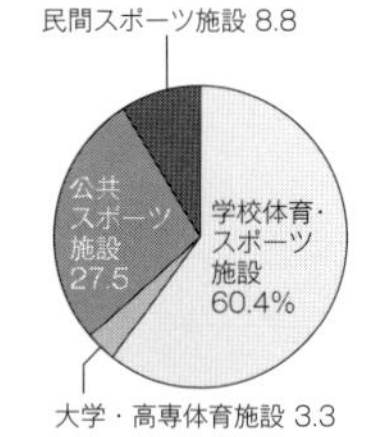

図4-3　体育・スポーツ施設の設置主体別構成比

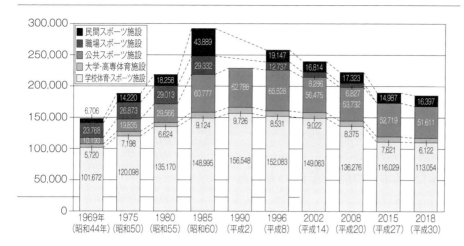

図4-4 体育・スポーツ施設設置数の推移

位置づけについては、今後整理していく必要があろう。

(3) 体育・スポーツ施設設置数の現状

　我が国における体育・スポーツ施設の設置数はどう推移してきたのか。前出の「体育・スポーツ施設現況調査」によれば、昭和40年代、50年代と設置施設数は設置主体を問わず増加傾向を示し、1985(昭和60)年にピークを迎える。その後、設置施設数は減少傾向に転じ、1996(平成8)年以降の調査では「民間スポーツ施設」を除くすべての設置主体で減少傾向が顕著になっている(図4-4)[③]。

　施設設置数減少の背景は設置主体により異なる。「学校体育・スポーツ施設」では、少子化の進行による学校数そのものの減少が最大の要因である[④]。また、「公共スポーツ施設」では、1999(平成11)年以降本格化した「平成の大合併」による市町村数自体の大幅な減少の影響が大きいと思われる[⑤]。「職場スポーツ施設」では、事業所の海外移転や社員の福利厚生の外部化などにより、かつてのように自前の施設を所有する事業所が少なくなったことの影響もあろう。

　唯一微増の傾向を示す「民間スポーツ施設」においても、今後の大幅な増加は期待できないだろう。高い構成比を占める「ゴルフ場(練習場を含む)」や「プール(屋内・屋外含む)」、「テニス場(屋内・屋外)」は慢性的な経営難から減少傾向にあり、増加を支えているのは、「トレーニング場」や「ダンス場」など景気や流行に左右されやすい小規模・単体の施設だからである。

2. 体育・スポーツ施設の整備

(1) 体育・スポーツ施設の性格

　体育・スポーツ施設は、その設置の経緯や意図によって主体的な性格をもつ施設と、従属的な性格をもつものとがある(図4-5)。
　前者は、施設自らの魅力や機能によって運動者を誘致し、運動者行動を生起させる働きをもつ施設であり、「主体的施設」と呼んでいる。公式なスポーツ大会を開催するほどの規模ではないが、地域住民の日常的な運動のために、住民の欲求や運動者行動の特徴を前提に自治体が主体的に建設するような施設が「主体的施設」で

---

③ 2015(平成27)年調査より『職場スポーツ施設』の集計がなくなったため、これを除いて比較すると、2018(平成30)年の施設設置数は、『体育・スポーツ施設現況調査』がはじまった1969(昭和44)年と比較して、約6万3,000箇所の増加となる。しかし、施設設置数がピークを迎えた1985(昭和60)年との比較では逆に約7万6,000箇所の減少となる(図4-4)。

④ 文部科学省の『学校基本調査』によれば全国の小・中・高等学校(義務教育学校、中等教育学校を含む)及び特別支援学校の合計数は、1956(昭和31)年の45,442校をピークに減少し、2021(令和3)年には35,641校となっている。

⑤ 総務省の統計によれば「平成の大合併」がはじまる1999(平成11)年の4月における全国の市町村数は3,232であったが、合併のピークを迎えた2006(平成18)年3月には1,821まで減少した。2021(令和3)年現在の市町村数は1,718である。

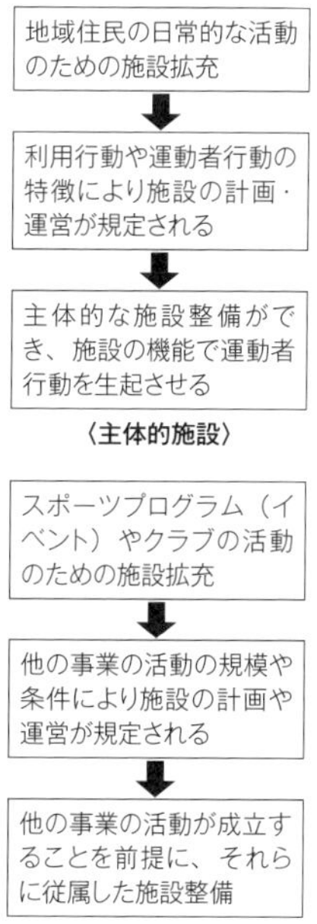

地域住民の日常的な活動のための施設拡充
↓
利用行動や運動者行動の特徴により施設の計画・運営が規定される
↓
主体的な施設整備ができ、施設の機能で運動者行動を生起させる

〈主体的施設〉

スポーツプログラム(イベント)やクラブの活動のための施設拡充
↓
他の事業の活動の規模や条件により施設の計画や運営が規定される
↓
他の事業の活動が成立することを前提に、それらに従属した施設整備

〈従属的施設〉

図4-5 体育・スポーツ施設の性格の考え方

ある。運動者がどのような活動を好み、どのような特徴をもたせれば施設への接近行動を起こすのかを、設置者が独自に判断して種類や規模・配置などを決めることができる。

　一方、クラブサービスやプログラムサービスなど、他のスポーツサービスの基礎的な条件として整備された施設は「従属的施設」ということができる。この施設では、設置者の主体性は強く発揮できず、スポーツプログラム（イベント）やスポーツクラブの活動が成立することを前提に（それらの条件に従属して）、施設の種類や規模が決められる。

(2)体育・スポーツ施設整備の考え方

　我が国では戦後まもなく、「教育基本法」などの一連の法整備[6]によって学校体育や社会体育の位置づけが明確にされた。その後、東京オリンピックを控えた1961（昭和36）年に策定された「スポーツ振興法」[7]により、スポーツ振興は加速していくが、施設の整備はスポーツ振興の最も基本的な問題の1つとして、常に施策の中に位置づけられてきた。同法では、国や自治体は、施設・設備が政令で定める基準に達するよう整備に努めなければならないと定め、学校施設については、学校教育に支障のない限り一般のスポーツのための利用に供するよう努めることを求めた。

　1972（昭和47）年に出された保健体育審議会[8]の「体育・スポーツの普及振興に関する基本方策について（答申）」は、体育・スポーツ施設の「整備基準」をはじめて示したものである。この背景には、多くの施設が競技会向きにつくられてきたため、身近に利用しやすいものになっていないこと、土地や資金の確保が困難で設置数も十分ではないことなど、当時の施設整備をめぐる課題があった。同答申は日常生活圏域における体育・スポーツ施設の整備基準や整備方針の他、野外活動施設整備や事業所における整備基準など、施設整備の方向性を総合的・体系的に示している。とりわけ日常生活圏域におけるスポーツ施設の基準では、人口規模毎に設置が期待される施設の箇所数が示されたことにより、自治体毎の設置目標が明確になり、その後の体育・スポーツ施設の量的な充実を推進する大きな根拠となった。

[6]1947（昭和22）年に法律第25号として「教育基本法」が、第26号として「学校教育法」が、2年後の1949（昭和24）年には法律第207号として「社会教育法」が定められている。

[7]スポーツ振興法は1964（昭和36）年法律第141号として公布された、我が国ではじめてとなる体育・スポーツ振興に関する基本法である。施設の整備に関係する条文としては、第12条の「施設の整備」、第13条の「学校施設の利用」についてなどがある。

[8]保健体育審議会は文部省（当時）の諮問機関として1949（昭和24）年に設置された。2001（平成13）年には中央省庁の再編に伴い旧文部省の審議会が統合され、中央教育審議会スポーツ・青少年分科会となった。文部科学大臣の諮問に応じて、スポーツの振興やその他の重要事項について審議し、意見を答申する。

表4-4　平成元年度保健体育審議会答申「スポーツ施設の整備の指針」

施設の区分	施設の機能	主な施設の種類
地域施設	地域住民の日常的なスポーツ活動のための身近な施設 （スポーツクラブや各種のスポーツ行事のために利用される）	・多目的運動広場 ・多目的コート ・地域体育館 ・柔剣道場 ・プール（温水プールが望ましい）
市区町村域施設	市区町村全域に機能する施設 （主として各種スポーツ競技会やスポーツ行事のために利用される他、施設の周辺住民の日常的なスポーツ活動にも利用される）	・総合運動場（陸上競技場、各種球技場を含む） ・総合体育館 ・柔剣道場 ・プール（温水プールが望ましい）
都道府県域施設	都道府県全域にわたる事業を実施するための施設 （主として国内的・全県的なスポーツ競技会の開催をはじめ、競技選手の養成及びスポーツに関する研究・情報の収集と提供、指導者養成事業等に利用される）	・総合的な競技施設（陸上競技場、サッカー・ラグビー場、テニスコート、野球場等の屋外施設、体育館、柔剣道場、プール等の屋内施設、スケート場） ・総合的なトレーニング施設 ・研究・研修施設 ・情報センター

注）他に「施設の標準的な規格・規模」、「具備すべき主な付帯施設・設備」、「備考」欄があるが割愛した。

その後、保健体育審議会が1989（平成元）年に出した「21世紀に向けたスポーツの振興方策について（答申）」では再び施設整備の問題に言及している。人口規模別に画一的な「整備基準」を示した前回の答申と異なり、この答申では各地方自治体が地域の実情に即した整備を行うことが可能になるような「整備指針」が示された。この指針の最大の特徴は3つの生活圏域を設定し、各区分別に施設の機能や種類、標準的な規格・規模、備えるべき付帯施設・設備などを示した点にある。特に、人々の日常的な生活圏を細分化（ゾーニング）し、各ゾーンの中に日常的な活動の基盤となる地域施設を整備していくという方向性は、依然として競技スポーツ中心であり、人々の余暇活動における多様な施設利用への対応が進まないという当時の状況に対応した重要な視点であった（表4-4）。また、日常生活圏を重視するゾーニングによるスポーツ推進という考え方は、今後も重視されねばならない。

(3) 生涯スポーツ環境の基盤としての施設

施設の量的拡大の時期を経て、体育・スポーツ振興施策の関心は、ソフト面を含めたスポーツ環境そのものの充実へと移っていく。1998（平成10）年の「我が国の文教施策（教育白書）」では、施設はスポーツ活動の基礎的な条件でありその整備は不可欠であるとしながらも、生涯スポーツ社会の実現のためにはスポーツ施設だけでは十分ではなく、様々なソフト面の充実も必要であると指摘している。

2000（平成12）年策定の「スポーツ振興基本計画」[9]では、施設整備に関する施策は、地域におけるスポーツ環境の整備充実方策の側面的施策としてあげられ、スポーツ実施率の向上という政策目標達成のために必要不可欠な施策とされている「総合型地域スポーツクラブの全国展開」の基盤として位置づけられた。

この「スポーツ振興基本計画」の終了年次を控えた2010（平成22）年に公表された「スポーツ立国戦略」[10]では、5つの重点戦略について目標や主要施策が示されたが、施設そのものの整備に関する記述は、一部既存施設の機能の充実や付帯施設等の充実にとどまり、大半は活用の工夫や運営方法の改善などソフト面の環境整備に関するものになっている。

翌2011（平成23）年に公布された「スポーツ基本法」[11]では、施設の整備は「スポーツの推進のための基礎的条件の整備」における基本的施策の1つとして位置づけられた。国や自治体に対しては、国民が身近にスポーツに親しんだり、競技水準の向上を図ったりできるよう、施設・設備の整備、運用の改善、指導者等の施策を講ずるよう努めることを求めている。

2012（平成24）年策定の「スポーツ基本計画」[12]では、地域のスポーツ環境整備の1つにスポーツ施設の充実を位置づけ、特に学校体育施設や公共スポーツ施設等の既存施設の共同利用や活用の促進に言及した。具体的には、付属設備や付帯施設を充実させ地域コミュニティの核としての機能を高めることや、施設のバリアフリー化や耐震化、グラウンドの芝生化などの今日的課題への対応の必要性が示された。

さらに2017（平成29）年からは「第2期スポーツ基本計画」[13]が推進されることとなったが、ここではスポーツ施設のバリアフリー・ユニバーサルデザインの推進をはじめ、長寿命化、集約化・複合化、IT化、収益力の向上など、多様な提案が示されている。また、スタジアム・アリーナづくりを、スポーツの成長産業化及び地域活性化の基盤として位置づけている点も特徴である。　　　　（藤井和彦）

[9] 「スポーツ振興基本計画」は、「スポーツ振興法」第4条の規定に基づき2000（平成12）年9月に策定された、我が国ではじめてとなる10年間の長期にわたるスポーツ振興のマスタープラン。

[10] 「スポーツ立国戦略」は、「スポーツ振興基本計画」終了後のスポーツ政策の方向性を示すものとして、2010（平成22）年に文部科学大臣決定として公表された。この内容は、2012（平成24）年策定の「スポーツ基本計画」に色濃く受け継がれている。

[11] 「スポーツ基本法」は、「スポーツ振興法」を50年ぶりに全面改正するものとして、2011（平成23）年に法律第78号として公布された。スポーツに関する基本理念や、国・自治体の責務、施策の基本となる事項を定めている。

[12] 「スポーツ基本計画」は、「スポーツ基本法」第4条の規定に基づき、2012（平成24）年に策定された、「スポーツ振興基本計画」を引き継ぐ第二期のマスタープランである。今後のスポーツ推進の基本的な政策課題として「年齢や性別、障害等を問わず、広く人々が、関心、適性等に応じてスポーツに参画することができる環境を整備すること」をあげ、7つの具体的な課題について政策目標と施策を示した。

[13] 2017（平成29）年に公表された「第2期スポーツ基本計画」では、スポーツのもつ価値を実現するためにスポーツ以外の分野との連携・協働を推進することや、4つの政策目標が示されている。

第4章
体育・スポーツ事業と
経営資源

第**3**節　物的資源

②体育・スポーツ施設の 有効活用

1.学校体育施設の有効活用

⑴学校開放の現状

　学校の体育施設は、我が国の体育・スポーツ施設数全体の6割以上を占める重要な運動の「場」である。学校開放事業の実施は、教育基本法など、戦後の一連の法整備の中で既に規定されていた。現行のスポーツ基本法でも「学校の設置者は、その設置する学校の教育に支障のない限り、当該学校のスポーツ施設を一般のスポーツのための利用に供するよう努めなければならない」と定め、施設の改修や夜間照明の設置など、利用上の利便性の向上を図るための施策を講ずるよう各地方自治体に求めている。

　1976(昭和51)年の文部省(当時)事務次官通知「学校体育施設開放事業の推進について」では、学校体育施設開放事業の対象となる施設を、「公立の小学校、中学校及び高等学校の屋外運動場、体育館、プール等の体育施設」とした上で、開放事業の実施主体は教育委員会にあり、施設開放に伴う管理責任も教育委員会にあることを明確にするよう求めた。この通知を契機として学校開放はさらに広く普及していく。

　今日では開放事業を実施している市区町村の割合はほぼ100%に達し、屋外運動場や体育館の開放率は80%を越えている。学校種別では小学校の開放率が最も高く、土曜日や日曜日も含めて「年間を通じて定期的に曜日を決めて開放」している割合が60%近くを占めることから、学校施設が人々のスポーツ活動のための最も身近な物的資源としての役割を果たしてきたことが理解できる[①]。

⑵学校開放をめぐる課題

　学校開放をめぐる課題として、学校開放事業そのものの課題がある。開放率は向上したが、定期的な開放率や開放頻度は未だ不十分である。また学校開放事業は「団体開放」が中心であり、「個人開放」はあまり導入されていない。「利用団体」として登録された団体のメンバーでなければ利用できないという仕組みでは、誰もが日常的なスポーツ活動を行う「場」としての機能は果たせない。特に、公共スポーツ施設の利用が飽和状態にあるような都市部では、現在利用している団体の既得権主張の問題があるが、この問題も「個人開放」の推進を阻害する要因の1つとなっている。

　また、施設管理をめぐる問題もあげられる。学校開放事業の運営を担う人材の不足などから、利用者や住民による学校開放運営組織が設置できず、結果的に実務的作業が学校の教職員の負担となっている例もみられる。また、後片づけやゴミの処理、喫煙など、利用団体のマナーにかかわる問題もある。

　学校開放にかかわる経費の問題もある。電気代・水道代など事業にかかわる経費の負担が大きくなっていることも問題となっている。近年ではこれらの経費を公費

①『体育・スポーツ施設現況調査』(2018年)によれば、回答のあった市区町村における開放率は95.0%であった。施設種別・学校別の開放率では屋外運動場が80.8%(小学校89.8%、中学校75.6%、高等学校等50.6%)、体育館が90.4%(小学校97.8%、中学校94.4%、高等学校等46.6%)となっている。開放の頻度では「年間を通じて定期的に曜日を決めて開放」の形態が多く平日で68.7%、土曜日が71.3%、日曜日は69.9%を占める。

②「第2期スポーツ基本計画」では、学校体育施設の有効利用を促進するために、社会体育施設への転用や利用料金設定など、運用のあり方を検討するとされている。

46　第4章　体育・スポーツ事業と経営資源

でまかなわずに利用者から徴収する地方自治体も少なくないが、依然として利用者の受益者負担意識が低いといった課題がある[2]。

学校施設は、学校教育のためだけにあるのではなく、地域社会に対する役割も有している。保健体育審議会が1997(平成9)年に示した「生涯にわたる心身の健康の保持増進のための今後の健康に関する教育及びスポーツの振興の在り方について（答申）」では、学校体育施設の共同化に言及している[3]。近年ではデュアルユース[4]やユニバーサルデザインに配慮した学校づくりなども進んできたが、地域のコミュニティセンターとしての施設の機能や魅力を高める取り組みは引き続き必要である。

2.公共施設の整備をめぐる動向

今日、多くの公共施設は老朽化や建て替えの問題に直面しているが、一方で慢性的な財政難も深刻であり、公共スポーツ施設の効率的・効果的な整備方法や経営手法が模索されてきた。

(1)PFI事業

逼迫する地方自治体の財政状況の中、民間の資金やノウハウを導入し、公共施設の整備や管理運営、サービス提供などを可能にする制度の導入が進められてきた。1999（平成11）年に「民間資金等の活用による公共施設等の整備等の促進に関する法律」が成立し、いわゆる「PFI方式」[5]の導入が可能になった。地方自治体と民間企業が、施設整備と運営を目的とする会社を設立し、その会社が民間から資金を調達し、施設を建設し、施設を経営しながら資金を回収するという方法である。

現在公表されているPFI実施方針公表件数の中では、「文教施設や文化施設の分野」の実績が最も多い[6]。多様な住民サービスが期待されるスポーツ施設においても、当初から武道館やプールなどでPFI導入の事例がみられていた。近年では総合体育館や運動公園など、より規模の大きな総合的・複合的な施設の整備にPFIの手法を導入する例もみられ、今後さらに普及していくものと考えられる。

(2)指定管理者制度

既存のスポーツ施設や図書館などの「公」の施設の管理運営方法にも新しい仕組みが導入された。2003（平成15）年の「地方自治法」の改正により、公共施設の運営が、従来の「管理委託」制度から「指定管理者」制度[7]への移行が可能になった。施設を所有する地方自治体は、「直営」により自ら管理運営を行ったり、外郭団体へ「管理委託」したりする代わりに、民間企業やNPO法人などを「指定管理者」として選定し、一定期間管理運営を委ねるという方式である。

スタジアムやアリーナ、プールなどのうち、プロスポーツチームが使用する施設や、国際大会が開催されるような大規模な施設では、施設を本拠地とするプロチームの運営会社や、メンテナンス会社やフィットネス関連企業などの複数企業がつくる共同企業体が指定管理者になることで施設の有効活用が進み、これまでになかった住民サービスの充実などの効果がみられる。一方、小規模でより生活に密着した地区単位の施設でも、フィットネスクラブなどの民間企業や総合型地域スポーツクラブなどの地域の団体が指定管理者となり、施設の運営を行う事例が増えている。民間のノウハウを活用し、住民ニーズに対応しながら主体的に管理運営を行っていくことで、きめ細かな住民サービスの実現や経費節減が期待できる。　　　（藤井和彦）

③1997（平成9）年の保健体育審議会答申では、生涯学習社会の進展の中で、学校・地域・社会の一層の連携・協力が求められており、地域に根ざした「開かれた学校」づくりを推進することが重要だとしている。その上で、学校体育施設については、これまでの単に地域住民へ場を提供するという「開放型」から、学校と地域社会の「共同利用型」へと移行し、地域住民の立場に立った積極的な利用の促進を図ることが必要であると指摘した。

④デュアルユース（dual use）とは、「二通り」、「両方」を意味する言葉であり、ここでは学校施設を学校教育のみに使用するのではなく、本来的に地域に開かれるものとして存在しているという考え方に基づき、双方の使用を前提とした施設づくりや運営を進めていることを意味している。

⑤PFIとはPrivate Finance Initiativeの略であり、内閣府PFI推進室は「公共施設等の建設、維持管理、運営等に民間の資金、経営能力及び技術的能力を活用することにより、同一水準のサービスをより安く、または同一価格でより上質のサービスを提供する手法」と定義している。

⑥内閣府PFI推進室資料によれば2020（令和2）年3月31日現在、PFI実施方針公表件数は全国で818件あり、うち「教育と文化」の分野での実績は最も多い276件となっている。

⑦総務省は指定管理者制度について、「公の施設について、民間事業者等が有するノウハウを活用することにより、住民サービスの質の向上を図っていくことで、施設の設置の目的を効果的に達成する」ものだと定義している。2018（平成30）年の文部科学省「体育・スポーツ施設現況調査」によれば、全国の公共スポーツ施設における指定管理者制度の導入状況は25,288箇所、全体の49.1％となっている。

第4節 財務資源

第4章 体育・スポーツ事業と経営資源

1. 財務資源の特性

　財務資源とは、スポーツ事業を遂行するために投入される経済的な財（資金・カネ）の総称である。経営資源は、元来、所有すること自体が目的なのではなく、何らかの利用に供することで経営目的の達成に寄与することが重要である。財務資源は、諸資源（人的・物的・情報資源）の調達・蓄積手段として機能することで他の資源に直接的に変換される。ただし、物的資源のようにカネで容易に調達可能な資源ばかりではなく、人的資源の質的側面（資質・能力）や情報資源のようにカネによる調達には一定の限界がある資源もある。

　また、財務資源は他の資源に比べて最も正確かつ客観的な数値で資源量が測定可能であるため、経営のコスト（投入量）と成果（産出量）等の財務データを活用して、表4-5に示すように、様々な経営分析の指標（収益性、安全性、生産性、成長性）から組織の経営状態を診断・評価することができる資源でもある。

　さらに、財務資源は、他の経営資源に変換され、事業活動（生産・販売）に投入された後、最終的には経営活動の成果（収益）として生み出され、次の事業過程に再投入されるというように「循環性」の特徴を有している。ただし、この「循環性」は、営利組織や民間非営利組織には妥当するが、事業活動の結果として純収益や利潤をあげることを禁止されている公共領域（学校やスポーツ行政組織）では、直接的な循環サイクルはみられない。このことが、体育・スポーツ経営における公共部門と営利・非営利組織部門との大きな経営上の差異を生み出す要因となっている。

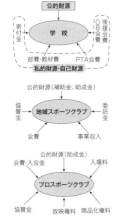

図4-6　スポーツ経営組織と財務資源

2. 財務資源の分類と経営領域の特徴

　財務資源は、以下に示すようにいくつかの観点から分類される。そして、体育・スポーツ経営の領域によって、必要とされる財務資源の種類や特徴・活用方法などが異なっている（図4-6）。

表4-5　財務データを用いた経営分析指標　（秋本敏男『経営分析と企業評価』創成社、2006に基づき筆者作成）

評価観点	内容	経営指標例
収益性	利益の獲得能力及び獲得状況の良否	資本利益率（投下資本利益率、総資本総利益率、総資本営業利益率、総資本当期純利益率、自己資本利益率、売上高利益率、資本回転率など）
安全性	企業の短期的支払い能力あるいは長期的支払い能力（財務的安定性）の良否	現金比率、流動比率、経常収支比率、固定比率、自己資本比率など
生産性	企業の事業活動に投入した生産要素（主に労働と資本）がどれだけの生産物を産出したか、即ち、生産能率と成果配分の良否	労働生産性、付加価値率、資本集約度、資本生産性、設備投資効率、労働分配率、資本分配率
成長性	企業の時系列的推移に基づく、将来の安定拡大の可能性	量的成長性（売上高増加率、資産増加率）、質的成長性（経常利益増加率、付加価値増加率、自己資本増加率）

まず第一に、行政によって支給される公金（公費）としての公的財源と各経営組織が独自に調達する私的財源に分けられる。学校のような公共部門では公的財源の割合が高く、逆に民間営利組織では、財務資源の大部分が私的財源となっている。また近年は、財政状況の悪化により、公共部門や民間非営利組織（地域スポーツクラブやスポーツNPOなど）においても、補助金・助成金だのみではなく、私的財源を自己財源として確保することが事業を持続的・安定的に実施するために重要な経営課題となってきている（図4-7）。特に、従前は、自治体行政組織による無料のサービス提供が常識化していた地域スポーツ経営の領域においては、住民の受益者負担の考え方が少しずつではあるが浸透してきている。

次に、公的財源は、経営の努力やその成果には関係しない安定的・固定的収入としての一般的配分と優れた経営計画が評価されることで得られる流動的収入としての競争的配分（競争的資金）に分けられる。例えば、教育行政から学校に配分される学校予算の場合には、児童生徒数に応じて機械的に積算される一般的配分と、複数の学校から申請された教育計画が一定の基準に基づいて評価・審査され、採択された場合に限って支給される競争的配分がある。近年の公的資源では、一般的配分の割合が減少し、競争的配分の比率が高くなってきている。したがって、公的財源に多くの財務資源を依存する公的部門であっても、豊富な財務資源を確保するためには、優れた経営ビジョンと経営計画を描き出す創造的な企画力、計画した事業を着実に実行して高い成果をあげ、結果責任や説明責任を適切に果たす力など、総合的な経営力が要求されるようになってきている。

一方、民間スポーツクラブやプロスポーツ組織のような営利組織では、独自の自己財源を確保することが重要である。その基本は、スポーツ事業の遂行に伴う収益（例えば、会費・入場料・放映権料等）であるが、他方で、売上げの変動に大きな影響を受けないためにも協賛金（スポンサー料）や寄付金のような資金源を多様化し、財源の分散化を図ることが求められる。このために、当該組織のスポーツ経営に関与するステークホルダーとの良好な協働関係を常に維持強化しておくことも財務上の課題となる。

図4-7　総合型地域スポーツクラブの自己財源率（文部科学省『令和2年度総合型地域スポーツクラブに関する実態調査』2021）

0%	4.0
1%未満	0.5
1～10%	5.9
11～30%	9.3
31～50%	12.4
51～70%	15.8
71～90%	20.7
91～100%	31.5

表4-6　令和3年度文部科学省一般会計予算の内訳

事項	予算額（億円）	割合（%）
義務教育国庫負担金	15,000	28.6
国立大学法人運営費交付金	11,000	20.4
科学技術振興費	8,853	16.7
高校生修学支援	4,334	8.2
私学助成	4,085	7.7
文化庁予算	1,075	2.0
スポーツ庁予算	354	0.7

3. 公的財源の現状と課題

我が国では、スポーツ基本法において国民の「権利」としてスポーツが位置づけられているため、すべての国民が日常的にかつ自発的にスポーツに親しむことができる機会や環境の整備を国及び地方公共団体の責務と定めている。このため、スポーツを推進するための公共施策に次の4種類の公的財源が投入されている。

(1) 国のスポーツ予算

まず、国のスポーツ予算は、文部科学省の外局として2015（平成27）年に設置されたスポーツ庁予算として配分される（表4-6）。2016（平成

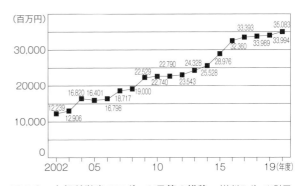

図4-8　文部科学省のスポーツ予算の推移（笹川スポーツ財団『わが国のスポーツ予算の検証』2020年度調査報告書、スポーツ庁資料）

表4-7　スポーツ予算の国際比較　（笹川スポーツ財団『わが国のスポーツ予算の検証』2014年度調査報告書）

	予算額（円）	対GNP比	対日本比
日本（2010年）	186億	0.0039	1.0
イギリス	750億	0.0397	10.2
ドイツ	263億	0.0096	2.5
フランス	996億	0.0431	11.1
イタリア	93億	0.0052	1.4
スウェーデン	255億	0.0502	13.0
デンマーク	134億	0.0478	12.3
カナダ	172億	0.0146	3.8
オーストラリア	51億	0.0050	1.3
ニュージーランド	39億	0.0333	8.6
韓　国	149億	0.0201	5.2
中　国	305億	0.0064	1.7

①我が国の教育予算自体が、他の先進諸国（OECD加盟国）の中で、低水準にある。例えば、対GDP及び国家予算に占める公的教育支出の割合は、各々3％、9％程度と最下位レベルにある。また、教育費に占める私費負担の割合が高いという家計依存傾向も我が国の特徴である。

28）年度スポーツ予算は324億円で、過去最高額を更新するなど近年は増加傾向にある（図4-8）。しかし、それでも文部科学省予算全体の0.6％とその割合は他の教育行政の分野と比較して決して高いものとはいえない①。また、表4-7に示すように、国の経済力を示すGDPに対するスポーツ予算の比率を見ても、他の諸外国に比べて、国のスポーツ支出が低率であることが明らかである。

　次に、国のスポーツ予算の内訳を学校体育関連予算、生涯スポーツ関連予算、競技スポーツ関連予算の3つに分けてみると、競技スポーツ関連予算の規模が最も大きく、学校体育と生涯スポーツ関連予算は、それに比べて少なくなっている。例えば、平成28年度予算（案）主要事項として公開された資料によれば、競技スポーツ関連予算（2020東京オリンピック・パラリンピック競技大会に向けた競技力の向上）が137億円であるのに対し、学校体育関連予算（子供の体力の向上、学校体育・運動部活動の推進）に49億円（内、中学校武道場の整備等が47億円）、生涯スポーツ関連予算は20億円程度にとどまっている。また、2005年度から2008年度にかけて、生涯スポーツ関連予算は36億から20億に大幅に減少しているのに対し、競技スポーツ関連予算は、72億から156億へと倍増している。これは、競技力向上システムが（公財）日本オリンピック委員会（JOC）や国内競技連盟（NF）を中心とする民間スポーツ団体主導の国際的競技力強化体制から、国立スポーツ科学センター（JISS）、ナショナルトレーニングセンター（NTC）といった国立機関主導の体制に変化してきたためである。このように近年は、国際競技大会において活躍する競技者の発掘・育成及び強化に多額の国費が投入される一方で、国民皆が日常的にスポーツに親しむための環境整備にかかわる資金は、国家予算の中からは縮小される傾向にある。また、2014年度から、それまで厚生労働省の所管であった障害者スポーツ関連予算がスポーツ予算（スポーツ庁）に移管したことも近年の特徴である。

⑵地方自治体におけるスポーツ予算

　21世紀初頭からはじまった地方分権改革により、国民の生涯スポーツ振興にかかわる経費（例えば、地域スポーツ振興費補助金や社会体育施設整備費など）は、縮小・廃止され、各自治体の財政努力によるところが大きくなってきている。しかしながら、地方自治体（都道府県及び市区町村）のスポーツ振興関連経費は地方財政の逼迫を背景に、1995年度の1兆84億円（全国自治体の歳出総額に占める割合1.02％）をピークに低下し続け、2009年度には5015億円（同0.52％）と過去最低にまで落ち込み、それ以降は漸増傾向にある。

　また、自治体のスポーツ関連経費は、自治体の予算規模（総額）の影響を受けるだけでなく、地方政府や自治体行政の政策理念・方針によってスポーツ振興に対する考え方（政策の優先順位）が左右されるため、スポーツ関連予算についても大きな地域間格差が生じている。例えば都道府県の場合には、自治体の歳出総額に占めるスポーツ予算（保健体育費）の割合において、2～3倍の開きが生じている。そしてこのことが、スポーツ政策実行力の差異を生み、結果として住民のスポーツ機会やスポーツ環境の格差（例えば、総合型地域スポーツクラブ育成率の都道府県格差など）を生み出す危険性を孕んでいる。

(3) スポーツ振興基金

　スポーツ振興基金は、国の補正予算から政府出資金250億円、民間からの寄付金約44億円の計294億円を原資とし、その運用益を財源として、我が国の国際競技力の向上とスポーツの裾野の拡大を図る活動に対する安定的・持続的な助成を行う制度として1990（平成2）年に設立された。この基金・制度の管理運営は、（独）日本スポーツ振興センター（JSC）が担っている。助成の対象は、「スポーツ団体選手強化活動助成」「スポーツ団体大会開催助成」「選手・指導者研さん活動助成」「国際的に卓越したスポーツ活動助成」「アスリート助成」の5つの活動分野となっている。2016年度の助成額は、総額で約14億円であり、その内訳は「優秀な選手・指導者への活動助成」8億円、「スポーツ団体による大会開催」6億円と、その多くが競技力向上のための経費に費やされているのが現状である。

(4) スポーツ振興投票（スポーツ振興くじ）

　「スポーツ振興投票の実施等に関する法律」が1998（平成10）年に成立し、スポーツ振興にかかわる新たな財源が確保された。スポーツ振興投票とは、プロサッカーの複数の試合結果をあらかじめ購入したスポーツ振興投票券によって投票させ、当該投票と実際の試合結果との合致の割合によって一定の金額を払戻金として交付することを指す。「サッカーくじ（toto）」と呼ばれるこの制度は、国家予算によらないスポーツ振興の資金源として先の法律第21条に収益の使途が明記され、スポーツ振興センター（JSC）によって運用されている。

　スポーツ振興投票にかかわる収益（売上金総額から当選払戻金、必要諸経費を差し引いた額）の配分は、3分の2がスポーツ団体及び地方公共団体等によるスポーツの振興に、3分の1は青少年の健全育成や教育・文化の振興（国庫納付金）に充てることとされている。2001年から販売が開始され、2002年度から助成が行われた。この制度のスタート当初は、売り上げが好調であり、助成額も58億円が配分されたが、Jリーグ人気の低迷とともに次第に売り上げが減少し、2007年度は、助成額が僅か7,900万円にまで落ち込んだ。しかし、2007年からは「BIG」という新商品が発売され、その後は飛躍的に売り上げを伸ばし、2015年度は売上高1,084億円、助成額約200億円と、国のスポーツ予算に匹敵するほどの規模に成長している。

　スポーツ振興くじ開始以降の助成金総額の内訳は、図4-9に示すように、地域スポーツ施設（学校体育施設を含む）の整備や地域スポーツの普及など、6割強が国民の生涯スポーツの振興にかかわる環境整備に充てられている。このように我が国では、イギリスや韓国などと同様、現在ではスポーツ振興くじによる収益が、スポーツ推進に携わる諸組織の公的財源として広く活用されるようになってきている。しかしながら、未だ国民の間にスポーツ振興投票制度の趣旨が十分に浸透しているとはいえないこと、サッカーという特定種目の人気に収益が左右されてしまうこと、賭博性への懸念から未成年の購入が禁止されていることなどが、制度上の課題となっている。

（清水紀宏）

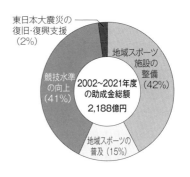

図4-9　2002（平成14）年度以降のtotoによる助成金の配分内訳
（https://www.toto-growing.com/results）

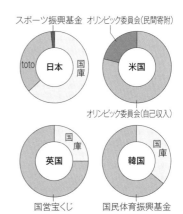

（注1）2009年度、地方自体による体育館整備などは含まず。
（注2）韓国の国民体育振興基金は宝くじ収益金、体育振興投票権発行事業の出捐金、基金運営用収益及び広告事業収入などで構成。

図4-10　スポーツ関係支出の財源──国際比較（文部科学省委託調査『スポーツ政策調査研究』笹川スポーツ財団、2011）

第4章 体育・スポーツ事業と 経営資源	**第5節**

情報資源

1.体育・スポーツ経営における情報資源の重要性

①21世紀は、新しい知識・情報・技術が政治・経済・文化をはじめ社会のあらゆる領域において、その活動の基盤として飛躍的に重要性を増す「知識基盤社会」(Knowledge-based society)の時代であるといわれている(中央教育審議会『我が国の高等教育の将来像』2015)。

②ナレッジ・マネジメントとは、知識を基礎とする経営のことであり、経営を知識の創造と活用のプロセスとしてみる考え方を指す。

　現代の体育・スポーツ経営は、知識が社会の発展を駆動する重要な要素となる「知識基盤社会」①の中で、その責任を果たし、より豊かな成果をあげていかなければならない。経営における知識の重要性については、1990年代から注目され、「知識こそ経営にとって最大の価値創造の源泉である」(P. F. ドラッカー)とされてきた。現代の経営は、取り扱う事業の種別(物財／サービス財)や性格(営利／非営利)にかかわらず、イノベーションの創造が社会的使命とされている。イノベーションとは、著しい新規性と有用性をもつアイデアのことであり、新商品も新サービスもその中核は新たな知識・情報の創造にかかっている。このため、経営学分野では前世紀末頃からナレッジ・マネジメント②の理論と技術の開発が緊要の課題となっている。

　体育・スポーツ経営組織がスポーツ事業によって産出するスポーツサービスは、多様な知識・情報の集積体としての無形財である。例えば、保健体育教員が日々、児童生徒に提供する体育の授業は、教員個人が教育や研修によって自ら学んで得た知識と教員が勤務する学校組織に蓄積された知識・情報をもとに組み立てられている。例えば、学習集団のつくり方、準備運動で取り上げる運動内容、本時の学習内容と学習方法、より効果的な発話の仕方、学習者同士の話し合い方等々、体育の授業の企画・実践・評価において活用される知識は数知れないほど多量である。よって、この知識の専門性や合理性（正しさ）が授業というサービスの質を決定的に左右することになる。また、教師による授業の違いは、教師の保有する知識の差を源泉としているとみることができる。このようなことは、みるスポーツサービスにおいても同様である。メディア・スポーツでは、スポーツにかかわる多彩な情報を生産者の意図に即して切り取り、再構成（編集）をして、視聴者に伝達する。どのような情報が魅力的で高価値なのかの判断は、情報発信者側の知識に依存する。

　以上のことから、スポーツサービスを提供することを任務とする体育・スポーツ事業は、知識産業の一業種に位置づけることも可能である。したがって、体育・スポーツ経営に従事する経営者や指導者は、ナレッジ・ワーカー（知識労働者）として自らを認識することが大切であり、日常的な研修・研究と専門家間のコミュニケーション等を通じて質の高い知識の更新に努めることが求められる。

2.情報資源の定義と特徴

　本書では、体育・スポーツ事業に投入・活用される情報・知識・知恵・データ・ノウハウさらにはブランドや組織イメージ等のみえない資源の総称を情報資源とす

るが、その中でも経営の意思決定や事業の遂行に役立つようにデータを処理・加工・編集した知識としての資源が特に重要である。いかに多くのデータ（例えば、数値で表現された事実）が集められても、それが経営上の意思決定に際して意味ある貢献をしなければ保有していても価値はない。また、体育・スポーツ経営における目的・方針、経営戦略・経営計画等々の重要な事項は、すべて保有する情報資源に基づいて意思決定される。つまり、「あの組織はなぜあの時にあのように決め、あのように行動したのか」を説明する主要な要因が情報資源である。

さらに、情報資源は①カネを出しても買えないことが多く、②つくるのに時間がかかり、③多重利用可能で、④他との差別化の源泉となる、⑤無限の、⑥みえない資源という特性を有している（伊丹、1984）。まず、カネで調達できるのであれば、資金力のある組織に情報は集中するし、すぐに同じ情報資源をもたれてしまう。つくるのに時間があまりかからなければ、これもまたすぐに競合組織に同じことができるようになってしまう。しかし、貴重な情報資源は必ずしもカネで容易に入手することはできず、地道な努力と長い時間をかけた経験・学習によって蓄積される。しかも、人や物は複数の場所で同時利用することは不可能であるが、一度蓄積された情報資源は、時と場所を超えて多重利用が可能であり、さらに、その蓄積には量的な限りがない上に、いくら膨大な知識・情報をもっていても外からみることができないので他組織に気づかれがたい。こうした特性から、情報資源の量と質は、当該組織の潜在的な経営能力を表す競争力の源泉といってよく、有用な情報資源をいかに戦略的に蓄積し活用するかが、今後の体育・スポーツ経営にとってますます重要になってくるであろう。

3. 情報資源の種類

情報資源は、情報内容（内容としての情報資源）と情報技術・能力（技術・能力としての情報資源）という2つの側面から捉えることができる。

(1) 情報内容

まず、体育・スポーツ事業のマネジメントやその遂行に活用される価値ある情報には、以下のような内容のものが含まれ、各々について質量ともに豊かに収集・蓄積しておくことが必要である。

①運動者情報

体育・スポーツ経営は、運動者の運動者行動を促進させ、運動生活を豊かにすることが目的である。このため、対象となる運動者がどのような運動者行動をとり、どのような運動生活を営んでいるのかを知ることなくして経営をスタートさせることはできない。また、体育・スポーツ経営の目的を定めるためには、運動者のサービス利用目的やニーズ、抵抗条件やサービスに対する不満・要望など運動者の意識レベルの情報も必要である。さらに、これらの情報とともにデモグラフィック特性やライフスタイル、スポーツ経験に関する情報が加わることで、運動者に関するきめ細かな分析が可能になり、意思決定をする際の有用な手がかりを得ることができる。とりわけ営利企業の場合には、詳細な市場分析を通じて顧客ニーズを的確に把握することができるかどうかが製品・サービスの開発・生産・販売の命綱となるため、多角的な観点（変数）③から、消費者情報を収集することが経営の基本となっている。

③市場（マーケット）分析に用いられる変数例
1.デモグラフィック（人口動態）変数
1)年齢 2)性別 3)ファミリー・ライフサイクル 4)所得 5)職業 6)学歴 7)宗教 8)居住地域
2.サイコグラフィック（心理的特性）変数
1)社会階層 2)ライフスタイル（生活意識）3)パーソナリティ
3.行動変数（商品に対する知識、態度、使用頻度、反応）
1)ベネフィット（商品に対する価値観、欲求、意識などの総称）2)使用者タイプ：非使用者、過去の使用者、潜在使用者、初めての使用者、常時使用者 3)使用率：小量使用者（ライトユーザー）、大量使用者（ヘビーユーザー）4)ロイヤルティ 5)購買準備段階：未認知、認知、理解、関心、欲求、購買意図 6)マーケティング要因に対する感応度：品質、価格、広告、立地

②資源情報

体育・スポーツ事業を企画・実行する際に、利用可能な経営資源の保有状況に関する情報は、事業の範囲や内容を決める際の基本情報となる。どれほど収益や成果の期待されるビジネスプランであっても、その実行に要する資源が不足していれば机上のプランとなってしまう。また資源情報には、今現在、自組織内に蓄積・保有している内部資源だけでなく、組織外であっても利用可能な外部資源の情報も近年では重要性を増している。例えば学校の運動部活動等では、学校教員以外の地域指導者を外部指導者として活用することが一般化しつつあるし、活動場所を学校以外の公共スポーツ施設に求めるケースも少なくない。また、他組織が保有する資源を交渉によって共有し合ったり、相互利用をすることも可能である。したがって、事業の決定にあたっては、利用可能な資源の範囲をできる限り広い範囲で情報収集しておく必要がある。

次に、組織メンバーを適切に組織化（適材配置）し、一人ひとりを目的達成に向けて動機づけ、個々の能力を最大限に発揮できるよう組織を活性化させるためには、人的資源に関する情報が重要となる。このため、体育・スポーツ経営の組織に携わる人々（従業員・ボランティア等）の職務満足や労働条件への要望、職務目的や関心のある活動分野等の情報を、定期的に把握しておくとよい。

③事業・サービス情報

体育・スポーツ経営のアウトプットは、プロダクトとしてのスポーツサービスであり、その品質を高めることが何よりも重要である。例えば、スポーツ教室や健康運動教室の企画にあたっては、対象者の特性に合った最新の健康づくり運動プログラムや用器具、参加者とのコミュニケーション方法、新しいスポーツ種目等々の知識・情報を国内外から常時収集し、事業がマンネリ化しないための努力が求められる。また、より高度な専門性が求められる学校の保健体育教員には、授業を①研究・分析する力、②企画・設計する力、③展開する力で構成される授業力量を形成するため非常に広範な情報資源④の不断の収集と理解が求められる。

④法律・制度・政策情報

体育・スポーツ経営の実践にあたっては、法律や制度・政策の制約・規制等の影響を受けることが少なくない。例えば、学校体育経営においては、教育基本法や学校教育法によってその目的や性格が規定され、学習指導要領によって教育内容の基準が示されるため、これらに準拠しない経営は許されない。また、地域のスポーツ経営組織にあっては、社会教育法や特定非営利活動促進法、スポーツ基本法などの法律、指定管理者制度や指導者資格制度、学校施設開放にかかわる自治体の条例や規則、スポーツ基本計画や自治体のスポーツ政策からも影響を受ける。さらに、近年では様々な組織・団体による補助金・助成金制度や指導者派遣制度が成立しており、資源の円滑な調達のためにもそうした情報を理解しておくことが有意義である。

⑤環境情報

体育・スポーツ経営は、様々な環境に開かれ、かつ環境の変化に適合することで、自らの存続と発展を図ることができる。このため、運動者や消費者以外の環境情報も必要となる。例えば、他組織のスポーツ事業の事例や経営動向に関する情報は、意思決定に参考となる情報である。特に、競合関係にある組織の情報の収集と分析

④保健体育教員の授業力量形成のために必要とされる事業・サービス情報には、1)教科の存在意義・社会的役割 2)教科目標・内容 3)単元目標・内容 4)運動種目・教材の特性 5)指導方法・指導技術 6)授業の観察・評価法などがある。

は、経営戦略の策定においては欠かせない。さらには、よりマクロな経済・消費動向や人々のライフスタイルの変化、レジャーやスポーツのトレンド、健康意識の動向などを敏感に察知するとともに、将来の環境変化を的確に予測することも、体育・スポーツ経営の持続的な安定と成長にとっては重要である。

⑵情報技術・能力

技術・能力としての情報資源とは、情報を集め、管理し、加工分析し、伝達・共有し、評価・活用するという一連のナレッジ・マネジメント能力[5]である。この能力を組織能力として蓄積し高めることで内容豊かな情報資源が保有される。

①情報収集力

情報という資源には、不確実性（情報は常に不確実性を伴う）と不安定性（情報は常に陳腐化する）という2つの危険性がある。この危険性を回避して、確かな情報を蓄積しておくためには、豊富な情報源（情報チャネル）から頻繁に情報を入手して常に最新の情報に更新する力をもつこと、そして多様な情報源が発信する情報群の中から正確な情報を選択する力が必要となる。例えば、教師が体育の授業を企画・実践するためにアクセス可能な情報源には、学習指導要領やその解説、教科書・副読本、行政研修会など最低限の基本情報が得られる情報源の他に、他校の授業研究、先輩・同僚教師からの指導助言、市販の専門図書・雑誌、校内研修や長期研修、民間教育団体や学会など多様な情報源が存在している。こうした豊富な情報源にアクセスし、そこから必要な有益情報を選択する教師と基本情報だけに頼る教師とでは、おのずと実践される授業の質に差が表れると考えられる。

②情報管理力

情報管理力とは、必要なタイミングで、必要な情報が、素早く入手できるよう、有益な情報をいつでも取り出しやすいように整理・蓄積しておく力である。

③情報分析・解釈力

データから、その背後にある意味を読み取り価値ある知識を引き出す力である。1つのデータから複数の意味ある知識が引き出せるかもしれないし、1つのデータを別のデータと関連づけて解釈することで、新たな知識が創造されることもある。このような情報の分析・解釈力を高めるためには、物の見方・考え方の異なるような異質なキャリア・経験・価値観をもつ者たちが、データの解釈について自由に議論を深める場をつくることが有効であるとされている。

④情報活用力・流通力

情報資源の多くは、通常特定の個人と結びついて存在している。つまり、人的資源が情報資源の担い手となっている。しかし、情報資源が個人ごとに分有されているままでは、誰もが必要な時に必要な情報を活用することは困難である。したがって、個人が保有する情報が組織内で淀みなくスピーディに流通され、組織メンバーが共有する知識となることで一層活用力は高まる。したがって、経営においては豊かな知識をもつ人材の重要性だけを強調するのではなく、各自がもつ有益な情報を組織知として流通・蓄積する力がより重要となる。 （清水紀宏）

[参考文献]
＊伊丹敬之『新・経営戦略の論理』日本経済新聞社、1984、p.50
＊野中郁次郎『知識創造の経営』日本経済新聞社、1990

[5]ナレッジ・マネジメント（知識経営）では、組織的な知識創造の方法論に焦点が置かれている。野中（1990）は、「組織は個人のもつ知識を共有し、増幅し、組織固有の知識を創造するために形成される」とする組織観をベースに、個人の暗黙知（知っていても言葉にはできないアナログの知、思い、経験、イメージ、熟練など）からより高次な新知識が組織的に生み出されるプロセスをモデル化した。現在は、このプロセスを効率化するマネジメント手法の開発が進められている。

column Ⅳ

スポーツ指導者の職域と指導者資格

近年流行の市民ランナーやジョガーにスポーツ指導者は必要ないかもしれないが、初心者をはじめ、もっと上手になりたい、強くなりたい、勝ちたい、美しくなりたいというスポーツ愛好家にとって、トレーニングや技術・戦術、場合によってはやる気を高めてくれるスポーツ指導者が不要だという人はいないだろう。一方、スポーツで生計を立てているアスリートにとってスポーツ指導者は、自分のパフォーマンスと人生を左右する重要な存在といえるだろう。スポーツ指導者の起源を古代スポーツに遡ることも可能だが、ここでは現代スポーツにおけるスポーツ指導者について考えてみたい。

これまでスポーツ指導者は大きく「運動（実技）指導者」と「組織（マネジメント）指導者」に分けられてきた。しかし現代では、まず「スポーツ指導で生計を立てる指導者（職業的指導者）」と「仕事とは別の生きがいとしてスポーツ指導する指導者（非職業的指導者）」に分けることができる。さらにそれぞれ競技種目別の技術・戦術等の指導者、フィットネス（健康・体力づくり）やメンタル・体調管理の指導者、組織（クラブ運営）指導者、プロモーション（行政・スポーツ団体）指導者といったように細分化してきた。

かつてはスポーツ指導を仕事にするということは、多くの場合、保健体育の先生になり、授業や運動部活動で自分の好きなスポーツを教えることだと考えられてきた。しかし近年では、スポーツが多方面に高度化し、より専門的な競技種目別スポーツ指導者のプロフェッショナル化が進んでいる。また知的な教養と同様に心身の健康を身体的な教養と捉えてスポーツやフィットネスに取り組む人も増えてきたことによって、スポーツ指導が仕事として成立しやすい時代にもなった。前者は主にプロスポーツチーム等のコーチやトレーナーで、後者は主にフィットネスクラブやトレーニングルームのトレーナーやヨガやピラティスのインストラクター、子どもの習い事として日本に定着しているスイミングスクールや体操教室のコーチがこれにあたる。

資格は国が認定する国家資格と、民間企業・団体が認定する民間資格に分類することができる。一般的に国家資格の方が仕事や職域が守られているため社会的信頼性が高いといわれている。しかし生涯学習社会といわれる現代においては、民間資格といっても英検や漢検のような多世代を通して市民権を得た資格や、IT系の資格の中にはその業界で働くための標準的な資格となっているものもある。

スポーツ指導に関しては、医師や弁護士のように仕事や職域が法律等で制限されているものはほとんどない。スポーツ指導者資格の多くは民間資格であり、国家資格・免許ではない。資格はいってみれば自分自身の知識と技能の証明書のようなもので、資格があるからといって仕事が保障されるわけでもない。サッカーJリーグのトップチームの監督が公認S級コーチでなければいけなかったり、競技種目によっては各種大会の帯同監督が公認スポーツ指導者に限定されているといった事例もあるが、スポーツ指導に関する縛りのある免許は保健体育教員免許だけかもしれない。スポーツ指導には高度な専門知識や特殊な技能が必要とされながらも、仕事をする上ではあまり「資格」に制限されない業界であるといえよう。

しかし総合型地域スポーツクラブや学校運動部活動では、専門的な知識や技能を備えた有資格指導者が不足しているといわれている。地域におけるスポーツ活動を充実させ、1人でも多くの運動者のスポーツライフを豊かにするためには、もっと多くのボランティア指導者が必要である。どのような対象・競技種目・レベル・内容の指導ができるのか証明できるスポーツ指導者資格を保持した仕事と共に、生きがいとしてスポーツ指導にかかわる指導者が増えてくれることを期待したい。

（馬場宏輝）

第**5**章

体育・スポーツ事業の運営

この章のねらい

本章では、エリアサービス事業、プログラムサービス事業、クラブサービス事業という3つの基本的な体育・スポーツ事業ごとに、各々の具体的な進め方（事業運営）のポイントを学習する。

各体育・スポーツ事業を合理的にマネジメントするためには、①各スポーツサービス及びその利用者の特性にかかわる知識、②各スポーツサービスの種類や分類論に関する知識、③サービスの企画・運営にかかわる業務の進め方の知識が、いずれの事業においても共通に必要となる。また、体育・スポーツ事業を営む上では、運動者をより豊かな運動生活に導いていくための創意工夫や配慮が求められる。そこで体育・スポーツ事業の進め方については、経営の領域（学校、地域、職場、企業）に即して、より具体的に考え理解することを重視している。そして最後に、第4節では、体育・スポーツ事業において、運動者のニーズや欲求に対応した質の高いスポーツサービスを生産・供給し、豊かなスポーツ生活（ライフスタイル）を創造させるために重要となるスポーツマーケティングの考え方とその基本的なプロセスについても理解する。

キーワード ◉スポーツサービスの分類 ◉各スポーツサービスの特性 ◉スポーツ事業の具体的な業務 ◉各スポーツサービスの運営ポイント ◉スポーツマーケティング

第1節 エリアサービス事業

第2節 プログラムサービス事業

第3節 クラブサービス事業

第4節 体育・スポーツ事業をめぐる
マーケティング志向

第5章
体育・スポーツ事業の運営

第**1**節　エリアサービス事業

①エリアサービス事業とは何か

①運動やスポーツ活動の「場」や「機会」といったスポーツサービスをめぐって運動者がとる様々な行動である。例えば、スポーツ教室というプログラムサービスに参加したり（接近行動）、嫌になって中止したり（逃避・離脱行動）、あるいは他のスポーツ教室へと移ったり（移動行動）、といったように、様々な運動者行動が想定される。運動者行動については第3章第2節を参照。

②運動やスポーツ活動の場面の中で運動者がとる行動であり、運動者の運動・スポーツの場面や活動中の状況などへの対応の仕方といってもよい。

③一般に、学校体育施設や公共スポーツ施設などの施設開放には、個人の主体的利用を促進するための「個人開放」（「一般開放」と呼ばれることも多い）と、（登録）団体や（登録）クラブなどの利用を対象とする「団体開放」といった2つの形態がある。換言すれば、前者の個人開放は「主体的施設」としての開放であり、後者の団体開放は「従属的施設」としての開放ということもできる。しかし、我が国では、後者の団体開放の利用割合が非常に高く、個人や未組織グループでの日常的なスポーツ活動を阻害している傾向もうかがえる。

1.エリアサービスの捉え方

　私たちが、個人や身近な仲間（未組織の仲良しグループ）で自由にサッカーをしたり、学校の体育の授業で水泳を学んだり、初心者テニス教室というスポーツプログラムに参加してテニスを楽しんだり、あるいは学校運動部や地域クラブなどのスポーツクラブでバレーボールやバスケットボールをしたりする場合、それぞれのスポーツ種目にふさわしい運動・スポーツ施設や設備、用具・用品は、そうした人々の豊かなスポーツ活動を支えるのに必要不可欠な基礎的条件であるといってもよい。

　しかし、このようなスポーツ活動の成立を運動者行動①という観点から捉えてみると、運動・スポーツ施設の働きかけ（役割）には異なった2つの性格がみられる。例えば、個人や身近な仲間で自由にサッカーをする時は、サッカーというスポーツ活動の成立にスポーツ施設それ自体が直接的にかかわって、人々のスポーツ活動を主体的に引き出すという働きかけをしているとみることができる。これに対して、学校運動部や地域クラブでのクラブ（部）活動、及び体育の授業や初心者テニス教室での学習活動は、運動者行動の直接的な目的や動機づけがスポーツクラブとスポーツプログラムにあると考えられる。つまりこの場合は、スポーツ施設がクラブサービス事業（本章第3節）やプログラムサービス事業（本章第2節）といった他の体育・スポーツ事業の基礎的条件としての働きかけをしていると捉えることができる。

　体育・スポーツ経営学では、前者を体育・スポーツ事業としての主体性をもった「主体的施設」と呼ぶのに対して、後者をクラブサービス事業やプログラムサービス事業に従属するという意味で「従属的施設」という（詳細は、第4章第3節を参照）。しかし現実的には、多くのスポーツ施設が両方の性格を併せもつといってもよい。例えば、学校体育施設の場合は、体育の授業（教科体育）や運動部活動及び体育的行事では従属的施設であるが、昼休み・放課後・業間などの自由時間の運動遊びなどでは主体的施設として機能することになる。

　このように、体育・スポーツ施設は2つの性格をもつが、体育・スポーツ事業では、前者の主体的施設としての働きかけに着目し、人々の運動行動②やスポーツ活動の成立を直接的に条件づける運動・スポーツの「場」（空間）を運動者に提供（開放）するサービス（個人開放や一般開放など③）を「エリアサービス」といい、そうした条件整備の営みを「エリアサービス事業」と呼ぶ（図5-1）。

プログラムサービス事業	クラブサービス事業	エリアサービス事業
スポーツプログラムの企画・運営（スポーツ教室・大会・イベント等）	学校の運動部活動 地域スポーツクラブの活動	学校体育施設（一般・個人開放）公共スポーツ施設等（個人開放）
従属的施設		主体的施設
運動・スポーツ施設の2つの「性格」		

図5-1　体育・スポーツ施設の性格とエリアサービス事業

2. エリアサービス事業の役割・業務

こうしたエリアサービスの質的向上を図り、多くの人々に効率的な利用促進を図っていくための営みがエリアサービス事業の基本的な役割である。そのためには、エリアサービス利用者の特性や行動傾向などを理解しておくことが肝要である。

(1)エリアサービス利用者（A運動者）の特性

エリアサービスを主体的に利用して運動する人たちを「A運動者」という。例えば、学校における昼休みや放課後などの自由時間にドッジボールやサッカーを行うなど、身近なところに施設や用具・用品があれば、気軽に自由な運動やスポーツ活動を楽しもうとする人々であり、以下のような特性と行動傾向があるといわれている。

1つ目は、施設利用が不安定であるということである。例えば、団体開放がほとんどを占める学校体育施設開放で個人開放枠を設けたとしても、天候や曜日・時間帯及び開放施設の混雑具合などによって施設利用に偏りが生じるという問題があり、施設経営的には利用者数の予測が難しくなる。

2つ目は、A運動者の主体的条件である。A運動者は、学校運動部活動や地域クラブなどに加入して運動する人たち（C運動者）と比べて、運動欲求が低く、運動技能も低いことが多い。また、運動や特定のスポーツ種目に対する知識もそれほど豊かではなく、その活動形態も公式的なゲームよりもその種目の部分的に簡素化された技能（キャッチボールや円陣パス、三角パスなど）を個人的に、または少人数で楽しむ傾向がある。さらに、活動時間は比較的短く、運動仲間も日常生活で行動を共にする人々が中心であるが、比較的流動性に富み、活動量も少ないという特質をもっている。

最後に、A運動者は、C運動者に比べて、「誘致距離④」（運動者と施設との間の距離）の長短によって施設利用が大きく左右される。つまり、運動欲求の低いA運動者にとっては、誘致距離が短い（アクセシビリティが高い）方が好都合なのである。

(2)エリアサービス事業の役割・業務

エリアサービス事業においては、こうしたA運動者の特性と行動傾向を的確に反映した施設運営を工夫する必要があり、以下の役割・業務が求められる（図5-2）。

第1に、エリアサービス事業としての中心的特性は施設の物理的な場の魅力や施設のもつ機能の整備・充実にあるため、様々な運動やスポーツ活動の成立とその安全性や快適性を支えるための「施設機能管理」が重要である。第2は、円滑な施設利用を阻害する要因を取り除き、施設の利便性を高めるための環境づくりを支援する「施設利用促進・支援」の役割が必要である。最後は、施設利用に関して、利用案内、利用手続き方法や利用料金、安全に利用するためのルールやマナー、施設レイアウトなどの正確な情報を提供し、すべての人々が施設を安全かつ快適に利用できるよう促す「施設利用案内」の役割が求められる。

さらに、障害者や高齢者、子どもといった社会的弱者の施設開放をより積極的に推進するという「インクルージョン⑤」の発想も強く求められるであろう。　（中西純司）

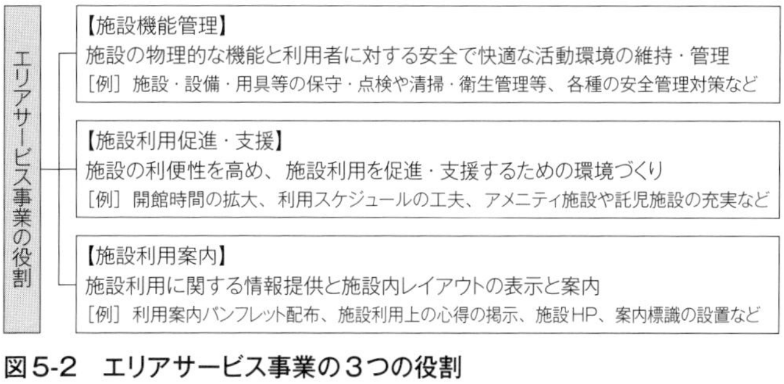

④施設が人々の運動・スポーツ活動を誘致する距離で、半径で示される。そのため、施設そのものの魅力や機能が高まれば誘致距離は伸びるが、逆の場合は短くなる。また、運動者のライフステージによってもその長短は大きく変化する。

⑤インクルージョンとは「包摂」「包括」「包含」「一体性」などの語意をもつことから、「多様な属性や発想、価値観などをもったすべての人を包摂し、すべての人が共存・共生・共創できる豊かな社会システム」を創ることをめざす言葉として用いられる。

エリアサービス事業の役割	【施設機能管理】 施設の物理的な機能と利用者に対する安全で快適な活動環境の維持・管理 [例] 施設・設備・用具等の保守・点検や清掃・衛生管理等、各種の安全管理対策など
	【施設利用促進・支援】 施設の利便性を高め、施設利用を促進・支援するための環境づくり [例] 開館時間の拡大、利用スケジュールの工夫、アメニティ施設や託児施設の充実など
	【施設利用案内】 施設利用に関する情報提供と施設内レイアウトの表示と案内 [例] 利用案内パンフレット配布、施設利用上の心得の掲示、施設HP、案内標識の設置など

図5-2　エリアサービス事業の3つの役割

第5章 体育・スポーツ事業の運営

第1節 エリアサービス事業

②エリアサービスの質的向上ポイント

1. エリアサービスのクオリティとは

　エリアサービスは、運動者に対する施設開放サービスであり、物理的な施設・設備や用具・用品などのもつ有用な働きかけ（機能）によって成り立っている。それゆえ、エリアサービスには、施設を利用する（したい）人たちが実際にその場所に行かなければ、運動やスポーツ活動が成立しないという「消費地立地」の特徴がある。

　こうした特徴を加味すると、エリアサービスのクオリティ（利用品質）は、利用者にとってその施設が有用である（役立つ）かどうか[1]という観点から、以下に示す4つの要素で捉えることができる（図5-3）。1つ目は、施設等のもつ実用的な機能（実用性）を意味する「ユーティリティ」（utility）であり、利用者がやりたい運動やスポーツ活動を行える施設・設備、用具・用品などが故障・破損・欠陥などなく的確に準備されているかである。2つ目は、施設等のもつ機能の「使いやすさ」や「使い勝手」（利用した時の使いやすさの程度）を示す「ユーザビリティ」（usability）であり、施設等のもつ機能が身体・技術レベルや利用状況などが異なる誰にとっても使いやすいように提供されているか（誰にとっても使い勝手がよいか）である。3つ目は、施設等への物理的・時間的な距離感や心理的な近づきやすさを意味する「アクセシビリティ」（accessibility）である。最後は、エリアサービスの利用前後あるいは利用中に施設空間が運動やスポーツ活動を行う人たちに与える安心感や快適さといった「アメニティ」（amenity）である。

　そこで、エリアサービスのクオリティを向上させるには、とりわけ、「施設空間・環境の演出」と「施設利用スケジュールの工夫」といった2つの観点に着目しながら、前項で解説したエリアサービス事業の役割・業務（施設機能管理、施設利用促進・支援、施設利用案内）をマネジメントしていかなければならない。

2. 施設空間・環境の演出

　一般に、運動・スポーツ施設は、運動やスポーツ活動が実際に行われる「活動空間」、運動やスポーツ活動の前・中・後に様々な利便性を提供する「活動外空間」、そして、施設内の往来や施設周辺の景観などを構成する「移動空間」といった3つの物理的な施設空間・環境[2]で成り立っている。エリアサービスのクオリティを高めるためには、こうした施設空間・環境に対

[1] ユーザー工学の分野では、利用者にとって有用である（役立つ）ことや使い勝手がよいことを「ユースフルネス」（usefulness）という。しかし、これと似たような意味をもつユーザビリティと厳密な区別をすることは難しい。

[2] スポーツマーケティングの分野では、物理的な施設空間・環境の演出方法について「サービススケープ」（servicescape：スポーツサービスが生産され消費される場にかかわるすべての物理的環境のデザインや外見・ありよう）という観点から実証的に研究が進められ、こうしたサービススケープがスポーツサービスを利用する人の五感に好意的あるいは否定的な印象を与えると結論づけている。

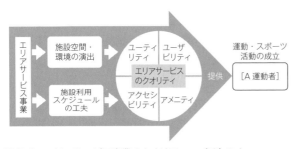

図5-3　エリアサービス事業のクオリティ・マネジメント

するきめ細かな配慮が必要不可欠である。例えば、スキー場の場合、ゲレンデやコースレイアウト、ゲレンデロケーション、リフトやゴンドラ、ナイター照明設備、レストランや売店、アフタースキー施設、駐車場、レンタルショップ、宿泊施設、緊急避難所といった「物理的施設条件」や、自然の景観・景色、音楽(BGM)、ゲレンデ内の装飾、気候、地形といった「周囲状況」、ポスターや案内板、コース標識や看板、パンフレットや広告、ICTを用いたゲレンデ情報といった「情報的条件」、そして、スタッフや他の利用者の服装や行動・立ち居振る舞いといった「人的条件(人材)」など、スキー場利用者が五感で知覚することのできる物理的な施設空間・環境のすべての演出が重要な鍵を握っている。

　特に、運動やスポーツ活動の楽しい雰囲気を味わうことを目的とするA運動者は、こうした物理的な施設空間・環境から五感に受ける様々な総体的印象によって、提供されるサービス内容への期待形成や自分なりのクオリティ評価を行うのである。それゆえ、エリアサービス事業では、よりよい施設空間・環境を演出することで4つのクオリティを高めることが主要なマネジメント活動となってくる。また、A運動者は、個人や少人数のグループでの活動が多く、スポーツ技術やルール、正しい利用法やマナー・エチケットなどを知らない初心者がいる場合もあるので、利用者同士の対立やトラブルなどを防止するための「運動者教育・管理」がエリアサービス事業を円滑に進める上での重要な課題である。

　こうしたクオリティ向上のためのマネジメント活動によって、あらゆるタイプの運動者が広くエリアサービスを利用するようになれば、それは「ユニバーサルデザイン③」という理念に基づく質の高いエリアサービス事業の実践である。

③ユニバーサルデザインについては第4章第1節を参照。

3.施設利用スケジュールの工夫

　エリアサービスは、消費地立地という特徴をもつため、利用者が運動やスポーツ活動をしたい時に利用できなければ意味がない。そのため、エリアサービスに対する需要（利用や利用要望）は、時間的に平準化しているのではなく、利用者の都合によって閑散期（月・曜日・時間帯など）もあれば混雑期もあり、偏在化しているのが一般的である。例えば、屋外プール開放に対する需要は夏場に、そしてスキー場に対する需要は冬場に集中するため、エリアサービスでは利用者が思うように利用できない、もしくは利用を受けいれることができないということも起こる。

　エリアサービス事業を営む体育・スポーツ経営組織からすれば、エリアサービス需要が時間的に平準化している状況が最も望ましい。しかし、A運動者は、必ずしも運動欲求がC運動者ほど高くはなく、運動仲間も流動的であるため、どのような開放日程を組むのかといった「施設利用スケジュール」の工夫が重要になる。例えば、運動欲求の高いC運動者のための団体開放には一定の制限を加え、A運動者のための個人（一般）開放を優先するという、両者のバランスを考慮したスケジュール設定があってもよい。また、利用時間帯の拡大（早朝、夜間など）④をはじめ、利用料金の割引なども含めた施設利用スケジュール設定、例えば、利用曜日・時間帯別の料金格差設定や、閑散期割引料金と混雑期割増料金など、混雑期の需要を閑散期へと誘導し、月・曜日・時間帯ごとの施設稼働率を安定（平準化）させていくことで、利用者のアクセシビリティを高めることもできる。

④約3〜4年周期で実施されている『体力・スポーツに関する世論調査』（内閣府、文部科学省：いずれの年度も）では、この項目が公共スポーツ施設への要望第2位にあげられる。

（中西純司）

第5章
体育・スポーツ事業の運営

第1節　エリアサービス事業

③エリアサービス事業の進め方

①スポーツ庁『平成30年度体育・スポーツ施設現況調査』(2020年)に詳述されている。第4章第3節も参照。

②市区町村によって、学校開放運営委員会、学校施設開放委員会など、名称は異なるが、学校開放事業の効率的かつ効果的な管理運営を行うための住民主導型組織であり、学校、地区体育振興会、スポーツ推進委員会、スポーツ団体、利用団体・クラブ、青少年育成委員会、PTA等の代表によって構成されることが多い。

③国または地方公共団体の組織の外部にあって、そこから出資・補助金を受けるなどして代行的・補完的な事業や活動を行う団体や法人組織などである。例えば、地方公共団体では、公益財団法人A県スポーツ振興センターや公益財団法人B市公園緑地管理公社、一般財団法人C市スポーツ施設管理財団など、様々な名称の法人組織がある。

④官庁(官)と民間(民)双方の連携と協働によって、質の高い公共サービスの提供や公共事業の効率的・効果的な推進を図るための仕組みで、"Public Private Partnership(PPP)"とも呼ばれる。一般的には、民間資金等の活用による公共サービスの提供[PFI方式や指定管理者制度]、公有資産の活用による事業創出[ネーミングライツ(施設命名権)]、規制改革による民間活動支援[特区制度や市街地再開発などの地域活性化施策]の3つがある。

1.学校体育施設開放事業の進め方

　学校体育施設開放事業には、管理運営上の多くの課題①はあるが、主に2つの役割や機能が期待されている。それは、公共スポーツ施設の不足を補完し、地域住民の日常的なスポーツ活動や文化的活動を支える身近な「地域施設」としての「エリアサービス」の機能と、地域住民の誰もが気軽に集え、多様な生涯学習活動を展開できる「コミュニティセンター」の役割である。

　地域住民のこうした期待に応えていくためには、当該教育委員会の管理責任のもとに学校体育施設開放運営委員会②などを組織化し、学校体育施設開放事業におけるエリアサービスのあり方(開放施設や開放日程・利用形態などの規則)などを調整する必要がある。そのためには、エリアサービスとして開放する施設種類を明確にすることが先決である。次は、学校段階を加味した開放日程の調整や、個人開放と団体開放の2つの利用形態に関する最適な組み合わせなどの吟味をすることである。

　表5-1は、小・中学校体育施設における屋外運動場や体育館、水泳プール、武道場を開放施設とした開放日程・利用形態モデルである。このモデルでは、個人開放(小学校体育施設のみで1週間に14時間)と団体開放を適切に組み合わせた「セット開放」を採用している。それは、個人や家族が1人(単位)でも思いたった時に気軽に運動やスポーツ活動を楽しめるように門戸を開いておく配慮と、将来的には、学校体育施設開放運営委員会などがこの時間帯を活用してスポーツ教室や行事などのプログラムサービスを企画・運営し、コミュニティセンターの役割を果たしていけるようにする意図からである。

2.公共スポーツ施設の開放事業計画の立て方

　公共スポーツ施設は、地方公共団体が地方自治法に基づいて設置・管理する「公の施設」であり、地域住民の日常生活圏域(誘致距離)との関係から、「地域施設」「市区町村域施設」「都道府県域施設」の3つに区分され、各施設の機能と役割が期待されている。しかし最近では、こうした施設区分に関係なく、民間の資金やアイデアなどを有効活用する「PFI方式」や、民間事業者やNPO法人、外郭団体③などに施設の管理運営を代行させる「指定管理者制度」の導入など、施設の効率的・効果的な整備と管理運営における「官民協働④」の取組事例もみられる。

　いずれにせよ、公共スポーツ施設は、「総合的なスポーツ推進と地域コミュニティの拠点施設」としての役割を担い、地域住民に広くエリアサービスを提供すること

が求められる⑤。そのためには、個人開放（一般開放）と団体開放の2つの利用形態を適切に組み合わせた「施設開放事業計画」を作成することが重要である（表5-2）。また、ワンポイントアドバイスをしたり話し相手となったりするような指導者の配置、個人利用者同士が一緒にプレイできるようなスタッフの働きかけ、利用マナーや運動のしかた、活動成果などが容易に理解できるような掲示物等の工夫など、個人開放利用者層の継続利用を動機づけるきめ細かな配慮も必要となってくる。

表5-1　A市における学校体育施設開放日程・利用形態モデル

施設種類	曜日	小学校			中学校
屋外運動場 体育館	月曜日	17:00～21:00			19:00～21:00
	火曜日	17:00～21:00			19:00～21:00
	水曜日	17:00～21:00			19:00～21:00
	木曜日	17:00～21:00			19:00～21:00
	金曜日	17:00～21:00			19:00～21:00
	土曜日	13:00～17:00		17:00～21:00	19:00～21:00
	日曜・祝日	9:00～12:00	12:00～14:00	14:00～17:00	9:00～17:00
武道場	平日				19:00～21:00
	土曜日				19:00～21:00
	日曜・祝日				9:00～17:00
水泳プール		夏期休業中の開放となる。別途、日程調整を行う。			

※学校行事や部活動などが優先となるので、開放しない場合もある。■内は個人開放、□内は団体開放。

開放形態	主な利用者層	施設の性格	管理責任
個人開放	個人や家族、身近な仲間（未組織グループ）	主体的施設	教育委員会
団体開放	登録されたグループ、クラブ、団体など	従属的施設	

表5-2　A市立総合体育館の施設開放事業計画の例

施設	曜日	月曜日	火曜日	水曜日	木曜日	金曜日	土曜日	日曜日
大アリーナ	早朝	休館日	種目フリー	種目フリー	種目フリー	種目フリー	種目フリー	
	午前		団体	ボトラン・バスケ／バレー／バトミ／卓球	ボトラン／バレー／バトミ／卓球／バスケット／団体	団体	団体／バスケ／バレー／バトミ／卓球	団体
	午後							
	夜間							
小アリーナ	早朝	休館日					種目フリー	種目フリー
	午前		種目フリー	種目フリー	種目フリー	種目フリー		
	午後						[教室]	
	夜間		卓球	[教室]	卓球	[教室]		卓球
武道場	早朝	休館日	健康ストレッチ	リラックスヨガ	団体	健康ストレッチ	リラックスヨガ	
	午前		卓球／団体	団体	剣道	卓球／団体	卓球／団体	団体
	午後						柔道	
	夜間		柔道	空手／剣道	空手			
トレーニング室	早朝	休館日						
	午前		フリー	フリー	フリー	フリー	フリー	[教室]
	午後							
	夜間							

※早朝（6:00～8:00）、午前（9:00～12:00）、午後（13:00～17:00）、夜間（18:00～21:00）。
※「種目フリー」は、体育館側で種目の設定をしない。
　　内は個人開放で、「団体」は（登録）クラブ・団体開放のことである。

3.民間スポーツ施設のエリアサービス事業

　民間スポーツ施設とは、フィットネスクラブ、テニスクラブ、スイミングクラブ、ゴルフ練習場、ボウリング場、スキー場、マリンスポーツ施設など、民間事業者が設置し、「顧客」（運動者）にスポーツサービスを提供する施設である。こうした民間スポーツ施設は、フィットネスクラブやテニスクラブ、スイミングクラブなどのような「会員制」を基本とする施設と、ゴルフ練習場やボウリング場、スキー場などのように、広く一般に利用者を求める「開放制（非会員制）」を基調とする施設に分類され、体育・スポーツ事業のあり方や進め方にも大きな違いがある。

　フィットネスクラブ⑥やテニスクラブなどは、「クラブ」という名称がついているが、学校や地域スポーツの領域で用いられているようなクラブ（同好の仲間集団）を育成・支援するというクラブサービス事業を展開しているわけではなく、個人会員に限定したエリアサービス事業と各種レッスンプログラムの開講といったプログラムサービス事業を企画・運営している点に特徴がある。これに対して、ゴルフ練習場やボウリング場などは、「打席貸」や「レーン貸」といった物理的空間を確保し、広く一般の利用者に提供するエリアサービス事業が中心であり、利用者の都合や希望などに応じて、インストラクターによるワンポイントレッスンやスクール形式レッスンなどのプログラムサービスを提供する場合もある。　　　　　　　（中西純司）

⑤文部科学省の『体力・スポーツに関する世論調査（2013年1月調査）』では、「施設数の増加」をはじめ、「利用時間帯の拡大」「利用手続きや料金支払い方法等の簡略化」「初心者向けスポーツ教室・行事の充実」など、管理運営面に対する改善要望が多い。なお、2016年以降は、スポーツ庁の『スポーツの実施状況等に関する世論調査』へと変更されたが、「公共スポーツ施設についての要望」に関する質問項目は調査票から削除されている。

⑥スポーツクラブとも呼ばれるが、（屋内）プール、ジム、スタジオといった「三種の神器」に加え、テニスコートやダイビングプール、スカッシュ・ラケットボールコート、ゴルフ練習場などを併設した「総合施設」である。

第5章 体育・スポーツ事業の運営

第2節 プログラムサービス事業

①プログラムサービス事業とは何か

1.スポーツプログラムの捉え方

　私たちの身のまわりには、施設利用というエリアサービスの他にも、高齢者健康体操教室や初心者テニス教室、水泳競技大会、市民マラソン大会等々、各種の運動教室やスポーツ教室・大会・行事などが数多く提供されている。例えば、スポーツ教室という運動・スポーツの機会を提供する場合、スポーツ種目や指導内容・方法等、指導者、時間的条件、対象となる参加者層（活動仲間）、参加者層のニーズや要望等、使用する施設・設備や用具、教室参加費や実施費用（予算）など、スポーツ活動の円滑な実施に必要となる多くの諸条件をセットする必要がある。

　このように、人々が運動やスポーツを行うために必要な諸条件がすべてパッケージ化された各種教室・大会・行事などを総称したものが「スポーツプログラム[①]」であり、本節では、人々の運動・スポーツ活動の成立・維持・発展のために必要な「運動・スポーツ活動の内容」と「時間的条件」を基本にした運動・スポーツの機会として捉える（図5-4）。

　人々がこうしたスポーツプログラムに参加しようとする時、そこには何らかの目的や動機・意図がある。例えば、スポーツの技術や能力を高めたい、健康や体力を維持・増進したい、体型・容姿を維持したい、身体を鍛えたい、友人や仲間をつくりたい、あるいは自分を表現したい、試合で勝ちたい、記録を更新したいなど、様々である。そのため、人々のこうした多様な目的や動機・意図が、各自の活動目標だけではなく、今求めている「運動・スポーツ活動の内容」（運動・スポーツ種目やその行い方・楽しみ方）などを決定づける。また、人々の中には、何も目的をもたず比較的自由に運動やスポーツを行うことができる人もいれば、仕事などで忙しくて、ある特定の時間に用意されたスポーツプログラムにしか参加できない人もいる。あるいは、運動やスポーツを行いたくても、自分の思うような形で運動やスポーツを行うことができないでいる人もいる。

　このように、様々な目的や動機・意図及び時間的問題などを抱えた人々（運動者）に、運動やスポーツの楽しさに触れる機会を用意し、その便益を享受させるためには、「運動・スポーツ活動の内容」と「時間的条件」に工夫を凝らしたスポーツプログラムを企画し提供することが肝要である。

[①] 厳密には、高齢者健康体操教室やフィットネス教室、太極拳教室、ヨガ教室などは、人間生活上のある種の「必要充足」のための手段的な便益（健康・体力の維持向上、美容・ダイエット効果等）を求めて行われる「運動プログラム」である。これに対して、初心者テニス教室、バレーボール教室、ちびっ子サッカースクール、ダンス教室、水泳競技大会、市民マラソン大会などは、人間の「本源的欲求」（活動・競争・達成・克服・自己表現などのプレイ欲求）の充足（自発的な運動の楽しみ）を求めて行われる「スポーツプログラム」である。本節では、両者を包含して「スポーツプログラム」と呼んでいる。

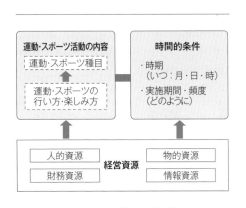

図5-4　スポーツプログラムの構成要素

2. スポーツプログラムの意義と特徴

　スポーツプログラムは、多くの人々が気軽に参加し欲求充足ができるよう、運動・スポーツ活動の内容と時間的条件を運動者の様々な目的や期待・ニーズ及び生活時間などに合わせて設定し提供される。

　そのため、スポーツプログラムの目的・内容・形態などは、運動・スポーツの楽しさを基本としながら、「学ぶ」「試す」「競う」「鍛える」「発表する／表現する」など、バリエーションに富んでおり、人々の多様化するニーズや要望などに応えることができるスポーツサービスといえる。それだけに、運動・スポーツ経験や技術・知識などがさほどない人たちでも、気軽に参加できる運動・スポーツの絶好の機会であり、その後のスポーツ生活への動機づけとしても極めて有効である。とりわけ、試合や競技大会などのスポーツプログラムは、スポーツクラブ（クラブサービス）を利用して運動する人たち(C運動者)にとっては、明確な活動目標ともなり、日常的な運動・スポーツ活動に対するモチベーションを高める機能としての意義がある。一方、市民マラソンなどのイベント[2]型プログラムは、多くの人々を同時に誘致することができるため、スポーツを通した人々の交流を広げていくのに有益である。

　しかし、スポーツプログラムは、「至れり尽くせり」の運動・スポーツの機会でもあり、体育・スポーツ経営組織や指導者などがあらかじめお膳立てをすることになるので、A運動者やC運動者に比べて、他者依存的で自律性が乏しい運動者が育ちやすい。また、多くのスポーツプログラムは、実施期間・頻度などを限定した形で提供されるため、C運動者に比べて、運動・スポーツ活動の継続性や組織性を保証するのには限界がある。

3. プログラムサービス事業の役割・業務

　こうした特徴をもつスポーツプログラムの企画・運営には、参加者（P階層の運動者）がプログラム終了後に、自律的・自発的な運動・スポーツ活動へと向かうための意図的な働きかけが必要となってくる。プログラムサービス事業とは、運動者の様々な条件に基づいて、多様なスポーツプログラムを企画することで、運動やスポーツの楽しさに触れ、その後の豊かなスポーツ生活の形成へとつなげるための機会を「プログラムサービス」として提供する営みである。プログラムサービス事業には、スポーツプログラムの内容的・時間的条件を調整し、その種類や数などのバリエーションを設定する役割と、プログラム実施に必要な指導者や活動仲間、施設・設備・用具、各種情報、財源などの諸資源を調達・活用する役割が必須となる。

　たとえどんなに魅力的なスポーツプログラムが複数用意されたとしても、実施時期・時間などが運動者の生活時間と合わなければ、多くの参加者を望むことなどできない。逆に、たとえ十分なスポーツプログラムを用意できなくても、実施時期・時間をしっかりと調整するだけで、スポーツプログラムが成立し得ることもある。プログラムサービス事業の成功には、運動者の生活時間が決定的であるといえる。また、スポーツ教室などのスクール型プログラムの場合、運動者の生活時間も重要ではあるが、指導者という人的資源の魅力がプログラム参加に大きな影響を及ぼす可能性も高いので、質の高い人的資源の調達・活用は特に重要である。（中西純司）

[2]イベントとは、「重大な事件や出来事」を意味し、比較的規模が大きいこと、経済的波及効果や社会資本整備が期待できること、独特の文化や情報などを享受する新しいメディアとしての側面があること、といった3つの条件を満たすものであるといわれている。最近では、こうした条件を達成することを期待して、色々なスポーツ大会・行事などが「スポーツイベント」と呼ばれるようになってきた。本節でも、スポーツプログラムにそうした条件の達成を期待して、イベント型プログラムとした。

第5章
体育・スポーツ事業
の運営

第2節　プログラムサービス事業

②スポーツプログラムの構造

1. プログラムサービス事業のマネジメント

プログラムサービス事業には、スポーツプログラムの内容的・時間的条件などを調整・設定する役割と、プログラム実施に必要な諸資源を調達・活用する役割がある。こうしたプログラムサービス事業の役割を果たしていくためには、「運動者にどのようなスポーツプログラムを用意し、どのような形で提供するのか」といった事業方針・目的に合ったマネジメント活動を効率よく行っていく必要がある。とりわけ、スポーツプログラムには、子どもから高齢者まで、初心者から上級者（トップレベルの競技者）まで、そして楽しみ志向の人から競技志向の人まで、誰もが年齢、目的、興味・関心、体力、技術・技能レベルなどに応じて気軽に参加できるスポーツサービスという特長があるため、バリエーション豊富なスポーツプログラムを多彩に企画・準備し、運動者にとっての選択肢を広げることが肝要である。

こうしたプログラムサービス事業のマネジメント活動を円滑に進めていくためには、スポーツプログラムの構造を正確に理解するとともに、実際にどのような種類のスポーツプログラムを企画・開発し、どのような形で運営していくのかといったスポーツプログラム分類論の観点や考え方を学習しておく必要がある。

①ベネフィットとは、運動者にとって「こうだと自分に都合がいい」という運動者側のスポーツサービスに対する便益（ニーズ）や効用・利益などを総称したものである。正確には「運動者ベネフィット」という。

2. スポーツプログラムの構造

図5-5は、スポーツプログラムの三層構造を示したものである。はじめに、「運動者は何を求めて、スポーツプログラムに参加しているのか？」という基本的な問いに対する答えを考えてみる必要がある。運動者がスポーツプログラムやその活動体験に求める多様なニーズや欲求などを問うことであり、これが第1レベルの「中核ベネフィット①」である。例えば、運動者がスポーツプログラムに対して実質的に求めるもの（運動者ベネフィット）としては、スポーツ実施時の興奮（競争）、目標・記録達成、技術向上

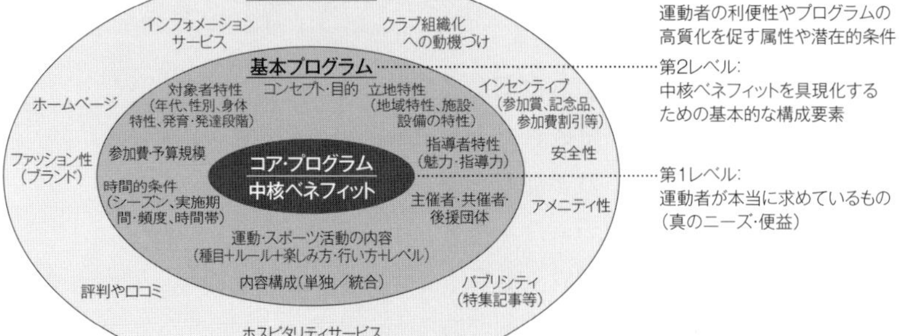

図5-5　スポーツプログラムの三層構造

66　第5章　体育・スポーツ事業の運営

を通して得られる「個人的楽しさ」、身体的及び心理的な健康の維持・増進への効果などの「個人的成長・発達」、社会や集団等へ適応や人間関係づくり及び社交などの機会獲得といった「社会的（帰属）欲求の充足」、周囲の人から認められる社会的地位の確立や向上などの「尊厳欲求の充足」、そして、自分の新しい能力や魅力などを発見する機会を得たいといった「自己実現欲求の充足」などが考えられ、これらは「コア・プログラム」（中核プログラム）と呼ぶこともできる。

　第2レベルは、こうした運動者ベネフィットを具現化するための基本的な構成要素・条件などを含んだ「基本プログラム」を設計していく段階である。この段階では、様々な運動者ベネフィットへの対応が求められるが、終了後のスポーツ活動の生活化と質的発展というスポーツプログラムの基本的目的を加味すると、「スポーツに対する自律的態度や能力の育成」をめざした活動内容やプログラミングも重要である。

　しかし、人々のスポーツ行動やニーズ等が多様化する現代社会にあっては、基本プログラムだけで多くの参加者を望むことは難しい。例えば、産後ママさんヨガ教室やママさんバレーボール教室など、子育て期の女性を対象としたスポーツプログラムを企画する場合、子どもの世話をしてくれる「託児保育サービス」などのホスピタリティサービスがあれば、より一層多くの女性参加者が期待できるかもしれない。あるいは、若い世代の女性の参加促進を図る場合は、スポーツにおしゃれ感覚やアメニティ感覚などのブランドイメージを想起させるような教室名や大会名などをつけ、参加賞や記念品などのインセンティブを与えるのもよいかもしれない。

　このように、運動者の期待を上回るようなスポーツプログラムの高質化を促す属性や潜在的条件を「拡延プログラム」として付加していくのが第3レベルである。これらには、本来の運動・スポーツ活動とは直接関係しない属性や条件なども含まれているが、運動者満足をより一層高めたりするためには必要なものである。さらに、とりわけスポーツ教室というプログラムサービスでは、スポーツ教室で学習した技術や知識などを教室終了後のスポーツ生活の形成へとつなげていくよう、「クラブへの動機づけ」（プログラムサービスからクラブサービスへの移行）といった意図的な働きかけを付加的サービスとして設定しておくことも重要である。表5-3には、実際にスポーツプログラムを企画・運営していくための視点と検討事項・内容が示されている。

（中西純司）

表5-3　スポーツプログラム実施計画を作成するための6W2H1B

三層構造	視　点 (6W2H1B)	検討事項・内容
コア・ プログラム	Benefit	運動者は何を求めて、スポーツプログラムに参加しているのか？
基本プロ グラム	Why	スポーツプログラムのコンセプトや目的は何か？
	When	シーズン（春夏秋冬）、実施期間・頻度、時間帯（朝・昼・晩）
	Where	立地特性（地域特性；海・山・河川など、施設・設備の特性；屋内・屋外など）
	Who	主催者・共催者・後援団体、指導者特性（人間的魅力・指導力）
	Whom	対象者特性（年代、性別、身体特性、発育・発達段階）
	What	a. 運動・スポーツ活動の内容（種目＋ルール＋楽しみ方・行い方＋レベル） b. 内容構成（単独／総合）
	How much	参加費、予算規模（実施費用や寄付金・助成金等）
拡延プロ グラム	How	a. どのような情報を提供するのか（事前・事中・事後） b. どのようなインセンティブを提供するのか c. どのようなファッション性やブランドイメージを確立するのか d. 状況適応的な付加的サービスをどのように提供するのか e. 終了後、どのようにしてクラブ化への動機づけを行うか f. どのようにして安全性を確保し保証するのか

第5章
体育・スポーツ事業
の運営

第2節 プログラムサービス事業

③スポーツプログラムの分類

1.スポーツプログラムの性格

　スポーツプログラムの性格論は、他の体育・スポーツ事業とのかかわりという観点から、主体的か従属的かの2つのスポーツプログラムに分類することができる。この性格によって、スポーツプログラムの企画・運営の着眼点は大きく変わってくる。

(1)主体的スポーツプログラム

　主体的スポーツプログラムとは、プログラムそれ自体の魅力や特徴などによって、運動・スポーツの機会に対する人々の参加促進を図ることが直接の目的とされ、他の体育・スポーツ事業とは無関係で企画・運営されるプログラムである。例えば、ある地域において、住民のために定期的（週1回、月2回など）に開催される初心者バレーボール教室や、地域住民の交流や親睦などを目的に年1回開催される○○町大運動会などは、プログラムサービス事業の主役となる主体的スポーツプログラムといえる。

(2)従属的スポーツプログラム

　一方、スポーツプログラムの中には、他の体育・スポーツ事業の基礎的条件として、もしくは、より活性化を図るための手段として機能するプログラムもある。例えば、ある中学校の運動部（クラブサービス事業）において、新入部員を獲得するために、運動部活動をある一定期間開放し、実際のクラブ生活を自由に体験させる「体験入部プログラム」などはその1つである。また、ある町の運動・スポーツ施設の利用促進（エリアサービス事業）を目的に開催される、施設利用方法の説明会も兼ねた「施設無料体験プログラム」などもその例である。この場合のスポーツプログラムの目的は、あくまでも運動部活動の充実や正式に入部するための動機づけであり、また、施設のイメージづくりや利用促進であり、クラブサービス事業やエリアサービス事業に従属する関係になっている。これが、従属的スポーツプログラムである。

2.スポーツプログラムのタイプ

　スポーツプログラムは、コンセプトや目的によって様々な種類が存在するが、おおよそ以下の6つのタイプに分類することができる（表5-4）。各タイプによって、対象者特性や運動・スポーツ活動の内容及び時間的条件などに特徴があり、その企画・運営や演出法（スポーツプログラミング[①]）にも異なった工夫が必要になる。

①スポーツプログラミングとは、プログラムサービス事業の役割の中でも、個々のスポーツプログラムの内容的・時間的条件などの調整・設定という基本プログラムに関する具体的な（個別）計画を作成していくことを意味する用語である。

68　第5章　体育・スポーツ事業の運営

(1)競技プログラム

　人間の欲求である「競争」（勝敗や記録、順位などを競い合うこと）自体を楽しむよう仕組まれたスポーツ活動の機会が競技プログラムである。○○大会や□□競技会と呼ばれるイベントがこのタイプに該当する。学校における校内競技会や、地域社会で行われる各種スポーツ大会をはじめ、都道府県、地方・ブロック、全国、国際レベルの競技会など、競技レベルは多様である。また、多くの自治体で開催されているマラソン大会などのような単独種目プログラムもあれば、国民体育大会やインターハイなどのような複数種目で構成される総合種目プログラムもある。

　とりわけ、競技レベルの高いプログラムになると、日頃からクラブなどでスポーツ活動をしている競技者にとっては、めざす目標となり、日常の練習の成果を確かめる重要な場として機能する。また、それを応援する人や観戦する人たちにとっては、楽しみや感動などを共体験できる「みるスポーツ」の機会となる。スポーツを行う人とみる人が共存して競い合いを楽しむ場や機会を創造することができれば、大きな成果を期待できるスポーツプログラムであるといってもよい。

(2)レクリエーションプログラム

　勝敗よりも運動やスポーツそのものに楽しみを求め、活動自体に喜びを得ることを目的としたプログラムである。プログラムの具体的内容には、競争（競技）性が含まれたりすることはあるが、勝敗を決定することに究極的なねらいがあるわけではなく、参加者の多くが運動やスポーツ活動それ自体を楽しむように仕組まれた点に特徴がある。例えば、○○町大運動会や校内レクリエーション大会などのように、多くの人々を同時に楽しい雰囲気にしたり、技能の高低や得意種目に関係なく誰もが、気軽に自分が今もっている力に応じて楽しむことができたりするのがレクリエーションプログラムの魅力である。そのためには、ルール変更や用具等の工夫、みんなで楽しむ「マナー」の遵守が求められる。

(3)学習プログラム

　各種運動・スポーツの技術や知識、ルールやマナー、楽しみ方や正しい行い方などの学習を直接的な目的としたプログラムであり、体育の授業や各種スポーツ教室、スイミングスクールやエアロビクスレッスンなどは学習プログラムの代表例である。

　このプログラムでは、対象に応じた「学習目標―学習内容―学習方法」に一貫性と整合性のあるプログラミングをすることができるか否かが学習成果を大きく左右する。また、学習成果をより一層確実にするためには、ある程度の期間を設定し継続的にプログラムを実施する必要があり、プログラム終了後のスポーツ生活の形成にも影響を与えられるよう綿密な計画を立てなければならない。

(4)テストプログラム

　体力テストや運動能力テストなどのように、自己の体力や運動能力等の現状や問題点などを把握できるように計画

表5-4　スポーツプログラムのタイプと具体例

タイプ	コンセプト・目的	具体例
(1)競技プログラム	競争（勝敗・記録・順位など）	○○大会、□□競技会
(2)レクリエーションプログラム	運動すること自体を楽しむ　社交を楽しむ	地域運動会、野外活動、レクリエーション大会
(3)学習プログラム	学ぶ・高める	○○教室、△△レッスン、□□スクール、体育の授業
(4)テストプログラム	試す・確かめる	体力テスト、運動能力テスト、スポーツテスト
(5)トレーニングプログラム	心身を鍛える・高める	歩こう会、遠行会、メタボ予防プログラム、腰痛体操
(6)発表プログラム	発表―観る・鑑賞	ダンス発表会、組体操（優劣や順位をつけない）

されたプログラムである。このプログラムは、測定結果だけを単純に把握させることにとどまるのではなく、日頃からの運動生活のあり方などを評価・反省したり、今後の生活改善策を立てたりするための情報提供の機会として機能することが重要である。そのため、カウンセリング時間などを設定したり、学習プログラムやトレーニングプログラムの前段階や実施後に位置づけたりするなど、プログラミングの際に工夫をすれば、テストプログラムの意味や必要性はより一層増すといってよい。

(5)トレーニングプログラム

健康・体力の維持増進や健康問題等の解決を直接的な目的とするプログラムである。このプログラムの目的達成には、主として体操やフィットネスなどが用いられるが、各種の運動も活動内容の組み方によってはトレーニングプログラムの内容として有効な場合もある。また、トレーニングプログラムは、「事前診断（テストプログラム）→運動処方②（トレーニングプログラムの作成）→実施→事後診断（テストプログラム）→フィードバック→運動処方→…」という循環を繰り返しながら行うのが理想的であり、そのプロセスを通じて各自の身体的・精神的状態に適したプログラム内容を創り上げていくことが重要である。また、トレーニングの原理・原則③に忠実にしたがって、継続的プログラムの形態をとることが望ましい。

(6)発表プログラム

スポーツや体操、ダンスなどに関する学習や練習の成果（パフォーマンス）を公開発表することを直接的な目的としたプログラムである。例えば、学校でよくみられるダンス発表会や運動会・体育祭のときの組体操④、あるいは地域で行われるフラダンス発表会やチアダンス発表会などは一般的な事例である。

発表プログラムは、コンテストやコンクールなどの形式をとると、競技プログラムとして扱うこともできる。しかし、発表プログラムは、基本的にはパフォーマンスの優劣や順位を決めることに重点を置かないという意味では、競技プログラムとは大きく異なる。演技をする人も応援や鑑賞する人も、演技発表というパフォーマンスそのものを楽しめるよう工夫していくことが重要である。

3.スポーツプログラムの形態

スポーツプログラムは、性格論とタイプ論とは別に、内容構成と時間的条件といった2つの形態的特徴から形態論として分類することもできる。

(1)内容構成からみた分類：単独プログラムと総合プログラム

現在、学校や地域社会などで実施されているスポーツプログラムには、前述した6つのタイプのいずれか1つのタイプのみで構成されている「単独プログラム」と、2つ以上のタイプが組み込まれた「総合プログラム」がある。例えば、学校における運動会や体育祭などは、徒競走やリレー競技といった競技プログラム、保護者・地域住民参加の玉入れ競走や全校ダンスなどのレクリエーションプログラム、そして女子のダンス演技や男子の組体操といった発表プログラムの3つのタイプがミックスされたスポーツプログラムであり、児童生徒や保護者、地域住民などの多様なニーズや要望等に応えられるよう計画された総合プログラムの代表例である。今後は、文化的活動や地域行事などとも連携していくことで、多くの地域住民が参加できる学校・地域交流型イベントとしての発展可能性も期待できる。

②健康・体力の維持増進などを目的に行われる運動の種目・内容、強度、1回の運動時間、頻度などを各個人に合わせて最適化していくことをいう。

③トレーニング理論によれば、トレーニング効果を高めるためには以下の3原理5原則にしたがうことが重要であるといわれている。それは、「過負荷(オーバーロード)の原理」(一定水準以上の負荷で運動しなければ効果は得られない)、「可逆性の原理」(運動で得られた効果は中止してしまうと失われる)、「特異性の原理」(トレーニング内容・方法によって、鍛えられる身体部位は異なる)といった3つの原理と、「全面性の原則」(全体的にバランスよく行う)、「意識性の原則」(目的・目標意識をもって実施することが必要である)、「漸進性の原則」(トレーニングの質と量は徐々に増加させていくようにする)、「個別性の原則」(各個人の特徴や状況にあったトレーニング内容・方法を考慮する必要がある)、「反復性の原則」(少ない頻度でも、規則的に長期間続けていくこと)といった5つの原則である。

④体操を基礎にして、道具などを使用せず、人間の身体のみを用いて行う集団演技であり、学校の運動会や体育祭でしばしば披露されるマスゲームの一種である。最近では、組体操演技による事故が急速に増加し、ピラミッドやタワーなどを全面禁止したり、運動会や体育祭における組体操の全面廃止を決定したりする校長会や教育委員会も増えている。厳密には、組体操と組立体操は性格も目的も異なっており、複数の人間の力を利用しあう動的な運動が組体操であるのに対して、静的な美的表現のみを求める集団演技が組立体操であるといわれている。

一方、全国高等学校野球選手権大会（甲子園）や全日本バレーボール高等学校選手権大会などのように、競技プログラム[5]という1つのタイプだけで実施されている場合は、単独プログラムと呼ぶことができる。

(2)時間的条件からみた分類：単発的プログラムと継続的プログラム

スポーツプログラムの時間的条件に着目すると、運動会・体育祭、インターハイや国民体育大会のように、年に1回しか開催されないものから、スポーツ教室や体育の授業のように毎週の単位で、数週間や数ヶ月間、年間を通じて継続的に実施されるものまで多様である。このように、年間の生活に占めるプログラム実施期間の長短を考慮すると、スポーツプログラムは、基本的には「単発的プログラム」と「継続的プログラム」の2つに分類される（図5-6）。

Aは、年間の生活からみると単発的プログラムであり、イベント的性格を有するプログラム形態である。しかし、プログラムの大きさからみると、Aは、運動会・体育祭や地域レクリエーション大会、体力テストなどのような短時日の「A（1）：単発的（datedまたはpoint）プログラム」と、公共スポーツ施設などで開催される各種スポーツ教室などによくみられる週単位で数週間、あるいは毎日連続して数日間という日時を設定した「A（2）：単発的（short）プログラム」の2つの段階に分類することができる。しかしどちらのプログラムも、スポーツ活動が日常的かつ継続的ではないため、運動・スポーツの効果を期待するわけにはいかないが、A（1）の場合は日常生活にアクセントや節目をつけるという意味があるし、A（2）は他の体育・スポーツ事業への移行や発展のための有効な動機づけとして機能することが期待できる。

一方、Bは、年間の生活を通して日常的にスポーツ生活が位置づいた「継続的（long）プログラム」の形態であり、運動者ベネフィットの獲得や達成には好都合である。例えば、学校における業間運動[6]や体育の授業、総合型クラブなどで実施される各種運動・スポーツ教室、そして民間フィットネスクラブなどの各種スクールやレッスンプログラムなどはその代表例である。また、タイプ論と形態論を関連させると、とりわけ、学習プログラムやトレーニングプログラムの目的や内容を達成するには、日常性・継続性が重要な条件であるため、必然的に継続的プログラムとしての時間設計が求められる。しかし、競技プログラムなどは、単発的プログラムとしての特徴があり、それ自体ではスポーツ生活の形成に有効に働くとはいえないので、クラブサービス事業（クラブ活動支援）と結びつくことが肝要である。　　　　　（中西純司）

[5]競技プログラムの場合、「運動・スポーツ種目数との関係」から単独一総合を捉える視点も考えられ、1つの運動・スポーツ種目だけで行われる「単独種目プログラム」と複数の運動・スポーツ種目から構成される「総合種目プログラム」に分類される。しかし、体育・スポーツ事業の観点からは、異なったタイプのプログラムをどのように構成していくかにプログラムサービス事業の運営や進め方に特徴が出てくるため、「内容構成からみた分類」の視点の方がより有効である。

[6]運動遊びの楽しさの体験や児童生徒の基礎体力の向上と気分転換、及び集団活動による豊かな人間関係づくりをめざして、年間を通じて週単位で業間（小学校では2時間目と3時間目の間の20分程度の休み時間）を利用して、全校児童生徒一斉に行われる運動の時間などのことである。学校によっては、業間体育や業間体操、全校体育などの名称を使っている。

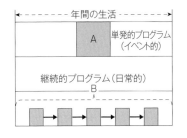 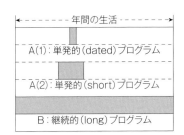

図5-6　大きさからみたプログラムの基本的分類（左図）とその段階（右図）

第5章 体育・スポーツ事業の運営

第2節 プログラムサービス事業

④スポーツプログラムの演出法

1.競技プログラムのプログラミング

競技プログラムは、主催者や参加者の目的や関心が勝敗や記録に向けられたプログラムであり、日常の活動（練習）の目標機能と日常の活動成果の確認機能を有し、スポーツ生活の充実には欠かせない。しかし、競技プログラムといっても、プロスポーツリーグが提供する観戦型イベントや競技団体等が主催する種目別競技大会といったプロ選手やトップアスリートを対象としたものから、学校や地域スポーツにおける児童生徒や地域住民を対象とした各種競技大会まで、多種多様である。

こうした競技プログラムを企画し演出する場合、以下の諸要因を前提に、「勝敗の決め方」（競技形式・ルール）をプログラミングすることが肝要である（図5-7）。

(1)主催者の目的

競技プログラムの競技形式[①]は、主催者や参加者の目的によって大きく変わる。例えば、競技結果だけを明確にする場合は単純な「トーナメント形式」で対応できるが、競技過程を楽しむ場合は、「敗者復活戦」や「総当たり戦」のような、できる限り多くの試合が楽しめる形式を選択し、開催期間への配慮が必要となる。

(2)参加者(競技者)の特性

多くの参加者（競技者）は、技能の高低にかかわらず、正規のルールで競技を行いたいという欲求はあるが、参加者の技能・競技レベルに応じて、その種目を楽しめる競技ルールを設定することが大切である。とりわけ、地域における競技大会などでは、必ずしも正規のルールに準じた競技がなされなくても、十分楽しむことができよう。

(3)スポーツ種目の特性

競技されるスポーツ種目の特性を考慮したプログラミングが重要である。例えば、個人種目か団体種目かによって、参加者の運動量や競技・試合時間も異なり、1日に可能な競技・試合数にも制限があるため、適切な競技形式や開催期間を選択する必要がある。また、スポーツの勝敗には運や偶然がつきものであるが、そうした偶然性が強く影響するような種目では、敗者復活戦や総当たり戦のように、参加者の真の力を発揮する機会や次の対戦までに立て直しの時間を与えるなどの工夫も大切である。

①「トーナメント戦」と「リーグ戦」は、最も一般的な競技形式の呼称であるが、その基本的な形式は「エリミネーション・タイプ」と「ラウンド・ロビン」である。前者は「勝ち抜き戦」を意味するのに対して、後者は「総当たり戦」である。また、エリミネーションを工夫して参加者が2回以上の試合を行えるようにしたものが「コンソレーション」、いわゆる「敗者復活戦」である。こうした3つの形式を適切に組み合わせると、様々な競技形式をつくることができる。

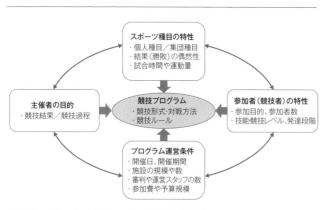

図5-7 競技プログラムのプログラミング構造

(4)プログラム運営条件

競技会の開催日・開催期間や施設の規模・数、審判員・運営スタッフ数、予算などのプログラム運営条件は、プログラミングに直接的に影響を与える重要な要因である。

2.学習プログラムのプログラミング

学習プログラムは、運動やスポーツを学習の対象とし、その技術・戦術や知識、ルールやマナー、そして運動・スポーツの行い方・楽しみ方などを学習することを目的に企画されたプログラムである。学習プログラムには、学校における体育の授業をはじめ、公共スポーツ施設や総合型クラブなどで実施される各種スポーツ教室、民間フィットネスクラブが提供するテニススクールやスイミングスクール、エアロビクスレッスンなど、様々な運動・スポーツの学習機会がある。

こうした学習プログラムを企画・運営・実施する場合、例えばスポーツ教室に着目すると、「スポーツ教室で何をめざすのか」(学習目標)、「スポーツ教室では参加者に何を学ばせるのか」(学習内容)、「そうした学習内容を習得させるために、どのような方法で学ばせるのか」(学習方法)といった「学習計画」を綿密にプログラミングすることが大切である。また、質の高い学習計画をプログラミングするには、学習プログラムの目的、運動・スポーツの特性や対象者(参加者)の特性、プログラムの規模、学習環境といった5つの要因も考慮する必要がある(図5-8)。

(1)学習目標の設定

学習プログラムのプログラミングにおいて最初に決めることは、学習目標である。学習目標は、「特定のスポーツ種目の技術・技能の向上」「健康や体力の維持向上」「スポーツを通じた仲間づくり」等様々あるが、特に、学習プログラムの目的や運動・スポーツの特性、及び対象者の特性を考慮して設定することが肝要である。

例えば、「スポーツの生活化への動機づけ」「クラブライフのきっかけづくり」という学習プログラムの目的からすると、終了後のスポーツクラブやグループへの発展を期待して「スポーツに対する自律的態度や資質を育成すること」を学習目標として設定することが重要になる。また、学習の対象となるスポーツは、個人種目か集団種目なのか、どのような点に楽しさ(本質的特性)があるのかといった運動・スポーツの特性によっても学習目標は変わってくる。さらには、参加者がどのような目的をもち、どれくらいの技能・体力レベルなのかなどにも的確に対応しなければならない。

(2)学習内容の構想

「参加者は何を学びどのような力を身につけたいのか」という学習内容の構想は、学習目標から導かれる。これが学習プログラムの中核であり、参加者が学ぶべき技術・戦術・知識、ルールやマナー、スポーツの楽しみ方などがその具体的内

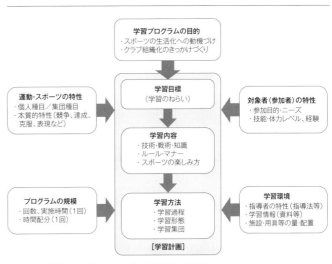

図5-8　学習プログラムのプログラミング構造

容となる。例えば、初心者バレーボール教室を開講する場合は、ゲームが楽しめる
だけの技術レベルまで向上させることを主な学習目標として、様々な個人技術（ア
ンダーハンドやオーバーハンドのパス技術等）や集団技術（三段攻撃や守備・連係
プレイ等）の習得が学習内容として計画される。また、こうした学習内容は、教室の
回数や1回の実施時間、時間配分などのプログラムの規模や、指導者の特性、学習
情報、施設・用具等の量・配置といった学習環境に基づいて具体化される必要がある。

⑶学習方法の選択決定

学習内容の構想が終わったら、次は、参加者が学習内容を効率的かつ合理的に学
習することができるよう、学習過程（学習の順序・道筋）、学習形態（一斉学習、班
別学習②、グループ学習、個別学習）や学習集団（異質集団、等質集団）、という3
つの学習方法を適切に選択決定しなければならない。はじめに、学習内容を時間の
流れにしたがって、参加者がどのような順序で学習していくのかを配列する学習過
程の設計が必要である。例えば、優しい技術から複雑で難しい技術へ、個人技術か
ら集団技術へ、今もっている力で楽しむ段階から新しく身につけた力（技術や戦術
等）でさらに深い楽しさを味わう段階へ、といったような学習の道筋が想定できる。

続いて、参加者の特性や学習環境、参加者相互の人間関係や参加者と指導者との
関係性などを考慮しながら、参加者の学習活動を適切に導くための学習形態や学習
集団を決定しなければならない。例えば、初心者バレーボール教室で、各自あるい
はチームの今もっている力に応じて、ルールや戦術を工夫しながら協力してゲーム
を楽しむことを学習内容とし、自主的・自律的な運動者の育成を期待するなら、学
習形態は、グループ学習（学習集団は異質集団を用いることが多い）を重要視する
ことが基本であり、適宜、一斉学習や班別学習などを取り入れていくこともある。

⑷スポーツ教室からのクラブづくり：「三鷹方式」

プログラム終了後のスポーツの生活化への動機づけ機能となるような質の高い学
習計画を設計するプログラミング作業が、よい学習プログラムの演出といえる。こ
うしたプログラミング作業を計画的かつ継続的に実施し、「スポーツ教室からのス
ポーツクラブづくり」に成功した事例もある。

東京都三鷹市では、スポーツ行事やスポーツ教室が盛んに開催され、スポーツの
大衆化現象がみられるようになった1966（昭和41）年以降、「スポーツ教室から
のクラブづくり」を重点施策の1つとして展開してきた。具体的には、「スポーツ
振興法」に定められた非常勤公務員である体育指導委員（現在は、「スポーツ基本法」
に規定されたスポーツ推進委員）が中心となって、「自分達のために（自主性）、み
んなで力を合わせて（役割分担と主体性）、自分たちの負担で（自前主義）、継続し
たスポーツ活動（スポーツの生活化）」を基本理念に掲げて、スポーツ教室（約20
時間）を実施し、その修了者によるクラブづくり（約1〜2ヶ月）、そしてそれら
を結合したクラブ連合の育成を進めていった③。その際、スポーツ教室実施中も絶
えず基本理念の考え方を参加者に浸透・徹底させたことは、参加者相互の人間関係
の深化やスポーツ活動に対する主体性・自律性の育成など、クラブの結成と継続に
必要な条件を参加者に理解させていったという意味で重要である。

その結果、1974（昭和49）年12月までに36クラブ（会員総数1,146人）が結
成されるとともに、家庭婦人バレーボール連盟や家庭婦人軟式庭球協会などのス

②班別学習とグループ学習
は、最も混同されやすい学
習形態である。前者における
「班」とは、学習者の能力に
適した指導をするための教
師の便宜上または指導効率
のために編成された形式的
集団であり、能力別（等質集
団）の編成が個人種目では
よく活用される。これに対し
て、後者における「グルー
プ」は、小集団を基本とし、
学習の主体を学習者一人ひ
とりにおき、自主的かつ協力
的に学習を進めるための機
能的小集団であり、学習者
相互の密接なコミュニケー
ションが重要視され、最近では
異質集団による学習が基本
となっている。

③三鷹市では、「スポーツ教
室→クラブ結成→種目別ク
ラブ連合→クラブスポーツ
連合構想」というクラブづく
りの過程を計画していた。特
に、クラブ結成までの約1〜
2ヶ月間にわたる自主グルー
プ活動の展開時には、グル
ープの成長に合わせて、体
育指導委員（現：スポーツ推
進委員）によるクラブづくり
の助言や実技指導などが行
われている。しかし、種目別
クラブ連合組織の設立まで
は達成できたが、現在の総
合型地域スポーツクラブに
相当するクラブスポーツ連
合構想は未成熟のままで終
わった。

ポーツクラブの連合組織も設立された。こうした「スポーツ教室→クラブ結成→種目別クラブ連合」というクラブ育成方策は、「三鷹方式」と呼ばれ、その後、スポーツ教室によって日常的スポーツ活動を定着させるモデルとして高く評価され、全国の自治体などに広く普及・定着していった。

3.トレーニングプログラムのプログラミング

トレーニングプログラムは、健康・体力の維持増進や健康問題等の解決を直接的な目的としており、身体的・精神的な効果をあげるためにも、長期間にわたる定期的・継続的なトレーニング内容を設定する必要がある。また、「身体的・精神的な適性状態」を創り出すことから「フィットネスプログラム」と呼ばれる場合もある。トレーニングプログラムでは、体操やヨガ、エアロビクスやジャズダンスなどが主な内容として選択されるが、ジョギング教室やウォーキング教室、ノルディックウォーキング教室といった学習プログラムの形態で提供される場合もある。

こうしたトレーニングプログラムに関するプログラミングには、トレーニングの原理・原則にしたがうのはもちろんのこと、トレーニングへの動機づけを維持・向上させる方法や、運動者の現状にあったトレーニング・メニューを適切に処方できる指導者の確保、及び専門的な機関等との連携・協力体制の確立が必須である。

(1)トレーニングへの動機づけの維持・向上

運動者がトレーニングを継続するにはかなりの努力が要求され、中には、「三日坊主」ですぐに飽きてしまう人も少なくない。トレーニングプログラムの継続を促すためには、例えば、参加者同士の人間関係を育むようなレクリエーションプログラムを取り入れたり、多様なスポーツ種目を行ってみたり、色々なスポーツ施設やICTを援用した機器を使ったりすることもモチベーションを高めるかもしれない。また、実際のトレーニング活動の実践だけではなく、健康・体力づくりの方法やトレーニングの原理・原則などを理解するとともに、トレーニング効果の確認や評価方法などの理論的知識を身につける機会を学習プログラムとして用意することも、トレーニングへの動機づけを促進する可能性が高い。

(2)適切な運動処方ができる指導者の確保

健康・体力問題は指導対象によって大きく異なっているため、各対象者の性別や年齢、身体状況などを十分把握した上でのトレーニング内容や運動量及び期間等の設定をしなければならない。そのためには、指導対象の様々な特徴に応じたトレーニングプログラムを作成・提供できるだけの専門的知識や能力をもち、運動処方もできるような指導者（フィットネストレーナーやアスレティックトレーナー、健康運動指導士や健康運動実践指導者など）を確保することが肝要である。

(3)専門的な機関等との連携・協力体制の確立

参加者の中には、生命にかかわるような重大な健康問題を抱えた人がいる場合も予想されるため、医療・保健機関などとの密な連携・協力体制を確立し、参加者の健康・体力問題等の現状把握のためのテストプログラムやメディカルチェックなどを導入するとともに、プログラム実施時には医師や看護師を配置することが求められる。そうすることで、テストプログラムやトレーニングプログラムの安全管理を徹底することにもなり、不慮の事故等を回避・防止できよう。　　　　　　　（中西純司）

| 第5章 |
| 体育・スポーツ事業 |
| の運営 |

第3節 クラブサービス事業

①スポーツクラブの 概念と特徴

1. スポーツクラブとは

　クラブとは一般に、社交・情報交換・娯楽・趣味・レクリエーション・学習など、特定の目的を複数の人間が共同で達成するために自発的に結成された機能集団を指す。歴史的には、17世紀後半のイギリスで、主にコーヒーハウスを拠点に普及したブルジョワ的生活様式の表現であったとされている。また、Clubという用語には元来、ある特定の目的のために互いに出し合う、あるいは持ち寄るという意味がある。したがって、クラブという集団には、共通目的、自発性、自治性、共同性などの特徴があることがわかる。これらのことを踏まえると、スポーツクラブとは、次の6つの要件を満たす機能集団と定義される。

　スポーツクラブとは、①集団への加入・脱退は、個人の自発的意志を基本とし、②共通の目標をもち、③継続的にスポーツ活動を共にし、④親密な人間関係に基づく仲間意識（メンバーシップ）をもち、⑤役割を分担しながら組織的に、⑥自分たちの力で集団を維持し、目標を達成する自治的集団である。

　このスポーツクラブの定義を構成する6つの要件は、クラブの健全性を診断する指標でもある。つまり、いずれかの要件を欠いた場合には、クラブに様々な問題や亀裂が生じることになる。例えば、クラブへの入会に強制力が働いたり、脱退（退会）が難しかったりする場合、指導者やリーダーの指示通りに活動を展開する場合等もみられるが、それはクラブの理念型からみれば一種の病理的現象であり、後に述べるようなスポーツクラブに参加して運動することによる便益の享受を阻害してしまうことにもなりかねない。

　なお、上の定義にしたがえば、スポーツクラブの中には、「運動部」「サークル」「同好会」「愛好会」など様々な名称で呼ばれている集団がすべて含まれることになる。また、現実のスポーツクラブには、学校の運動部や地域のスポーツサークルのような小規模の任意団体から、数千人規模で法人格をもつ総合型地域スポーツクラブまで規模や形態は様々である。その中には、体育・スポーツ事業を営む機能をもった経営組織としてのクラブ①もあるが、それらは上記で定義した「スポーツ活動を目的とした集団」とは異なるため本節で取り扱うクラブサービス事業の中には含めないこととする。

①経営組織としてのクラブには、ゴルフクラブ、テニスクラブ、フィットネスクラブ、スイミングクラブ等の商業スポーツ施設が代表的である。ゴルフクラブはエリアサービス、その他は、プログラムサービスを主力事業とするスポーツ経営の組織体と捉えられる。

2. スポーツクラブの意義と特徴

　スポーツクラブは、他のスポーツサービスに比べて、運動・スポーツへの欲求レ

ベルと自発性・主体性が高い運動者が接近行動をとりやすい運動の機会である。一旦、クラブに入会してスポーツ活動を開始すると、仲間との信頼関係に支えられて長期にわたる定期的・継続的なスポーツ活動の場となる。また、活動がクラブとしての共通の目的達成に焦点化されるため、合理的な活動となりやすい。さらに、会員同士の日常的な交流を通じて緊密な仲間関係が形成され、互いに役割分担をしながら組織的な活動を展開し、クラブ内で生じる諸問題をメンバー自身の手で共同的・自治的に解決する集団となる。こうした、クラブ集団の中で築かれたメンバー間の関係性とコミュニケーションは、次第にスポーツの場を越えた活動にまで拡大する可能性をもつ。例えば、地域スポーツクラブの仲間と休日にイベントやパーティを催したり、一緒に旅行に出かけたり、地域の奉仕活動やリサイクル運動に参加したりなどという発展性である。このようなスポーツクラブの特性と社会的機能ゆえに、学校づくりやコミュニティづくりといった社会的課題と関連づけてクラブ育成が推進されている。

3. クラブサービス事業の役割・業務

　スポーツクラブという集団の結成やその運営においては、クラブ会員の自発性・主体性が最大限に尊重されなければならない。しかし、クラブづくりやクラブの育成（維持・存続・発展）を円滑かつ積極的に進めるためには、会員の自発的営みを支援する意図的な働きかけが必要になる。なぜならば、スポーツクラブというサービスを利用して運動する者は、プログラムサービスを利用して運動する場合に比べて、運動者自身がスポーツ活動に必要な様々な条件（活動の場所・内容・指導者・時間など）を自ら整えることが求められるからである。クラブサービス事業とは、そうした条件の整備をサポートすることで、スポーツ活動を共にする運動仲間をクラブとして成立させ、その安定的・持続的な運営やクラブの発展を促す営みである。

　クラブサービス事業には、大きく2つの任務・役割がある。1つは、クラブの設置（クラブづくり）を支援するという役割であり、もう1つは、成立したクラブが消滅・崩壊しないように維持・発展するための働きかけをすることである。

　体育・スポーツ経営の目的は、スポーツ行動の成立・維持・発展を通して人々の豊かなスポーツ生活を実現することであった。そして、「クラブに参加してスポーツを行う」という運動生活は、前述のとおりその他のタイプの運動生活と比べて最も豊かであることから、C階層の運動者（クラブサービスを運動生活の拠り所としている運動者）を増やしていくことは、体育・スポーツ経営の重要な具体的目標の1つである。

　しかしながら、現在の我が国では国民のスポーツクラブ加入率が、長期間にわたり低水準のまま推移している[2]（図5-9）。また、今後もクラブへの参加意向をもたない人たちの割合も極めて高い。したがって、クラブ加入率を向上させ、人々の豊かな運動生活を実現するためには、運動者の自発的・内発的なクラブづくりを支援したり、誰もが入会してみたいと欲するような魅力的なクラブを提供することが必要となる。また、個々のスポーツ集団が日々抱えている様々なトラブルや問題をクラブ間で協働的に解決できるような組織的体制を構築していくこともクラブサービス事業の役割である。

（清水紀宏）

[2] スポーツ振興基本計画（2000）により、総合型地域スポーツクラブの全国展開が国の重点施策とされ、その後今日までに約3,500の地域スポーツクラブが設立された。しかしながら、総合型地域スポーツクラブへの加入率は、約1〜2%程度にとどまっており、クラブ加入率自体に大きな影響は及ぼさなかった。

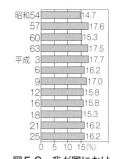

図5-9　我が国におけるスポーツクラブ加入率の推移（内閣府『体力・スポーツに関する世論調査』）

第5章
体育・スポーツ事業
の運営

第3節　クラブサービス事業

②スポーツクラブの設置

1.スポーツクラブ分類論の意義

　クラブサービス事業とそのマネジメントにおいて、まず最初にすべきことは、「どんなクラブをつくり、育てるか」、その方針や見通しを決めることである。特に、クラブに入って運動するC運動者を増やそうとするならば、バリエーション豊富なクラブを多彩に設置し、運動者にとっての選択肢を増やすことが肝要である。しかしながら、我が国では、学校運動部の影響が非常に強いことが原因となって、スポーツクラブといえば、1つの種目を選んだ同好の仲間が対外試合での成績を目標にして、その種目の競技力を高めるための活動を年間を通じて展開する集団というように狭く理解されている傾向がある。しかしながら、スポーツクラブにはその他にもいろんな種類がある。そこでまず、スポーツクラブにはどのような種類のクラブがあるのかについて理解しておく必要がある。また、クラブの分類論に関する知識を得ることによって、クラブサービス事業の効果を高めるマネジメント手法を開発する手がかりを得ることができる。

2.クラブの性格からみた分類

　左の2つの事例のように、クラブ活動の目的が対外試合に向けられている場合と、目的を対外的な試合等に向けないで対内的活動の範囲にとどめているクラブに分けることができる。前者を従属的クラブ、後者を主体的クラブという[①]。

(1)従属的クラブとその運営ポイント

　従属的クラブとは、A校野球部のように、クラブの活動目標を第三者が関与する対外的な行事や大会（プログラムサービス）に求めているクラブである。このクラブでは、対外的な試合の存在（魅力）がメンバーの入会を促進し、日々の活動を活発にしているとみることができることから、対外的なプログラムに従属（依存）した性格をもったクラブと捉えることができる。

　従属的クラブの利点は、活動の目標が対外試合の成績として明確化しやすいため、合理的・計画的な活動となり、また、技能向上に関心がもたれ活動意欲も積極的で、集団の仲間意識も強固なものとなる可能性が高い。したがって、こうした利点を生かすために、対外試合での目標を競技水準に合わせて明確に設定する。また、目標を定めるだけでなく、その目標達成に向けた活動計画を日、週、月、シーズンごとにデザインし、それをメンバーで共有し合うことで、「なぜ今、この練習が必要なのか」「この活動は、クラブの目標達成にどのようにつながっているのか」等を理解でき、練習や試合でのモチベーション向上にも役立つ。また、活動内容やクラブ

〈2つのクラブ事例〉
A校の野球部では、部員全員が甲子園大会への出場を目標に練習計画を立て、日々の練習に励んでいる。他方、同校のダンス部では、対外的なイベント・大会をめざすのではなく、自分たちのダンスパフォーマンスの向上をめざして日々ダンスを楽しむとともに部員間の親睦を深めることを目標として活動している。

①我が国の学校や企業（実業団）で一般的にみられる運動部は従属的クラブの性格が強く、同好会やサークルと呼ばれるクラブ集団は主体的クラブの性格が強い。ただし、運動部という名称を用いていても、対外試合よりも日々の部活動内での試合や練習を楽しむことを重視している運動部も少なくないし、対外試合を目標に活動しているサークル・同好会も多い。むしろ、1つの集団が従属的性格と主体的性格の両方を有しており、どちらの性格がより強いか、という捉え方の方が適切である。

で生じている諸問題について、メンバー同士で自律的に解決できるようコミュニケーションの機会を定期的に設けることで集団意識を深めることができる。

他方、従属的クラブは、対外試合という外からの力に活動計画・内容が左右されやすいため、試合を重視しすぎると様々な弊害を生む危険性がある。例えば、対外試合の開催日や期間、競技レベルや競技ルールが、参加するクラブの意志とは関係なく定められる。対外試合を目標とする従属的クラブは、第三者が決定したこうした事項に合わせて活動計画を定めることになる。試合数や試合への参加クラブ数が増えれば、クラブには多くの負担がかかることになる。こうして対外試合への関心を強めすぎ、過度に従属的クラブ化してしまうと、結果として様々な弊害を生むことになる。特に、子どものスポーツクラブや学校運動部のように、「教育」という範疇の中で「子ども」という発育発達途上の運動者で構成される集団の場合には、慎重な配慮が必要である。具体的にどのような問題が生じるのかについては、改めて本節「④学校運動部活動の経営論」において後述することにする。

(2)主体的クラブとその運営ポイント

主体的クラブとは、A校ダンス部のように、クラブの主な活動目標を対外試合などの外に求めず、スポーツ活動から得られる諸価値をメンバーが協力して享受しようとするクラブである。

主体的クラブでは、従属的クラブの危険性として指摘したようなことが生じないため、目標の設定やクラブの活動計画（活動日数・時間・内容等）をメンバーの意向・ニーズやライフスタイルに合わせて自由に決めることができるという利点がある。一方、主体的クラブでは、対外試合に代わる活動の目標（メンバーが集まって活動を共にする意味）を定めることが難しい。主体的クラブでは、「試合で勝つ」ことよりも「スポーツを楽しむこと」「親睦を深めること」「健康づくりのため」などを目的にするケースが多いが、いずれも抽象的であり、メンバーの主体的・協力的な活動を導くには具体性に欠ける。メンバー一人ひとりが集団で活動することの魅力や価値を見失うと、活動が低調となりクラブが維持できなくなる危険性も高い。よって、日常の活動を動機づける目標を定めること、そのために活動の成果が確かめられるようなイベント（自ら企画する発表会やクラブ内でのリーグ戦・交流戦など）を企画するなど、目標の明確化のための工夫がポイントとなる。

3.クラブの活動目的・内容からみた分類

(1)活動目的からみた分類

クラブ集団の目的という観点からみると、①スポーツの競技力・競技成績の向上を目的とする競技的クラブ[②]、②スポーツ活動の楽しさ・喜び自体を味わったりクラブ員の交流や親睦を深めたりすることを目的とするレクリエーション的クラブ、③健康の維持・増進や体力の向上を目的とするトレーニング的クラブにおおよそ分けることができる。いずれの場合にも、スポーツ医科学の専門的知識を理解して、目的に適した活動プログラムを設計することが必要である。また、実際のクラブには、複数の目標を同時に掲げているクラブも少なくない[③]。この場合、複数の目標を達成するための合理的な活動が互いに矛盾してしまうことも生じかねない。例えば、試合で優勝するためには、練習量をできるだけ多くした計画を立てたいが、あ

②従属的クラブは、そのほとんどが競技的クラブであるが、競技的クラブのすべてが従属的クラブであるわけではない。他校との対抗戦や定期戦（リーグ戦）などをクラブ員の手で主体的・協同的に企画運営し、その試合を目標にして練習に励んでいるクラブを主体的・競技的クラブと呼ぶ。このようなクラブを普及させることは、運動部活動の過度の従属的クラブ化がもたらす諸問題を解決する効果的な方策である。

③例えば、競技的クラブが、週に1日は日頃行っている種目とは別のスポーツを純粋に楽しむ日として設けたり、練習以外の日に親睦を目的としたイベントを開いてスポーツ以外の活動を楽しむという事例が考えられる。この場合、このクラブは、競技的・レクリエーション的クラブということになる。

まり練習量を増やしすぎては、メンバーの健康を損ねてしまいかねないといったケースがそれである。このような場合には、活動目標の優先順位をメンバーの合意によって取り決めておくことが必要となる。それは、「我々は何のために皆で活動しているのか」を再確認する貴重な機会ともなるであろう。

(2) 活動内容の広がりからみた分類

スポーツクラブは、スポーツ活動を中心とする集団であるが、行うスポーツ種目が、単一種目型のクラブと複数種目型のクラブに分けられる。我が国では、単一種目型が高い割合を占めているが、複数種目型も近年注目されてきている。複数種目型のクラブは、さらに2つ以上の種目を週の曜日によって配置し、同時併行的に実施する複数種目併行型と月や季節等によって行うスポーツを変更するシーズン制クラブなど多様なバリエーションがある。さらに、スポーツ活動を主体としながら文化的な活動や地域ボランティア活動など、スポーツ以外の活動を展開する文化融合型クラブもある。

1962（昭和37）年に創設されたスポーツ少年団[4]は、今では単一種目型の団が多くを占めているものの、その発祥当時は、運動・スポーツが得意ではない子どもたちにもスポーツの喜びを味わわせることを願うとともに、地域社会の中で健全な青少年を育てることを目的としていたため、併行種目型や複数種目型の団も少なくなかった。単一種目型のクラブ加入者が減少している現状においては、活動の多様性をもったクラブを普及していくことも非常に重要である。

4. クラブの形態からみた分類

(1) 集団の構成メンバーからみた分類

属性・特性（性別・年齢・競技レベル・居住地域等）が同質・同一のメンバーで集団を構成する同質集団型クラブと、異なる属性・特性をもった人たちが集まって成立した異質集団型クラブがある。我が国の場合には、学校でも地域社会でも同性・同年齢の人間が集まってクラブを結成するケースが比較的多い。しかし近年では、男女混合のクラブや多世代型のクラブ、初心者から上級者まで会員となっているクラブなども増加してきている。さらに、学校の運動部では、複数の学校の生徒が1つの運動部として練習や試合を合同で行う複数校合同部活動が許可されている。クラブのマネジメントにおいては、異質集団型の方がメンバー構成が複雑となるため、様々な要求に対応したり、メンバー間の意見の違いなどコンフリクト[5]も発生しやすいため、リーダーやマネジャーの高度な力量が求められる。

(2) 集団の重層性からみた分類

単一の集団（チーム）だけで活動している形態の単独クラブと、いくつかの集団が相互にかかわり合い、協同しながら活動している形態の総合クラブがある。総合クラブにはさらに、単一種目であるが、競技レベルや活動目的に応じて複数の集団（チーム）をつくっている単一種目複数集団型、異なる種目を行う複数集団が1つのクラブを構成している複数種目複数集団型など多様な形態のクラブがある。

一般に、単一種目の単独クラブは規模も小さく、設立も比較的容易である。しかし単独クラブは会員が一定数以上には増えにくいため、長期的にクラブを存続するためには、総合クラブ化をめざすことが必要となるが、総合クラブはクラブ運営の

[4] スポーツ少年団は、「一人でも多くの青少年にスポーツの歓びを」「スポーツを通して青少年のこころとからだを育てる組織を地域社会の中に」をモットーに創設された。2020（令和2）年度時点で団員数約56万人、団数約3万の我が国最大の少年スポーツ団体である。この中で、複数種目型の団は15％程度を占めている。

図5-10 スポーツ少年団の活動分野（（公財）日本体育協会 日本スポーツ少年団『スポーツ少年団組織と活動のあり方の解説書』2017）

[5] コンフリクトとは、組織運営における意見や利害の対立、葛藤のことをいう。

業務量が大きくなるため組織的なマネジメント体制を整備する必要が生まれてくる。この点については、本節「⑤地域スポーツクラブの経営論」で解説する。

5.クラブのつくり方

　体育・スポーツ経営の主体が、つくり・育てたいクラブのイメージがもてたら、実際にクラブ集団の形成を支援する段階に入る。スポーツクラブのつくり方には、大きく分けて2種類の方法がある。1つは、経営組織の側が複数のクラブをあらかじめ設置し、経営対象となる運動者にクラブの選択肢を示した上で、運動者の自発的な選択により、クラブを成立させる方法である。もう1つは、運動者が自ら仲間を集めてクラブを結成するプロセスを支援する方法である。

(1)クラブの選択肢を提供する方法

　学校の運動部やサークルなどでは、多くがこの手法を用いてクラブ運動者の接近行動を促し、クラブを成立させている。経営組織側がクラブを設置する方法の場合に、重要なポイントは広報活動である。運動者は、経営組織からの情報提供によってクラブの種類や内容などを知ることになる。したがって、運動者の入会行動を促すような広報活動の工夫、とりわけ広報媒体[6]の選択が重要となる。

　広報媒体は、①インパーソナルメディア、②パーソナルメディア、③スポーツサービスの3種類に分けられる。クラブの存在や活動場所・時間程度の簡単な情報を広範囲に伝えることが目的であれば、インパーソナルメディアの活用が効率的である。一方、入会したいという欲求を喚起したり、実際の入会行動へ導くため有効な媒体は、体験入会や口コミである。クラブに入るということは、行事や教室に参加するのとは違って、長く携わる運動の場と仲間を選択するという重要な判断であるため、慎重な情報収集が必要となるからである。したがって、入会を決断しようとする人たちにとっては、すでにクラブに参加している人たちからの信頼できる情報、そして活動の様子やクラブ内の人間関係をイメージできるような生の情報が求められるのである。

(2)運動者による自発的なクラブづくりを促す方法[7]

　運動者自らが、ゼロから同好の仲間を集め、自力でクラブを成立させることは容易ではない。そこで、プログラムサービスやエリアサービスを活用して運動者自身の手によるクラブづくりを支援する方法が効果的である。すなわち、日常的・定期的な施設開放利用者（A運動者）、イベント参加者、スポーツ教室参加者（P運動者）等に呼びかけてクラブ設立まで導く方法である。この中でも、「スポーツ教室からのクラブづくり」は効果的であり、我が国の地域スポーツクラブは、昭和40〜50年代にこの方法で誕生したケースが多い[8]。スポーツ教室は元来、スポーツの技術やルール、練習の仕方や楽しみ方などを学ぶ学習プログラムであり、教室終了時には、基本的なスポーツ技能や知識が習得され、そのスポーツの楽しさも体験を通じて理解されている。また、一定期間同じ仲間とスポーツ活動を共にするため次第に仲間意識が形成され、同じ仲間で「さらにスポーツを楽しみたい」という継続意欲が喚起されるためである。ただし、教室からクラブへの発展を意図的に進めるためには、教室運営において配慮すべきポイント[9]を理解しておく必要がある。

（清水紀宏）

⑥広報媒体（メディア）とは、情報の送り手が受け手に伝達したい情報内容（メッセージ）を伝える媒介手段のこと。インパーソナルメディアには、テレビ・新聞等のマスメディア、ポスターなどの印刷物、広報誌、掲示板など、パーソナルメディアには、説明会、講習会、口コミ、SNS、スポーツサービスには、無料開放日、体験入会、スポーツイベント等がある。

⑦クラブができるきっかけとして、ここでは触れなかったが、様々な団体の有志が集まってクラブを結成するパターンも多い。例えば、学校時代の部活動のOB・OGが集まってつくる地域スポーツクラブやPTAや同窓会などを母体として生まれるクラブなどがある。

⑧第5章第2節④の「三鷹方式」を参照。

⑨クラブに発展しやすいスポーツ教室の指導・運営法には、4つのポイントがある。
1)参加者間のコミュニケーションを基本としたグループ学習の形態をとり、メンバーによる問題解決能力を育て、親密な信頼関係を深める。
2)スポーツの技術向上へのさらなる動機づけ（もっとやってみたいという意欲）を高める。
3)スポーツに対する自律的・主体的な態度を育てる。
4)集団による自律的問題解決や集団意識の核となるインリーダーを育てる。

第5章
体育・スポーツ事業
の運営

第**3**節　クラブサービス事業

③スポーツクラブの　維持・発展

1.クラブの安定的運営への支援

　我が国のスポーツクラブは、その多くが単一種目、同質集団、単独クラブであり、メンバー数が数十人程度の小規模集団である。このため、メンバーの脱退・退会がクラブ運営に及ぼすダメージは非常に大きい。学校運動部では、少子化により入部者が減少し、試合に出場できるだけの部員が集まらず休部や廃部が増加した。また、高度経済成長による余暇の増加を背景に普及した地域スポーツクラブについても、活動を停止したり、解散するクラブ・サークルが近年増加傾向にある。

　スポーツクラブは、人々にとって豊かな運動生活を安定的・持続的に提供してくれる運動の機会であり、「生涯にわたるスポーツライフの拠点」といっても過言ではない。したがって、クラブの廃止や消滅は、メンバーたちにとってはスポーツライフの中断・クラブライフからの離脱を意味することになる。このような事態を招かないためにも、クラブが安定的に運営されることを可能とする様々な支援策をクラブサービス事業として講じることが必要となる。

(1)新しいメンバーの確保とマンネリ化①の打破

　メンバーの固定化と減少は、我が国のスポーツクラブに共通の課題である。この課題を解決するためには、①今所属しているメンバーの離脱行動を抑制すること、②常に新しいメンバーを確保すること、の2つの方策が考えられる。

　離脱・退会行動を防ぐためには、まずその原因の究明が必要であり、原因によって具体的な対処策が異なることはいうまでもないが、まずは日頃からすべてのメンバーがやりがいをもって参加できるような集団運営をしておくことが重要である。基本的には、a.活動がマンネリ化しないように、新しいアイデアを活動計画の中に取り込むこと、b.多様なメンバーの特性やニーズに応じたプログラムを設定することである②。クラブサービス事業においては、このようなクラブマネジメントに関する情報提供や研修会、クラブ同士の情報交換会などを通じて、新しいアイデアが各クラブに流通するような機会を提供することが求められる。

(2)クラブの活動資源に関する支援

　クラブが安定的に運営されるためには、仲間の確保と同時に、クラブの活動資源（ヒト・モノ・カネ・情報）の支援が必要である。特に、活動拠点となる施設の確保は、クラブの円滑な活動を展開する上で基礎的条件となる。また、地域スポーツクラブなどでは、活動資金への援助（スポーツ振興くじによる助成金など）も行われている。さらに、スポーツ指導者のデータベースやクラブ側からの要請に応えて指導者を派遣するスポーツリーダーバンク事業も自治体によって整備されている。

①マンネリ化には3つのタイプがある。1つは、活動内容や方法のマンネリ化、2つ目はクラブ内の人間関係のマンネリ化、3つ目は今行っているスポーツそのものに飽きてしまった状態である。この3つのマンネリ化（飽きの状態）には、順序がある。まず、内容・方法のマンネリ化が、コミュニケーション不足を生じさせ、暗黙の了解で活動が進むようになる。すると、技術の上達や新しい発見がみられなくなり、日々の活動からスポーツの楽しさや喜びが感じられなくなって、そのスポーツそのものに飽きてしまうことになる。

②具体的なアイデアとしては、a.については、日常親しんでいる種目とは別のスポーツやスポーツ以外の活動をレクリエーションプログラムとして取り込むことが考えられる。b.については、常にすべてのメンバーが同じメニューで活動するのではなく、異なる特性をもったメンバーに複数のプログラムを用意する（クラブ内複数コース制）方法がある。

2. スポーツクラブの発展方策

メンバーの減少や固定化の問題は、程度の差こそあれ単一種目型小規模クラブがしばしば経験する試練である。また、一時期何らかの方策が功を奏して、問題が解決されたようにみえても、いずれ再び同じ問題が繰り返される可能性は少なくない。したがって、この単一種目型クラブの脆弱性という問題を根本的に解決するためには、スポーツクラブの「形態」や「仕組み」を組織的に改革していく方向を模索していくことが必要となる。クラブの形態については、「総合化」（単独クラブから総合クラブ）の方向性、クラブの仕組みについては、「連合化」の方向性が考えられる。総合クラブについては、地域スポーツを事例として本節「⑤地域スポーツクラブの経営論」で詳述するので、ここではクラブの連合化について解説する。

少人数の単位クラブでは解決困難な問題を相互に協力し合って解決したり、単位クラブの活動だけでは満足できないようなニーズに対応するために、複数のクラブが有機的な関係を結ぶ互助組織をクラブ連合組織[3]という。クラブ連合組織の役割・機能は、以下のとおりである。

①単位クラブの活動を支える諸資源の支援

クラブ間のパートナーシップを形成することで、クラブの活動資源を共有化することができる。例えば、複数のクラブが施設を同一時間帯に共同利用したり、指導者の研修会を共同で行うことで、資源の効率的な活用が可能になる。また、連合化により、それまでは全く無関係であった他クラブの存在が身近になるため、クラブ間のメンバー移動や複数クラブのかけもち、クラブの統合が容易になり、活動仲間の確保に悩まされることは少なくなる。さらに、クラブ間の情報交流は連合組織の大きなメリットである。複数クラブ間による対話の場が設定されることで、他クラブのユニークな活動アイデアや様々な問題解決のノウハウを自分たちのクラブに採り入れ、単位クラブの活動の質を高めることに役立つ。また、自分のクラブだけでなく他のクラブの問題を共に議論し合うことを通じて、自分のクラブの利害を超えて共存するスポーツパートナーであるという仲間意識が芽生えるきっかけにもなる。

②クラブ間交流事業の企画・実施

連合化によってクラブ間の親密な信頼関係が形成されると、クラブ同士の合同練習や対抗戦、交流会や親睦イベントなど自主事業を展開することが可能となる。こうした事業は、これまでの単一種目型少規模クラブでは満たすことができなかったニーズを満たすことができる場となる。

③連合組織による公益的事業の企画・実施

連合組織が、私的な小規模スポーツクラブの互助会的組織（共助）から、クラブの連合体として公的な性格を自覚するようになると、自分たちの利害調整にとどまらず、連合組織に加盟しない人々を対象とした体育・スポーツ事業を独自に行うことが可能となる。このことは、スポーツ集団としてのクラブから組織としてのクラブへの発展であり、クラブがスポーツの推進母体としての役割を果たす力をもつように成長するということである。さらに、スポーツ行政組織や他のスポーツ経営組織との協働・連携関係を深めることで他組織が行う事業にも積極的に参画することも期待される。

(清水紀宏)

[3]クラブ連合組織の成り立ちには、同一施設を利用しているクラブ同士で結成する「施設型」、一定地域内の身近なクラブが集まって形成する「地域型」などがある。大学の体育会組織やサークル連合もその一例である。さらに、同一種目のクラブだけが連合（リーグ）したものと、多種目のクラブから構成される場合がある。

第3節 クラブサービス事業

④学校運動部活動の経営論

1. 運動部活動の意義・必要性

現在の我が国では、ほぼすべての中学校及び高等学校に運動部活動が設置され、極めて多数の生徒たちが運動部に所属して、日常的にスポーツに親しむことが当たり前の光景となっている。これほど多くの中・高校生が、多大な時間を費やしている学校運動部活動は、他国に類をみない。その意味で、学校運動部活動は、世界に誇るべき我が国固有の巨大なスポーツシステムであり、日本人のスポーツ観やクラブ観、運動・スポーツへの態度、スポーツ行動やスポーツ生活に決定的な影響力をもっている。

しかしながら、学校運動部は歴史的には明治期の交友会組織から発展した、あくまでも生徒の自発的な参加を基本とする自治的活動であり、明確な教育目的や教育内容が法的に定められているわけではない。したがって、現在でも部活動は教育課程外の活動と位置づけられ、学校が運動部活動を設置する法的な義務はない。にもかかわらず、我が国の学校が運動部活動を設置し、学校教員がその指導・運営に携わっているのは、運動部活動への多大な社会的期待や要請があるからである。

保健体育審議会答申（1997[①]、2000）等の国の審議会により示されてきた内容を参考にすると、運動部活動の基本的意義は、①学校教育の一環としての役割（その内容については後述）、②学校経営・管理上の役割、③国の競技力向上の一環としての役割、の3点にまとめることができる。

②については、運動部活動が生徒のスムーズな学校適応の場（居場所）として有効に機能することや、生徒の愛校心を高めスクールアイデンティティを形成したり、教師・保護者等も含めた学校の一体感を醸成するなど、学校の秩序形成に重要な役割を果たしている。また、今日のような運動部の形態（多くの生徒が、部活動の中でも「運動部」に入部し、休日も含めてほぼ毎日のように対外試合での勝利を目標に特定の種目のトレーニングに励む）が全国に普及したのは、1960年代以降のことであるが、その背景には生徒指導・生徒管理上の必要性があった（図5-11）。

③について、運動部活動は優秀なスポーツタレントの発掘と育成の拠点とされてきた。学校運動部のほとんどが単一種目型で従属的・競技的クラブであり、各種目1校1クラブしか試合への出場登録が許されないという規則を定めているのもこのためである。運動部が目標とする地域予選から全国優勝まで勝ち上がる競技会を学校選抜チームの対抗戦形式とすることで、タレント発掘と競技力向上への動機づけを効率的に遂行することができる。こうして学校運動部活動は、国を代表するトップアスリートやプロスポーツ選手を数多く輩出し、スポーツの高度化にも大きな貢

①運動部活動は、学校教育活動の一環として行われており、スポーツに興味と関心をもつ同好の生徒によって自主的に組織され、より高い水準の技能や記録に挑戦する中で、スポーツの楽しさや喜びを味わい、豊かな学校生活を経験する活動である。この運動部活動は、生涯にわたってスポーツに親しむ能力や態度を育て、体力の向上や健康の増進を図るだけでなく、学級や学年を離れて生徒が自発的・自主的に活動を組織し展開することにより、生徒の自主性、協調性、責任感、連帯感などを育成するとともに、仲間や教師（顧問）との密接な触れ合いの場として大きな意義を有するものである。これを学校教育活動に位置づけ、顧問をはじめとして学校が関与することにより、生徒のスポーツ活動と人間形成を適切に支援するとともに、生徒の明るい学校生活を一層保障し、生徒や保護者の学校への信頼感をより高めることにつながっている。さらには、運動部の取組がその学校の一体感や愛校心を醸成するということも現に認められる。

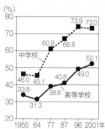

図5-11　運動部加入率の推移（中澤篤史『運動部活動の戦後と現在』青弓社、2014、p.96）

献をしてきている。

2. 学校教育の一環としての運動部活動

運動部の基本的意義の中でも、特にその経営上最も重要視しなければならないのが、「学校教育の一環」としての役割である。学習指導要領においても、このことが明記されている。

すなわち、学校運動部はただ単に、スポーツを楽しんだり、スポーツの技術を上達させたりするだけの場なのではない。このために、他のスポーツクラブとは異なる固有の経営論が求められることになる。学校運動部の適切・適正な指導・運営のためには、「学校教育の一環」とはどのような意味なのかについて、正しく理解しておくことが必要である。

(1)学校教育の特質を有していること

学校教育では、すべての生徒に公平・平等に教育成果を保障することが求められる。したがって、運動部活動においても、決して一部のエリートや選ばれた者だけに活躍の場や利益が与えられるような不平等な活動であってはならない。さらに、家庭教育や地域の教育とは異なり、計画的・体系的な教育を組織的に施すことにその特徴がある（教育基本法第6条）。すなわち、運動部の指導・運営は、顧問教師や指導者の個人的な教育観や指導能力に過度に依存してワンマンプレイ（指導者による私物化）に陥ってはならず、学校としての共通目的・方針に沿って組織的に営まれることが重要である。

(2)学校教育の目的に即していること

学校は、明確な教育目的の達成をめざした意図的教育機関である。そしてその目的は、教育基本法[②]や学校教育法等々の教育法規によって規定され、教育課程の基準は学習指導要領に定められている。現在は、生涯学習社会や知識基盤社会の中で、変化の激しい時代を「自立して生き抜いていく基礎を培う」ことに主眼が置かれている。運動部活動もこのような人間を育成するように運営されなければならない。

(3)学校体育の目的に即していること

現指導要領では、部活動と教育課程との関連を図るように求めている。運動部活動については、特に教科保健体育との関連性を吟味しながらマネジメントすることが重要であろう。現在の教科体育の目的については、小・中・高校段階ともに一貫して、生涯にわたってスポーツに親しむための資質や能力[③]の育成、つまり生涯スポーツ社会を生きるための力を育てることが使命とされている。運動部活動も、教科体育と同じく生涯スポーツの実践者・主体者の育成を目的とするスポーツ教育の機会であるとの立場を明確にしておくことが大切である。

3. 学校運動部活動をめぐる諸問題

図5-12に示すように、学校運動部活動は、学校教育の一環であると同時に、競技力向上策の一環であり、さらに学校経営・生徒管理の一環としての役割も強く期待され、我が国の学校や社会の存続・発展に対して、重大な機能を果たしてきた。他方でこうした複雑な位置づけが、教育活動としての運動部活動を歪め、「教育の範疇」を逸脱してしまうことで、多くの問題を生じさせてきたことも事実である。

表5-5 学習指導要領における部活動に関する記述

中（H20）：第1章総則第4の2（13）
高（H21）：第1章総則第5款の5（13）

生徒の自主的、自発的な参加により行われる部活動については、スポーツや文化及び科学等に親しませ、学習意欲の向上や責任感、連帯感の涵養等に資するものであり、学校教育の一環として、教育課程との関連が図られるよう留意すること。

[②]**教育基本法**
（義務教育）
第5条
義務教育として行われる普通教育は、各個人の有する能力を伸ばしつつ社会において自立的に生きる基礎を培い、また、国家及び社会の形成者として必要とされる基本的な資質を養うことを目的として行われるものとする。
（学校教育）
第6条
前項の学校においては、教育の目標が達成されるよう、教育を受ける者の心身の発達に応じて、体系的な教育が組織的に行われなければならない。この場合において、教育を受ける者が、学校生活を営む上で必要な規律を重んずるとともに、自ら進んで学習に取り組む意欲を高めることを重視して行われなければならない。

[③]「生涯にわたって豊かなスポーツライフを継続する資質や能力を育てる」とは、1)それぞれの運動が有する特性や魅力に応じて、その楽しさや喜びを深く味わおうとする主体的な態度、2)公正に取り組む、互いに協力する、自己の責任を果たす、参画するなどの意欲や健康・安全への態度、3)運動を合理的・計画的に実践するための運動の技能や知識、4)それらを運動実践に活用するなどの思考力、判断力などを指している（文部科学省『高等学校学習指導要領解説 保健体育編・体育編』2009年）

第3節 クラブサービス事業 | 85

図5-12 運動部活動の位置づけ

④日本学術会議の『提言 子どもを元気にする運動・スポーツの適正実施のための基本指針』(2011)では、運動・スポーツを指導する際の留意点として、1)中学校・高校では、運動部活動や総合型地域スポーツクラブ等への積極的な参加など、できる限り多くのスポーツや身体活動・運動に参加できるよう指導すること、2)指導者による強制を避け、子ども自身が興味をもって競い合えるようにすることが提起されている。

⑤例えば、1907(明治40)年「全国中学校長会から文部省への答申」において、「学業を阻害する、疾病障害を受けしむる、勝敗に重きを置くがために公徳を傷害して紛擾となる」と運動部活動の弊害が指摘されている。また、1957(昭和32)年、1968(昭和43)年「中学校、高等学校における運動部の指導について」の文部省体育局長通達では、「中学校、高等学校における運動部は、(中略)規律が乱れたり、勝敗にとらわれすぎて行き過ぎた練習や暴力的行為が行われたりするなどの誤った行動を招くおそれがあり、最近、そのように望ましくない事例が一部にみられたことは、誠に遺憾であります。」と運動部問題への対応を学校現場に求めている。

表5-6は、これまでに様々な論者が指摘してきた運動部活動をめぐる問題のリストを整理したものである。運動部活動は本来、生涯スポーツに向けた教育（学校体育）の一環であった。生涯スポーツとは、健康で豊かな生活を営むためのスポーツであり、様々な生活諸活動との適度なバランスを図りながらスポーツを生活の中に取り入れることが大切である。しかしながら、対外試合の成績を重視するあまり、将来トップアスリートやプロスポーツ選手をめざすわけではない多くの生徒たちに、多大な時間とエネルギーをスポーツ活動に費やさせてしまうことになりかねない。また、青少年期前期にはできる限り多くのスポーツを体験し、子ども自ら興味をもって主体的にスポーツに取り組む態度を育成することが生涯にわたるスポーツライフの継続には大切であるとされている[④]。しかしながら、運動部活動では目先に迫った対外試合での勝利が優先されるため、多様なスポーツ経験は制約され、非科学的・非民主的な活動や運営に陥りがちである。とりわけ、指導者側の過熱化により、子どもの主体的な運営をサポートするというよりも顧問教員や指導者からの一方的な指導・管理体制に従順にしたがわせるケースも少なくない。このため、スポーツにおける指導者依存の傾向が強まり、スポーツへの自立的な態度や自治能力も失いかねない。教科体育では、生涯スポーツ実践者の育成をめざし、運動技能だけでなく、運動の楽しさ体験や楽しみ方・学び方の教育が行われるが、教師主導の運動部活動ではそうした成果が相殺されてしまう。

さらに、勝利を得るための苦しい練習からの離脱者の出現は、集団の士気にかかわる問題であり、そうしたドロップアウトを防止するため、クラブの本質である「加入・離脱の自由」すら抑圧され、個人より集団が優先されてしまう。

だが、最大の問題は長い間これらの問題がほとんど解決されることなく繰り返されてきたことにある[⑤]。多くの運動部問題の基底には、体育会系体質と呼ばれるような古くから長年継承されてきた運動部活動の文化的特質（権威主義、伝統主義、集団主義、鍛錬主義、封建主義など）があり、その変革が極めて困難なのである。

以上のような運動部活動をめぐる諸問題の源泉は、「過度な従属的クラブ化」にあるといってよい。したがって、学校運動部活動をめぐる数々の歴史的・現代的問題を解決するためには、何よりも「学校教育の一環」としての性格をより一層強め、過度な従属的クラブ化を緩和・改善する方策が検討されなければならないであろう。

4. 新しい運動部活動の開発

学校運動部活動の経営目的は、自主的・自発的に部活動に参加する生徒が多数を占め（できればすべての生徒）、部員たちが自治的・組織的に部を運営し、学業等

表5-6　過度の従属的クラブ化がもたらす諸問題

1. 生活諸活動への影響（学業を含む多様な諸活動を犠牲にした部活動中心の生活）
2. 心身の健康への悪影響（過剰な精神的ストレスと身体的負荷、スポーツ傷害など）
3. 技術の高度化・専門化による入部希望者（初心者）の排除→集団の小規模化→休部、廃部
4. クラブ内の人間関係をめぐる問題：封建的人間関係（先輩・後輩関係、選手・補欠関係）、運動技能の優劣による人間性の判断
5. 非民主的・非科学的な練習と運営（体罰・しごきなど）
6. クラブの本質（加入・脱退の自由）と移動・離脱の制約という矛盾
7. 個人のニーズを犠牲にした運営（選手・上級生中心の試合と練習）
8. 競技的運動部の優先：諸資源（施設用具・指導者）の不足により、多様な生徒の要求に対応した運動部が設置できない
9. 指導者への過度の依存→自主性・自治能力の喪失
10. 教科体育との教育成果の相殺

の生活諸活動とのバランスを図りながら、誰もが平等・公平にスポーツの楽しさ・喜びを享受して人間的にも成長し、彼らの生活の充実と学校構成員としての誇りを強く抱いているような学校をつくることである。そのような学校にするためには、生徒たちが自ら進んで入部してみたいと感じるような魅力的な運動部が選択肢として用意されていることが何よりも大切である。しかし、現実には全国のほとんどの中学・高等学校に設置されている運動部は、単一種目型競技的運動部という画一的な形態のものが大半を占めている。このため、競技・勝利志向ではないスポーツの行い方を望んでいたり、複数のスポーツ種目を行いたい等、多様なスポーツライフスタイルを求める生徒たちは、クラブライフを断念せざるを得ない。このような生徒に対して部活動に自主的に参加できる「うつわ」をどのように用意するかは運動部のマネジメントにおいて最も重要な課題である。また、新しいタイプの運動部を設置し、これが全国に普及していくことで「過度の従属的クラブ化」の弊害を解消していくことにもつながるであろう。

これまで、我が国の体育政策のレベルでは、下に示すように新しいタイプの運動部や運動部の改善策が提案されてきた。

こうした改革プランに共通する方向性の1つは、生徒の主体性を尊重した運営スタイルへの転換である。運動部活動は、教科体育で培った資質や能力を活用し、またその上にスポーツクラブの自治的な運営能力（スポーツマネジメント力）を含めた総合的なスポーツリテラシーを培う場である。したがって、学校教員や指導者は、自らが目的や活動内容を上から指示する指導者主導型クラブから、できる限り生徒自身の主体的・共同的なクラブ運営をサポートするという部員主体型クラブへ、そのスタンスを切り替えていくことが求められる。

そしてもう1つの方向性は、運動部活動の多様化である。政策レベルでは、生徒の志向に対応した活動内容の多様化や総合運動部⑥、シーズン制による複数種目型クラブなどのバリエーションが示されてきた。しかしながら、こうした新しいタイプの運動部は、その運営方法が確立していないこともあって、学校の現場に未だ広く普及しているわけではない。よって、各学校では、新しいタイプの運動部の設置とその運営体制・方法の開発を学校全体の体育経営上の課題と位置づけ、クラブ運営組織⑦を確立して、組織的に検討を進めることが必要である。　　　　（清水紀宏）

⑥年間を通じて複数のスポーツ種目を行うことを活動内容とする総合運動部は、中学校において607校、高等学校において42校あるという報告がある（文部科学省、2004）。この設置数は、外部指導者の活用が、51.5％の中学校、34.3％の高等学校に採用されている（日本体育協会、2014）ことと比較すると、極めて少ない値である。

⑦クラブ運営組織の任務
生徒側の組織と指導者側（顧問教員及び外部指導者）で構成されるクラブ運営組織には、以下のような具体的任務がある。
1）部活動をめぐる生徒の実態把握
2）学校としての部活動の目標・方針の検討
3）運動部間の情報交換や研修会の企画運営
4）運動部活動にかかわる広報活動
5）事故・安全対策
6）地域との交流や外部指導者の活用に関する検討
7）運動部活動の経営評価

表5-7　運動部活動の改善と開発をめぐる提言

保健体育審議会答申（1997）	スポーツ振興基本計画（2000）
（活動形態及び内容の改善事項） 　活動内容については、大部分の学校では健全に運営されている状況がうかがえるものの、一部にみられる勝利至上主義的な在り方については、生徒の豊かな学校生活を保障し全人格的な成長を図るという運動部活動の基本的意義を踏まえ、指導者が生徒の主体性を尊重した運営を心掛けるとともに、生徒の発育・発達段階に深い理解を持ち、特にスポーツ障害が生じないよう十分留意することが必要である。また、運動部活動の指導が理由で、部員以外の生徒との触れ合いを不足させるなど他の教育活動等の学校運営に支障を生じさせるようなことがないよう配慮する必要がある。 　なお、児童生徒期に多様なスポーツ活動の機会を確保する見地から、健康・交流志向や競技志向など志向の違いに対する配慮や、シーズン制、複数種目制など、児童生徒の志向に対応した活動内容の多様化を図ることも考えられる。	（運動部活動の運営の改善） 　次の事項に配慮しながら運動部活動の運営の見直しを図り、学校教育活動の一環として一層その充実を図ることについて、各学校の取組みを促す。 ア　児童生徒が豊かな学校生活を送りながら人格的に成長していくという運動部活動の基本的意義を踏まえ、例えば、一部に見られる勝利至上主義的な運動部活動の在り方を見直すなど、児童生徒の主体性を尊重した運営に努めること。 イ　スポーツに関する多様なニーズに応える観点からは、例えば、競技志向や楽しみ志向等の志向の違いに対応したり、一人の児童生徒が複数の運動部に所属することを認めるなど、柔軟な運営に努めること。 ウ　バランスのとれた生活やスポーツ傷害を予防する観点から、学校段階に応じて、年間を通じての練習日数や1日当たりの練習時間を適切に設定すること。 エ　学校週5日制の趣旨も踏まえて、児童生徒が学校外の多様な活動を行ったり、体を休めたりできるよう、例えば、全国学校体育大会や都道府県学校体育大会等の試合期を除いて、学校や地域の実態等に応じ土曜日や日曜日等を休養日とするなど、適切な運営に努めること。 オ　合同練習や定期的な交流大会で異校種間も含めた学校間の連携を図るなど、運動部活動の活性化に努めること。

| 第5章 体育・スポーツ事業の運営 | 第3節　クラブサービス事業 |

⑤地域スポーツクラブの経営論

1.地域社会におけるスポーツクラブ

　クラブサービス事業では、「どんなクラブをつくり・育てるか」が重要な意思決定事項であった。そこで最初に、「地域スポーツクラブ」とは何か、を考えてみたい。

　地域住民が集い、地域の施設を利用して、定期的にスポーツを楽しむ集団は沢山ある[①]。例えば、ママさんバレーボールのクラブは、我が国で最も数の多いスポーツクラブの代表例である。また、壮年男性を中心とする早朝野球クラブ、高齢者の歩こう会や健康体操の愛好会、子どものスポーツ少年団やリトルリーグ等々、年代も種目も多様なクラブが地域という空間の中で活動している。しかし敢えて、「地域」のスポーツクラブとは何かを問うのは、単に物理的な場としての地域を基盤に活動しているということ以上の意味が含まれると考えるからである。クラブサービス事業において育てたい「地域」スポーツクラブには、次の2つの要件が求められる。

　1つは、地域住民に広く開かれたクラブということである。我が国の大半のクラブが、単一種目型の少人数グループであることはよく知られている。単一種目型のクラブは、ある1つのスポーツを行いたい人しか入会できない。親しい友人がそのクラブにいても、別の種目がしたい人、別の目的でしたい人、いろんなスポーツをしたい人は入れない。さらに、特定の年代や性別に入会資格が限られたりする。他方、地域スポーツクラブには、「公開性」や「開放性」という観点から、一定の地域に生活基盤をおく人であれば誰でも入会できるクラブであることが望まれる。

　2つ目の要件は、地域に根ざしたクラブだということである。地域社会の人間関係は希薄化し、地域の教育力はますます低下している。こうした地域コミュニティの諸課題を解決するためには、まずもって地域の住民一人ひとりが、地域社会の一員であることの自覚をもち、各自のできる範囲内で地域の生活環境をよりよくしていくための役割を主体的に担っていくことが大切である。スポーツクラブにおいても、自分のスポーツ欲求を自己完結的に満たすことに終始するのではなく、コミュニティの形成や発展に何か貢献できるようなクラブであることが期待される[②]。

2.地域スポーツクラブの特徴

　地域スポーツクラブは、学校の運動部活動と比較すると、クラブを安定的に運営する上で様々な困難がある。まず、学校運動部は同じ学校の生徒から構成される集団であり、皆がほぼ同じ生活時間を過ごすから、活動日や時間の設定も容易で、日々の練習等には全員が参加することが通常となっている。一方、地域スポーツクラブでは、メンバーのライフスタイルが異なるため、常に同じメンバーで定期的に活動

①我が国では、地域スポーツクラブの実態を正確に把握できる調査データは、現在はない。日本スポーツクラブ協会の調べによると、1994（平成6）年時点で全国に約37万クラブ、約1千万人がクラブ加入者であることがわかっている。また、1クラブあたりの平均人数は30名程度、メンバーが増えているクラブは2割、メンバーが少なくて困っているクラブが4割に上っていた。このように、クラブ数は多いが、多くのクラブが小規模であるため、クラブ加入率は低い、というのが現状であると考えられる。

②地域スポーツの経営領域においては、古くからスポーツの社会的機能が特に注目され、スポーツクラブの育成が重点施策とされてきた。例えば、『日常生活におけるスポーツの推進に関する調査研究協力者会議のまとめ』（1976）では、「地域スポーツクラブは、スポーツ愛好者の自発的・自主的な結合にもとづいて継続的にスポーツ活動を行い、健康の増進と相互の協調・親睦を図るものであり、このことが明るい地域社会の形成にも寄与するのである」とスポーツクラブの社会的意義を指摘している。

できるわけではない。また、学校運動部のように全員が対外試合をめざして活動に取り組むように意図的に導くことはできず、各自クラブに参加する動機・目的が異なり、それを尊重しなければ安易に退会してしまいかねない。さらに、施設、指導者、仲間、活動プログラム等の資源や条件が学校から自動的に提供される学校運動部とは違い、地域スポーツクラブでは自分たちで整えることが基本となる。

以上のように、小規模クラブを安定的・持続的に運営するためには、様々な困難や障害を単独で克服しなければならない。このため、単一種目・同質集団型小規模クラブは、自然消滅や活動廃止の状態に陥りやすいという「脆弱性（もろさ）」をもち、実際我が国の地域スポーツクラブはその寿命が短いという報告もある。

3.総合型地域スポーツクラブへの発展

上記のような、小集団型地域スポーツクラブの弱点を補い、持続的に発展可能なコミュニティ形成・再生に資する「地域スポーツクラブ」を普及させるために、総合型地域スポーツクラブ（以下、総合型クラブ）という組織型のスポーツクラブを設立する動きが近年、急速に推進されている。スポーツ振興基本計画（2000）[3]では、総合型クラブの全国展開を重点施策とし、以降、クラブ創設に向けた支援策が積極的に進められた。その結果、クラブ数約3,500、クラブ育成率約80%[4]と、いずれも飛躍的に増加した。

総合型クラブの特徴を理解するために従来の小規模単一種目型クラブ（以下、従来型クラブとする）と対比しながらその全体像を素描してみたい。まず、総合型クラブが従来型クラブと外見上で明確に異なるのは、クラブの規模（数百人～数千人）である。先述のように従来型クラブは、極めて限定された一部の住民がクラブの対象者であった。一方、総合型クラブは、スポーツに親しもうとするすべての住民（多世代、多種目、多志向等）に参加の権利が開かれている。

2つ目は、クラブの寿命とメンバーの所属年数の長さである。従来型クラブは、小規模であるがゆえに早いサイクルでクラブの消滅と誕生が繰り返されるのに対し、総合型クラブは、半恒久的に存続する。また、従来型クラブの場合、ある人がクラブライフを継続しようとすれば、年齢を経ると共に、所属するクラブを渡り鳥のように転々とすることを余儀なくされるが、総合型クラブは、あらゆる人たちの生涯にわたるスポーツライフの安定的な受け皿となる。

3つ目のポイントは、異質性の共存と交流[5]である。従来型クラブでは、メンバーのニーズや属性が同質の者で構成される。異なる種目、異なる世代、異なるニーズをもつ者は、別のクラブに所属するしかない。しかし総合型クラブでは、一定地域のすべての住民の生涯にわたるクラブライフを保障しようとすることから、必然的に多様な異質さをもったメンバーがクラブ内に混在することになる。

4つ目の特徴は、スポーツと人間との多様なかかわりを生み出すことである。特に総合型クラブでは、「スポーツを創る・支える[6]」というかかわりが重要である。それは、スポーツをするだけでなく、会員自らがスポーツとクラブを創り・支えるという営みに参加する（住民自治）ことで、地域住民に対してはスポーツ文化の価値享受を保障し、地域社会にはコミュニティ形成への貢献、という2つのクラブミッションを実現する可能性をもった地域スポーツのイノベーションである。　　　（清水紀宏）

③国のスポーツ振興基本計画では、総合型地域スポーツクラブを、「身近な生活圏である中学校区程度の地域において、学校体育施設や公共スポーツ施設を拠点としながら、地域住民の誰もが、性別、年齢、障害の有無にかかわらず参加できるクラブ」と定義し、次のような構成要件を示している。「複数の種目が用意されている。」「子どもから高齢者まで、初心者からトップレベルの競技者まで、地域の誰もが年齢、興味・関心、技術・技能レベル等に応じて、いつまでも活動できる。」「活動の拠点となるスポーツ施設及びクラブハウスがあり、定期的・継続的なスポーツ活動を行うことができる。」「質の高い指導者の下、個々のスポーツニーズに応じたスポーツ指導が行われる。」「以上について、地域住民が主体的に運営する。」

④クラブ育成率とは、全市区町村数に占める総合型クラブを設立している市区町村数の割合を指す。

⑤総合型クラブにおける多様な交流の物理的拠点となるのがクラブハウスである。クラブハウスには、1)事務局機能 2)談話・ミーティング機能 3)社交機能（食事・イベント）4)相談窓口機能 5)情報発信・情報収集機能 6)文化的活動の拠点 7)みるスポーツの拠点 8)クラブ及びメンバーの象徴としての機能、等がある。

⑥スポーツを創る・支えるという営みには、1)スポーツ自体を創る（地域ルールの開発、ニュースポーツの考案）2)スポーツの機会を創る（教室・イベント・大会などの企画運営）3)スポーツを支える（スポーツ・ボランティア等）などが含まれる。

| 第5章
体育・スポーツ事業
の運営 | 第**4**節　体育・スポーツ事業をめぐるマーケティング志向 |

①スポーツマーケティングの基本

1.スポーツマーケティングの登場

　体育・スポーツ経営とは、営利であるか非営利であるかにかかわらず、体育・スポーツ経営組織が、人々のスポーツ行動の成立・継続・発展と豊かなスポーツ生活の実現をめざして、体育・スポーツ事業を効果的かつ効率的に営むことである。

　こうした体育・スポーツ経営に関する基礎理論（体育・スポーツ経営学）は、高度経済成長期を迎えた、東京オリンピック開催（1964年）前後の1960年代から1970年代にかけて、学校における体育的活動（学校体育）の活性化や国民の体育・スポーツ（社会体育[①]や職場スポーツ）の普及・振興に対する「経営・管理」学的な発想や考え方を母体に発展してきた[②]。とりわけ、学校では、「体育の授業」「昼休み・放課後・業間などの自由時間の活動場所の開放」「必修クラブや運動部活動」など、児童生徒の運動やスポーツ活動の生起に必要な諸条件を整備する営み（体育事業）が「学校体育経営」の基本として理論化され、これが現在の体育・スポーツ経営学の源泉となっている。そのため、多くの人々（運動者）が接近行動を起こしやすい身近な「行うスポーツの場や機会」をいかにして提供するかという、「行う場・機会づくり」の体育・スポーツ経営の考え方が重要視されてきたといえる。

　しかし、1980年代に入ると、「プレイ論[③]」を基調とするスポーツの見方も「ビジネス」志向へと大きく変容し、東京ディズニーランドの開園（1983年）や企業フィットネスの流行、リゾート法の施行（1987年）などの「レジャー景気」の波を受けて、民間スポーツ・フィットネスクラブなどはその数を加速度的に増加させ、「成長期」を迎える。また、そうしたビジネスチャンスを好機と捉えた異業種企業の新規参入も相次ぎ、スポーツ・フィットネス市場の競争激化がはじまった。さらには、後に「ユベロス・マジック[④]」といわれる権利ビジネス(民間資本)をはじめて導入したロサンゼルスオリンピック(1984年)という国際的なメガ・スポーツイベントの開催を機に、「みるスポーツ」のビジネス化・商品化にも大きな拍車がかかり、1993年には我が国初のプロサッカーリーグであるJリーグが10クラブ[⑤]で開幕し、「スポーツのビジネス化・産業化」が一気に推進されはじめる。

　このように、体育・スポーツ経営の対象も「行うスポーツ」にとどまらず、「みるスポーツ」にまで拡大し、さらにはそうしたスポーツ（活動）を無形の「製品（プロダクト）」として生産するスポーツ組織までもが出現し、運動者を「スポーツ消費者[⑥]」として顧客認識するスポーツビジネス（民間営利企業のスポーツ経営）が大きな脚光を浴びるようになった。しかし、学校体育を起点に発展してきた体育・スポーツ経営学では、スポーツを製品（商品）化し、顧客ニーズや欲求に対応した

①学校体育以外の運動・スポーツ活動の総称であり、スポーツ行政が住民に提供する運動・スポーツ活動や住民の自主運営による地域スポーツ活動、企業などの福利厚生の一環として行われる職域スポーツ活動などを含んでいる。また、営利を追求する商業スポーツ施設が提供する運動・スポーツ活動を含むこともある。

②そうした理論の集大成として『学校体育の経営管理』（江尻容・宇土正彦、1960、光生館）、『体育管理学序説』（宇土正彦、1962、日本文教出版）、『体育管理学』（宇土正彦、1970、大修館書店）、『社会体育ハンドブック』（宇土正彦、1987、大修館書店）などがある。

③R. カイヨワのプレイ（遊び・遊戯）論によれば、遊び（プレイ）は、自由で自発的な活動、喜びと楽しみの源泉であり、(1)自由性、(2)隔離性・限定性（明確な時空間の範囲内に限定）、(3)結果の未確定性、(4)非生産性（没利害性）、(5)規則（約束事）のある活動、(6)虚構性・非日常性といった条件によって支えられているという。それゆえ、「プレイとしてのスポーツ」が重要なのである。

スポーツサービスを効率的かつ効果的に生産し、顧客の創造・維持と顧客満足の達成をめざすという「マーケティング志向」には対応できなかったことも否めない。そうした状況や時代的要請などに適応するための理論や考え方として1980年代後半に登場したのが「スポーツマーケティング」（Sport marketing）である。

2.スポーツマーケティングの考え方

こうした顧客志向の考え方が体育・スポーツ経営学にも導入されるようになり、体育・スポーツ事業における「運動者の創造・維持から運動者満足の達成に至るまでの需要調整過程」を司るための、「運動者志向」の体育・スポーツ経営がより一層強調されるようになった。スポーツマーケティングとはまさに、「相手（運動者やスポーツ消費者）の立場にたって物事を考える」という経営哲学に基づいて、「人々のスポーツ生活を豊かにするための事業活動」なのである。それゆえ、個々の運動者が抱える体育・スポーツ問題を特定化し解決するための適切な方法を考え、それを迅速に実行していく過程のすべてがスポーツマーケティングの役割である。

一般に、スポーツマーケティングとは、交換過程を通して、運動者やスポーツ消費者のニーズと欲求を充足させるために意図された一連の諸活動と定義づけられる。ここでいう交換とは、欲しいものと引換えに何かを提供することで、体育・スポーツ経営組織と運動者（スポーツ消費者）双方の満足が高められるような互恵的関係を創る行為を意味する。そこでは、視覚によって認知可能な「物財」としてのスポーツ用具・用品をはじめ、クラブサービス、エリアサービス、プログラムサービス、指導者派遣サービスや指導サービス、イベント観戦サービスといった目にはみえない「サービス財」としてのスポーツサービスなど、いかなるものでも交換の対象となり得るが、体育・スポーツ事業ではスポーツサービスが中心となる（図5-13）。

体育・スポーツ経営組織は、こうした体育・スポーツ事業における交換関係を容易にし、促進するために「どのようなスポーツサービス（便益の束）を提供するのか」（スポーツサービスの開発）、「いつ、どこで、どのような形でスポーツサービスを提供するのか」（スケジュール／ロケーションの選択決定）、「スポーツサービスをいくらで提供するのか」（価格設定）、そして「スポーツサービスの詳細に関する情報をどのようにして多くの人々に知らせ、広めるか」（プロモーション活動の決定）といった一連のスポーツマーケティング活動を調整し、展開していかなければならない。

ところで、スポーツマーケティングにはもう1つの性質がある。それは、スポーツの高潔性（爽やかさや潔さ）や健全性、及び完全性といった「スポーツインテグリティ」を活用したマーケティングである。具体的には、企業などがオリンピックやワールドカップ、及びプロスポーツの試合会場に企業名やブランド名などを記載した広告看板を露出したり、アスリート・選手のユニフォームに企業名を掲出したりすることで、自社の製品・サービスの販売やブランド・イメージの向上などをねらったマーケティング活動である。それゆえ、体育・スポーツ事業をめぐるマーケティング志向を「スポーツのマーケティング」（marketing of / for sports）とするならば、後者の企業マーケ

④ロサンゼルスオリンピック大会組織委員長を務め、(1)公式スポンサーやサプライヤー権の確立、(2)公式マークやロゴ等のマーチャンダイジング、(3)独占放映権販売方式による放映権料アップといった、未曾有の利益を生み出す"魔法のような"3つの「権利ビジネス」を考案したピーター・ユベロス氏を称賛した呼称である。また当時、こうしたスポーツビジネスの方程式を「スポーツマーケティング」と総称した。

⑤2021年シーズン終了時点では、40都道府県に本拠地を置く57クラブ（J1=18、J2=22、J3=17）にまで増加している。

⑥スポーツ消費者（sport consumer）とは、「スポーツ用具・用品を購入したり、スポーツ（関連の）サービスを利用したり、学校や地域で行われるスポーツクラブ活動に参加、またはそこでボランティアをしたり、観戦者もしくはファンとしてスポーツを見たりする人々」を意味している。

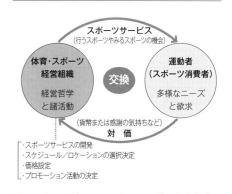

図5-13　スポーツマーケティングの中心概念

ティング活動は「スポーツによるマーケティング」（marketing through sports）、あるいは「スポーツスポンサーシップ」（sport sponsorship）と捉えた方が適切である。それゆえ、広い意味でのスポーツマーケティングとは、「体育・スポーツ事業のマーケティング志向」とスポンサー獲得などの「権利ビジネス」をめざす行為といえるが、本節では前者に着眼して解説する。

3.スポーツサービスの特徴とその対応策

スポーツ用具・用品などの物財（有形製品）のマーケティングであれ、スポーツサービスのマーケティングであれ、運動者やスポーツ消費者に対して何らかの便益（体育・スポーツ問題解決のための適切な方法）を提供し、運動者満足の達成を追求するという点では何ら異なることはない。しかし、スポーツサービスの場合、スポーツ用具・用品とは異なるいくつかの特徴があるため、有形製品のマーケティングでは予想もつかない、スポーツマーケティング特有の新たな問題や課題が生じる。

スポーツサービスの特徴は基本的に、一般的なサービスの性質をすべて備えており、有形製品と対比することによって、無形性、不可分性、変動性、消滅性という4つの観点から整理することができる（表5-8）。ここでは、スポーツサービスの特徴をわかりやすく説明するために、公共スポーツ施設などが主催する、地域住民対象の「初心者テニス教室」というプログラムサービスを例にとって考えてみたい。

(1)無形性（不可視性）

公共スポーツ施設が生産する初心者テニス教室は無形で目にみえない学習プログラムであるため、参加者は事前にそれを試してみることはできない。スポーツウェアなどであれば、展示品をみたり触ったり、試着したりしてそのクオリティ（着心地やデザイン性など）を購入前に、ある程度評価できる。しかし、プログラムサービスの場合、実際に参加してみなければ、テニスの楽しさや喜びなどを味わうことはできず、その学習（指導）内容やクオリティなどを見極めることも難しい。

それゆえ、参加者はそうした不確実性を減らすための手がかりを探し求めるため、公共スポーツ施設や指導者には、参加者の多様なニーズや要望を確実に実現できるという安心感や信頼感を与えられるよう有形要素[7]を活用することが求められる。例えば、インターネットや視聴覚機器などを用いて教室実施中の動画を見せたり、学習資料を配付したりするなど、初心者テニス教室での学習（指導）内容の「視覚化」（見える化）を図ることができる。また、公認指導者資格をもち指導経験豊かなテニス指導者を配置したり、無料体験テニス教室やテニス教室見学会などへの参加機会を設けたりすることで、初心者テニス教室のクオリティを証明することもできよう。

(2)不可分性（同時性）

初心者テニス教室は、指導者と参加者が出会うことによってはじめて成立するものであり、その生産と消費が同時に行われる（生産と消費の同時性）。また、初心者テニス教室で体験する楽しさや価値は指導者から切り離すことができないため、参加者は指導者が生産しようとするテニス指導の演出過程に「協働生産者」として必然的にかかわることになり、両者の共創（協創）的な相互行為（インタラクション）がスポーツマーケティング固有の特徴でもある。もし参加者の中に、体力的にかなり劣る初心者がいたり、教室の雰囲気を壊すようなわがままな人がいたりする

[7]スポーツサービスの生産にかかわる目にみえる諸要素のことである。例えば、初心者テニス教室の場合、テニスコートやコートサイドベンチ、テニスボール、テニスラケット、視聴覚機器、指導者や受付スタッフ、他の参加者の存在など、参加者の安心感を形成する物理的証拠となるものであれば何でもよい。

と、指導者がどんなに精一杯努力しても質の高いテニス指導を演出することはできないであろう。

このように、初心者テニス教室のクオリティは参加者の特性や協力度などによって決まるため、指導者は、質の高いテニス指導を効率よく演出できるよう、参加者に協働生産者としての役割や義務を明示し相互の役割を関連づけることが肝要である。

⑶ 変動性（異質性）

初心者テニス教室は、誰が、いつ、どこで、誰に提供するかによって、そのクオリティやパフォーマンス（指導内容等）などが大きく変動する。例えば、指導経験豊かな公認テニス指導者Aのテニス指導は、テニス歴10年で指導歴3年の指導者Bよりも質が高くなることが予測される。しかし実際には、どちらが初心者の技術レベルに合わせた適切なテニス指導を演出しているかを客観的に比較することは困難な作業であり、参加者の評価や印象なども主観的でそれぞれ異なるであろう。

また、教室の開講時期や時間帯、場所、あるいはA指導者の指導中の身体的・精神的状態などによっても、テニス指導の内容やクオリティは変動するかもしれない。スポーツシューズなどとは違って、プログラムサービスにおいて人的要素（指導者育成・研修の重要性）がことさら強調されるのは「同質性」を維持するためでもある。

そのため、公共スポーツ施設や指導者は、初心者テニス教室のクオリティを「安定化」（同一化）させるための方策を創意工夫したり、初心者向けのテニス指導（学習）システムの「標準化」を図ったりする努力をしていかなければならない。

⑷ 消滅性（一過性）

初心者テニス教室におけるテニス指導は、限られた時間と空間（サービス・ファクトリー[8]）の中での出来事であるため、その時、その場限りで、終わればすぐに消えてなくなってしまう。例えば、病気や体調不良等でやむを得ず欠席した参加者は、欠席当日のテニス指導を永遠に受講することができない。つまり、スポーツウェアやシューズなどのように売れるまで在庫（ストック）・貯蔵することはできず、参加者がテニス指導を求める時がアウトプットする時なので、指導者は「やり直し」や「失敗」が許されないという厳しい現実とも向き合わなければならない。

また、素晴らしい初心者テニス教室を企画し参加者を募集したとしても、参加者がいなければすべて無駄である（過剰供給）。しかし逆に、参加者が予想以上に殺到したりすると（過剰需要）、指導者1人で行えるテニス指導や教育的配慮には一定の限界があり、参加者には納得のいかない不満な体験を与えるかもしれない。

スポーツサービスがもつ「消滅性」や「不可分性」という特徴は、過剰供給と過剰需要を波のように繰り返し、需給調整を困難にする原因にもなる。そのため、公共スポーツ施設や指導者は、初心者テニス教室の需要と供給をうまく均衡（同期化）させ、常に同一のテニス指導を提供するために、開講時期・時間帯別の料金格差制や割引・割増料金制を導入したり、参加募集制（募集定員と最少催行人数の設定）を採用したりするなど、適切な需給調整方法を工夫する必要がある。　（中西純司）

表5-8　スポーツサービスの基本的な特徴

スポーツ用具・用品	スポーツサービス	対応策
有形性 ［目にみえる］	**無形性** ［目にみえない］	●有形化（見える化） ●クオリティ保証 ●トライアルの推進
分離性 ［生産と消費は別々の時間と空間に分離される］	**不可分性** ［生産と消費が同時に起こる］	●運動者の参加と協働の推進
同一性 ［同一の機能やクオリティを期待できる］	**変動性** ［クオリティが一定ではない］	●人材育成・研修 ●サービス提供システムの標準化
貯蔵性 ［在庫が可能で、欠陥品を交換できる］	**消滅性** ［在庫がきかず、やり直しもできない］	●需給調整 ・事前予約制の採用 ・価格インセンティブの調整

[8]サービスマーケティングの世界では、顧客に対してサービスの生産と提供が行われる物理的な場所や施設のことを「サービス・ファクトリー」（Service Factory: サービス工場）と呼ぶことが多い。

第5章 体育・スポーツ事業の運営

第4節　体育・スポーツ事業をめぐるマーケティング志向

②スポーツマーケティング戦略の構築

1. スポーツマーケティング・プロセスとは

　スポーツマーケティングの目的は、運動者やスポーツ消費者が求め、喜んで受け入れてくれるスポーツサービスを効率よく生産し提供することにある。しかし、前項でも説明したように、スポーツサービスは、スポーツ用具・用品とは違って、目にはみえず（無形性）、生産と消費が同時に起こるため（不可分性）、そのクオリティも変動的でストックがきかない（変動性・消滅性）という特徴を備えている。それゆえ、体育・スポーツ経営組織がこうした厄介な特徴をもったスポーツサービスを運動者やスポーツ消費者に対して効率よく提供していくためには、「スポーツマーケティング戦略」を慎重かつ緻密に策定し展開していくことが肝要である。

　一般に、スポーツマーケティング戦略は、「事業環境の分析」「マーケティング目標の設定」「セグメンテーション」「ターゲティング」「ポジショニング」「マーケティング・ミックスの最適化」という一連のプロセスを経て策定・構築される。そして、構築されたスポーツマーケティング戦略が実行されるとともに、必ずその結果を評価し、問題点などがあればその原因を探り、次回に向けてスポーツマーケティング戦略が変更・改善される。こうしたスポーツマーケティング・プロセスは、必ずしも一方向的な流れではなく、様々な制約条件を克服しながら行きつ戻りつ整合性をとって進行しており、効果的なスポーツマーケティング戦略の策定と実行には必須のステップバイステップである。ここでは、民間スポーツ・フィットネスクラブ

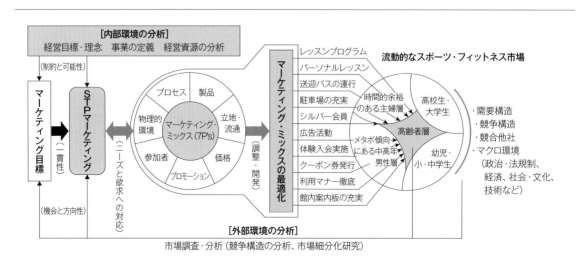

図5-14　スポーツマーケティング戦略のプランニング：民間スポーツ・フィットネスクラブAXYZの経営

AXYZの経営を例に、スポーツマーケティング戦略のプランニングについて解説する（図5-14）。

2.事業環境の調査・分析

スポーツマーケティング・プロセスの出発点は、事業環境の調査・分析（Research & Analysis）による「魅力的な市場機会の発見」である。事業環境の調査・分析[1]とは、「顧客は誰か、顧客のスポーツニーズや欲求は何か」（運動者やスポーツ消費者の分析）や「競争相手は誰か」（競争構造や競合他社の分析）といった外部環境と、「自組織の経営目標・理念は何か」「我々の事業とは何か」「自組織の強みと弱みは何か」などの内部環境を調査し、客観的かつ批判的に分析することを意味している。

例えば、AXYZクラブは、こうした事業環境の調査・分析を通じて、超高齢社会の到来や、「今の健康状態を向上させて、生活をより一層充実させたい／楽しみたい」というシニア世代（高齢者）のスポーツニーズの変化に伴う健康・フィットネス需要の着実な成長、及び自クラブの経営資源の高齢者ニーズへの対応可能性などを把握し、「シニア世代」という魅力的な市場機会を発見している。この第1ステップで得られた知的情報（マーケティング・インテリジェンス）は、スポーツマーケティング戦略の構築に「機会と方向性」を与えると同時に、体育・スポーツ事業全体の展開に対して「制約と可能性」をも提示する。

3.マーケティング目標の設定

第2ステップは、こうした知的情報を踏まえて、流動的に変化する市場環境の中で、体育・スポーツ経営組織が有効なスポーツマーケティング活動を創り出すための基本的方向性と意思決定基盤となる「マーケティング目標」を設定することである。例えば、スポーツの普及・推進をはじめ、顧客満足や市場シェア獲得及びブランド浸透などがあり、目標設定に応じて戦略内容も大きく異なってくる。

AXYZクラブは、シニア世代の健康・フィットネス需要への対応を考え、「心身共に豊かなウエルネスライフを楽しむ癒し空間の提供」というマーケティング目標を設定し、スポーツマーケティング戦略の策定に取り組む準備をしている。

4.STPマーケティング（STP分析）の活用

第3ステップは、第2ステップで設定したマーケティング目標にしたがって、効果的なスポーツマーケティング戦略を構築するために、「STPマーケティング」を活用する段階である。STPマーケティングとは、「セグメンテーション」（Segmentation）、「ターゲティング」（Targeting）、「ポジショニング」（Positioning）の3つの頭文字をとったもので、魅力的な市場を開拓・獲得するための分析手法（STP分析）である。

(1)セグメンテーション（市場細分化）

体育・スポーツ経営組織は、多様な年齢、ライフスタイル、スポーツニーズや欲求などをもった不特定多数の人々からなるスポーツ市場全体をターゲット（標的）として画一的なスポーツマーケティング活動を進めるよりも、そうしたスポーツ市場を「ある一定の基準」にしたがってうまく分類し、かなり同質的な市場セグメント（顧客グループ）ごとに最適なマーケティング・ミックスを開発し、的確なスポー

[1]主な分析方法としては、自組織を取り巻くマクロ環境をPolitics（政治・法律）、Economy（経済）、Social（社会）、Technology（技術）という4つの視点から分析・予測するための「PEST分析」や、自組織の内部環境（強み：Strengthsと弱み：Weaknesses）と外部環境（機会：Opportunitiesと脅威：Threats）を吟味する「SWOT分析」、そして特定の業界全体の競争構造を分析するための「ファイブフォース（5F）分析」などがある。

表5-9 多岐にわたるセグメンテーション基準

細分化変数	具体的な変数（項目）
Ⅰ．地理的変数	国、地方、行政区域（地域）、都市規模、人口密度、気候　など
Ⅱ．デモグラフィック変数	年齢、性別、所得、職業、学歴、世帯構造、健康・体力状況　など
Ⅲ．サイコグラフィック変数	社会階層、ライフスタイル、パーソナリティ、価値観、動機　など
Ⅳ．行動変数	利用状況［非／旧／潜在的／初回／定期的利用者］、利用頻度［ライト／ミドル／ヘビーユーザー］、求めるベネフィット（便益・ニーズ）、ロイヤルティ［低／潜在的／見せかけ／高ロイヤルティ］、技術レベル［初／中／上級］、運動生活［CAPSの4階層・8類型］、顧客満足度　など

②唯一絶対の基準など存在しないので、すべてのセグメンテーションが有効であるとは言いがたい。その有効性は、市場セグメントの規模や購買力などの測定可能性、市場セグメントに対するマーケティング活動の到達・実行可能性、市場セグメントの実質性（組織にとって価値・収益性）といった3つの条件で決まる。

③ターゲティングでは、市場セグメントの規模適切性と成長可能性、及び短期的・長期的な収益性の分析、競争環境の把握、そして自組織の目標と戦略実行に必要な経営資源の確認など、各市場セグメントの魅力度に関する分析・評価が必要不可欠である。

ツマーケティング活動を展開する方が明らかに合理的である。このように、スポーツ市場全体を同質的な市場セグメントごとに分割し、特定化するための分析手法が「セグメンテーション」と呼ばれている。

こうしたセグメンテーションは、第1ステップの調査・分析の中から、「Ⅰ．地理的変数」「Ⅱ．デモグラフィック（人口統計学的）変数」「Ⅲ．サイコグラフィック（心理学的）変数」「Ⅳ．行動変数」といった、運動者やスポーツ消費者がとるスポーツ行動の「異質性」を把握できる変数を「ある一定の基準」（セグメンテーション基準[②]）とすることで実施可能である（表5-9）。

例えば、AXYZクラブは、自クラブの経営努力を傾注する上で最適なスポーツ・フィットネス市場を選定するために、「年齢×性別×健康・体力状況×ライフスタイル」といった複数のセグメンテーション基準を用いて市場細分化を実施し、「メタボ傾向にある中高年男性層」「時間的余裕のある主婦層」「高齢者層」「高校・大学生」「幼児・小・中学生」という5つの顧客層（市場セグメント）の存在を明確にしている。

(2) ターゲティング

次は、セグメンテーションによって明確にされたさまざまな市場セグメントの中から、自組織の体育・スポーツ事業を展開するのに最適な[③]市場セグメントを選定するという「ターゲティング」を実施することである。

一般に、体育・スポーツ経営組織は、市場環境の状況などに応じて、「無差別アプローチ」「差別化アプローチ」「集中化アプローチ」といった3つの中からいずれかを選択することができる。無差別アプローチとは、複数の市場セグメント自体の存在を無視して、スポーツ市場全体に向けた単一のスポーツマーケティング活動でもって、可能な限り多くの運動者やスポーツ消費者を獲得する方法であり、「マス・マーケティング」とも呼ばれる。差別化アプローチとは、複数の市場セグメントを標的として、それぞれの市場セグメントに適合したスポーツマーケティング活動を用意し展開する方法である。集中化アプローチとは、1つの市場セグメントだけを標的とし、その市場セグメントに合致したスポーツマーケティング活動を実行する方法である。

例えば、AXYZクラブは、5つの顧客層を厳選するために、自クラブの限られた経営資源を有効活用し、スポーツ・フィットネス事業の特色を打ち出すという戦略的意図から「集中化アプローチ」を採用し、セグメンテーションの有効条件[②]に基づいて「高齢者層」のみを単一の市場ターゲットとすることを意思決定している。

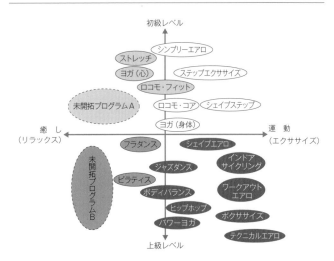

図5-15　スポーツ・フィットネス市場におけるスタジオプログラムのポジショニング・マップ

(3)ポジショニング

　最後は、ターゲティングにおいて選定された標的市場において、自組織のスポーツサービスを競合他社と差別化し、想定する顧客の頭や心の中に自組織の体育・スポーツ事業の独自性や、スポーツサービスの優位性とよいイメージなどを明確に刻み込むという「ポジショニング」を行うことがとても重要である。図5-15は、技術レベルを縦軸に、プログラム特性を横軸にとって、流動的なスポーツ・フィットネス市場で提供されているスタジオプログラムをマッピングしたものである。

　例えば、AXYZクラブは、このポジショニング・マップを用いて、高齢者ニーズに合わせた新規プログラムを検討し、ロコモ[④]予防とアンチエイジングをコンセプトとした「癒し系プログラム」（未開拓プログラムA、B）を開発するかもしれない。

5.マーケティング・ミックスの最適化

　第4ステップは、選定した市場ターゲットに合わせて、製品（Product）、立地・流通（Place）、価格設定（Price）、プロモーション活動（Promotion）といった4つのP、つまり「マーケティング・ミックス」の最適化[⑤]を図り、具体的なスポーツマーケティング活動を決定する段階である。しかし、スポーツサービスの厄介な特徴を加味すれば、接客要員／人材や顧客特性にかかわる「参加者／人」（Participants / People）、スポーツサービスが生産・提供されるサービス・ファクトリーを構成する「物理的環境要素」（Physical Evidence）、及びスポーツサービスの実際の提供手順や仕組み、顧客の参加・協働状況などを示す「サービス提供プロセス」（Process & Procedures）といった付加的な3つのPについても検討する必要がある。こうした4つのPと付加的な3つのPを合わせた7つのP[⑥]の調整と開発は、人の好み（味覚）に合わせた、美味しい料理をつくる手順や作業とよく似ている。

　例えば、AXYZクラブは、「高齢者層」のみを標的とするため、医療機関等と提携し、ロコモ予防運動プログラムや癒し系プログラムなどをプログラムサービスとして設定することができる。また、「いつまでも若々しく美しい女性でありたい」というキャッチフレーズで女性対象のアンチエイジングエクササイズを開発しパーソナルレッスン（有料）として提供することもできる。一方、入会金・事務手数料、年会費、（都度）施設利用料などの料金制度は高齢者にとって複雑で分かりにくいため、すべてを含んだ「シルバー会員料金プラン」などを設定し、入会手続きの簡素化を図ったり、高齢者がいつでも来館できるよう、送迎バスやプログラムスケジュールなどへの配慮を徹底したりすることも肝要である。

　また、シルバー会員の特典に関する情報を広く提供し入会へと促す広告活動や、スタッフ／医療機関等を通じた入会促進、入会意欲を喚起する各種インセンティブ[⑦]の付与、及び各種会員サービス[⑧]といった、多彩なプロモーション活動も必要である。さらには、ユニバーサルデザインを基調とした施設レイアウト・内装や備品・マシンの導入、温浴施設やリラクセーションエリアの拡充、及び館内案内板の充実や表記文字の拡大化など、物理的環境要素にも配慮することが重要である。

　こうしたスポーツマーケティング戦略の実行後は、その成否が客観的に分析・評価され、次回の戦略策定へとフィードバックされていくのである。　　　　（中西純司）

[④]正確には、「ロコモティブシンドローム」（運動器症候群）といわれ、筋肉、骨、関節、軟骨、椎間板といった「運動器」のいずれか、あるいは複数に障害が起こり、「立つ」や「歩く」といった機能が低下している状態を意味し、進行すると日常生活にも支障が生じる。

[⑤]製品［スポーツサービスの開発］、立地・流通［スケジュール／ロケーションの選択］、価格設定、プロモーション活動といった4つのマーケティング・ミックス（Marketing Mix）に関するバランスの取れた、的確な意思決定を行うことを意味する。また、選定した市場ターゲット（ターゲティング）に合わせたマーケティング・ミックスの最適化を「ターゲット・マーケティング」（Target Marketing）と呼び、スポーツマーケティング戦略を構築するための重要なプロセスである。

[⑥]こうした7つのPは、「サービス・マーケティング・ミックス」（Service Marketing Mix）と呼ばれる。

[⑦]体験入会や各種クーポン券、お友達等紹介制度など。

[⑧]入会時オリエンテーションや定期的健康診断・体力測定、会員交流イベント、シルバーウィークの実施など。

column V

スポーツ経営とまちづくり・地域活性化

　私たちの身の回りを見渡すと、公共スポーツ施設では多くの人々が日常的にスポーツを楽しんでおり、週末には全国各地で市民マラソン大会等の様々なスポーツイベントが開催され、多くの参加者が集まっている。スポーツの大衆化が進んだ高度経済成長期以降、地域スポーツは広がりをみせ、私たちは身近な地域社会において様々なスポーツ活動を行うことができるようになった。このような地域におけるスポーツ活動には、地域住民の「健康づくり」や「生活の質の向上」といった個人的なメリットと共に、「地域の一体感や活力の醸成」、「地域社会の再生」といったスポーツの社会的なメリットが期待されている。

　従来、地域におけるスポーツ経営は、市区町村行政が主導する形で営まれてきた。行政は、公共スポーツ施設などにおけるスポーツ行事やスポーツ教室（プログラム・サービス）、学校体育施設やトレーニングルームの施設開放（エリア・サービス）、スポーツ教室の参加者などのクラブへの組織化（クラブ・サービス）などの各種スポーツ事業を展開してきた。一方で、地域スポーツ経営は行政だけが担うものではない。従来から、地域住民自身が組織する地区体育協会や自治会などは、各種競技大会や地域運動会、スポーツ教室などを開催してきた。また、近年では指定管理者制度が導入され、公共スポーツ施設を民間事業者等が管理・運営できるようになったことで、様々な民間企業が公共スポーツ施設で各種スポーツ事業を展開している。さらに、地域資源を生かしたスポーツ・ツーリズムや国際大会・スポーツ合宿の誘致などを通じて、地域経済の活性化や交流人口の拡大を図るという取り組みが増えている。この活動の中心となるのは、観光産業などの民間企業と地域公共団体やスポーツ団体が一体となったスポーツコミッションという組織である。

　このように、地域においては様々な組織がスポーツ経営を営んでいるが、中学校区程度の日常生活圏において、スポーツ活動を通じたまちづくりや地域活性化に取り組むスポーツ経営組織として、「総合型地域スポーツクラブ（以下、総合型クラブ）」がある。

　総合型クラブは、多種目・多世代・様々な技術レベルや目的といった多様性を特徴とした地域スポーツクラブである。総合型クラブは、地域住民の多様なニーズに対応したスポーツサービスを提供することで、地域住民の「豊かなスポーツライフ」に貢献している。さらに、多くの総合型クラブでは、クラブの理念に「まちづくり」や「地域づくり」を掲げており、スポーツ活動を通じて、地域社会の課題解決を図り、地域を活性化させるための取り組みがなされている。その取り組みは、子どもの運動遊びの場としての学校体育施設の開放、運動部活動活性化のためのスポーツ指導者の育成や派遣、高齢者の生きがいのためのスポーツ教室やクラブづくり、多様な住民間の交流を促進するためのスポーツイベントの開催、障害理解に向けた障害者スポーツの機会創出などがあげられ、地域の実状を踏まえて実に多様である。

　また、総合型クラブは、地域住民が主体的に運営するクラブである。クラブの運営業務は、スポーツの実技指導だけではなく、プログラムの企画・運営、会費の徴収や会計管理、会員やボランティアの募集、スポーツ施設の確保など多岐にわたる。会員は、これらの業務を分担し、自分ができ得る範囲で担っていくことが求められる。クラブマネジャーや有給スタッフとして雇用される場合もあるが、多くの人々はボランティアとしてかかわることとなる。また、総会などの場でクラブの運営に意見することも運営参加の1つの形といえる。いずれにせよ、会員としての地域住民が、自分たちの意志でクラブ運営に参加し、意思決定に加わることが求められるのである。つまり、総合型クラブの活動とは、地域住民の想いと労力の結晶ともいえるであろう。そもそも「まちづくり」は、そこに暮らす地域住民の自覚と参画がなければはじまらない。誰かが地域を豊かにしてくれるという発想では、地域を活性化することは難しいだろう。その意味で、地域住民の主体性により運営される総合型クラブは、まちづくりや地域活性化に資するためにふさわしいスポーツ経営の仕組みであるといえよう。ぜひ、自分の暮らすまちの総合型クラブにかかわることで、「豊かなスポーツライフ」と「豊かな地域生活」を実現してもらいたい。

(川邊保孝)

第6章

体育・スポーツ経営と
マネジメント

この章のねらい

本章は、マネジメントサイクルの考え方にしたがって、体育・スポーツ経営を合理的・効率的に進める方法についての理解を深めることをねらいとしている。体育・スポーツ経営では、人々の豊かな運動生活の実現という共通の目的の達成に向けて、合理的かつ効率的な経営活動が求められる。そのために経営組織は多様なマネジメント機能を遂行することになるが、その機能はPDCAサイクルといったマネジメントサイクルとして説明されることが多い。まず、意思決定機能として、経営目的と経営目標の考え方を解説する。また経営計画の種類や経営計画に求められる特徴についても触れる。そして経営計画を実行する経営組織の組織化の考え方を理解する。具体的には、協働システムとしての組織構造の考え方やつくり方を解説すると共に、経営組織の活性化と関連する成員のモチベーションやリーダーシップの考え方について解説する。最後に、評価機能をめぐって、経営評価の手順や評価内容となる経営成績や経営条件について概説する。

キーワード ●マネジメントサイクル ●経営目的 ●経営計画 ●協働システム ●組織構造 ●モチベーション ●リーダーシップ ●経営評価 ●経営成績 ●経営条件

第1節　体育・スポーツ経営における
　　　　マネジメントサイクル

第2節　経営目的と経営計画

第3節　体育・スポーツ経営組織のつくり方

第4節　体育・スポーツ経営をめぐる
　　　　モチベーションとリーダーシップ

第5節　体育・スポーツ経営の有効性と評価方法

第6章
体育・スポーツ経営と
マネジメント

第1節

体育・スポーツ経営における マネジメントサイクル

1.体育・スポーツ経営とマネジメント機能

　人々の豊かなスポーツ生活の創造という体育・スポーツ経営の目的を達成するために、体育・スポーツ経営組織は、具体的な目的・目標を設定し、各種の経営資源を統合しながら様々なスポーツサービスを無理なく、ムラなく、無駄なく創り出し、提供し続けていく必要がある。この一連の活動を効果的・効率的に営むために、マネジメントに当たる人々は多様な活動を行っている[1]。それらの活動はマネジメント機能と呼ばれ、具体的には計画する、組織化する、調整する、統制する、指揮する、人員を配置する、組織をリードする、経営資源を調達する等のマネジメント機能で構成されるといわれている。これらの多様なマネジメント機能を集約するならば、意思決定の機能、組織化の機能、評価・統制の機能が中心的機能となる。

⑴意思決定の機能——目的設定と計画策定

　体育・スポーツ経営組織は、多様で複雑な環境の元で活動をしている。特に民間の経営組織を取り巻く環境の変化は激しく、常に経営目的を達成するための行動計画を取捨選択したり、場合によっては目的自体の変更も迫られる。このように経営組織の具体的な行動計画やシナリオを描いたり選択する活動を意思決定の機能という。その機能の具体的な内容となるのが「目的の設定」と「計画の策定」である。体育・スポーツ経営の対象となる運動者に、どのようなスポーツ生活や運動生活を形成してもらいたいかといったスポーツ生活者や運動者の姿、さらには期待する社会像などを体育・スポーツ経営の立場から明確に示すことが「目的の設定」である。そしてその目的を達成するための道すじやシナリオを描くことが「計画の策定」にあたる。計画の策定では、目的達成のために、いくつかの道すじのパターンから最も合理的・効率的に成果が期待できるものを選択することになる。

⑵組織化の機能——人員配置と動機づけ

　計画を実際に遂行していくのは組織である。策定された計画は、1人で遂行することは不可能なため、多くの組織成員（メンバー）の協働なくしては経営目的の実現は不可能である。組織化の機能とは、計画の遂行に必要な活動を明確にし、組織成員が意欲的に協力し合う協働の仕組みをつくる働きを意味する。組織化で重要となるのは、人員配置である。人員配置は、誰がどのような役割を果たすか、また誰とどのようにコミュニケーションを取り協働するのかといった、組織の構造を明確に示すことである。その組織構造は、組織図として視覚的に示されることが多い[2]。動機づけも重要な組織化の機能である。人員配置や組織の構造がうまくできても、組織成員の目的達成への貢献意欲や活動に対するモチベーションが確保されなけれ

[1] マネジメントは、経営管理ともいわれる。マネジメントとは、個人では達成できない目的を実現するために、他人の活動を調整する活動とか、効率的に目的を達成するために、資源を統合し、調整する活動であるといわれる。

[2] 組織構造は、役割や報告・連絡といったコミュニケーションの流れを示した組織図で表現されることが多いが、この組織をフォーマル組織（公式組織）ということもある。一方、組織図では表現されない、人間関係や非公式のコミュニケーションを基礎としたインフォーマル組織（非公式組織）も経営の成果に大きな影響を及ぼす。

100 　第6章　体育・スポーツ経営とマネジメント

ば、効率的な計画の遂行はできない。

(3) 評価・統制の機能

　評価・統制の機能とは、体育・スポーツ事業及び計画そのものや組織化の成否について、その成果や問題点を確認・チェックし、課題を修正する活動である。評価・統制の重要性は指摘されてきているものの、どのように評価してよいのかわからないなど評価基準が不明確な状況もみられる。つまり目的設定と計画策定の段階で、評価基準や評価指標が曖昧なままにされているため、評価・統制が機能しないのである。この機能を働かせるためには、目的設定と計画策定の段階で、評価基準や評価指標などの標準設定がなされていなければならない。計画と評価は、表裏一体なのである[3]。

2. マネジメント機能とマネジメントサイクル

　体育・スポーツ経営組織が体育・スポーツ事業を効率的・効果的に遂行するために、先に述べた機能を、一連の過程として示した流れをマネジメント・プロセスという。マネジメント・プロセスは、対象とする人々のニーズを把握し、体育・スポーツ経営の立場から経営目的や経営目標を設定する。そして経営組織が有する経営資源や外部から調達できる経営資源等を考慮しながら体育・スポーツ事業を中心とした計画を立てる。この計画の実施に向けた組織活動に必要となる人の配置、リーダーシップや動機づけによる組織づくりやシステムづくり（組織化）を図り、計画を実行する。そして、体育・スポーツ事業の成果について、例えば、参加者数、参加率、収益等、計画で想定された実績や目標値とを比較し、その違いを検討する。また、アンケート調査を実施して参加者満足度等を測定し、目標とのずれを診断する資料を収集したりすることも多い。さらに、評価の結果を踏まえ、問題点を共有し、経営資源、計画、組織化等の改善点を整理し、次の計画に反映させていく。これらを反復的・継続的に繰り返し行うことで、効果的・効率的に目標を達成することができるようになる。

　このような一連の活動は、計画（PLAN）、組織化（DO）、評価（SEE）といった3つのマネジメント活動（行動基準）で説明されてきており、それはマネジメントの機能を最小限に集約したものであるといえる。また、この評価結果を次の目標や計画に生かすためにフィードバックさせ、効率的・効果的に目的を達成させようとするものであり、この活動が継続的に行われること、直線的な流れではないことを前提としていることからマネジメントサイクルといわれている。しかし近年、このPDSを基本としながらも、評価に関する活動を評価そのものの活動と積極的に修正、改善、対応していく活動（ACTION）とに分けて進めていくPDCAサイクルが一般的に用いられることが多くなってきている。計画、組織化、評価、改善といったマネジメントの各々の機能に関する取り組みの中で、計画の立案を緻密に行うことが目標を達成するために最も重要であり、成否を決定するといわれている。

（浪越一喜）

[3] 体育・スポーツ経営の評価では、経営目的で設定された経営がめざした最終的な運動者の姿といった経営成績が問われなければならない。さらに、目的や計画の妥当性、人員配置のあり方、経営資源の状況など、経営成績を生み出す基盤となる経営条件の評価も重要になる。第6章第5節も参照。

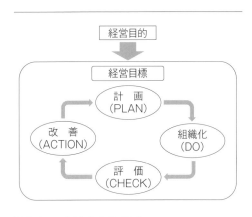

図6-1　マネジメントサイクル

第6章
体育・スポーツ経営と
マネジメント

第**2**節
経営目的と経営計画

1.経営目的と経営目標

(1)経営目的

経営目的は、一般的に広い意味で捉えられており、組織の存在価値や理由（経営理念）、ミッション（使命）、ビジョンや行動規範等[①]と同じように抽象的に示されていることが多い。

多様な体育・スポーツ経営の領域に共通する経営は、運動やスポーツとの継続的、合理的、組織的、自律的なかかわりを通して、人々の豊かなスポーツ生活を創造することにある。さらにこの共通目的を達成するためには、各々経営組織がもっている固有の経営目的とのすり合わせが必要となる。例えば、地域のスポーツ経営では、コミュニティ形成などが領域固有の経営目的に位置づけられることもあるし、企業のスポーツ経営では、経済的利潤が固有の経営目的とされる。それら領域固有の経営目的とその実現は重視されねばならないが、体育・スポーツ経営の共通目的とどのように関連するかが明確にされなければならい。企業のスポーツ経営も、経済的利潤を担保しながら会員や住民のスポーツ生活や運動生活の充実を実現しなければ組織の存在理由は成り立たない。

さらに経営目的を設定する場合には、体育・スポーツ経営の共通目的及び経営組織固有の目的を設定するとともに、体育・スポーツ事業の対象となる人々に期待される変化を明示する必要がある。例えば学校における体育・スポーツ経営であれば「運動やスポーツ活動を通して、児童生徒の生きる力を育む」とか「できるだけ多くの児童生徒がクラブライフを中心としたスポーツ生活を送る」といったように、経営対象となる運動者の能力や資質、スポーツ生活の状況が明示される必要がある。

(2)経営目標

経営目標は、経営目的の達成に向けた過程での具体的な到達点を示したものである。例えば「成人の週1回以上のスポーツ実施率が3人に2人（65％程度）になること」[②]といった数値目標が経営目標となる。このように、「生涯スポーツ社会の実現」といった抽象的で理念的な経営目的をより具体的に方向性を定め、体育・スポーツ経営の到達目標が経営目標として示されることにより経営活動が具体化される。

また、一定期間（長期的）に達成させたい目標があり、その長期的目標を達成させるための中期的目標、中期的目標を達成するための短期的目標といった期間ごとの目標設定が必要である。つまり、小目標は中目標を達成するための手段となり、中目標は大目標の手段となる。これは、目標・手段の連鎖と呼ばれ、それぞれの目標段階における、達成に向けた計画、組織、評価、改善といったPDCAサイクル

[①]経営理念とは、経営者が経営に対してもっている基本的考え方や経営活動を通して実現しようとしている信念や理想などの価値をいう。ミッションとは組織を成立させなければならない社会的使命を意味する。ビジョンとは、組織が達成しようとする具体的な望ましい将来像を意味する。行動規範とは、行動する時の方針、道徳や倫理を意味する。

[②]文部科学省『スポーツ基本計画』（2012年3月30日）に示された目標。同計画ではその他にも「オリンピック競技大会の金メダル獲得ランキングについては、夏季大会では5位以上、冬季大会では10位以上をそれぞれ目標とする。」と示されている。

活動の積み重ねが体育・スポーツ経営の目的実現を可能にする。

2.経営計画の種類

体育・スポーツ経営組織の経営目的及び経営目標の達成には、体育・スポーツ事業にかかわる計画の策定が重要になる。計画とは「経営目標を達成するためにとるべき体育・スポーツ経営組織の行動の道すじ」である。また、事業を推し進めていく前に、何を、いつ（いつまでに）、誰が、どのようにするのかを決定することであり、体育・スポーツ事業を合理的・効率的に進め、目標を実現するための方向性を示すものである。計画はいくつかの観点から分類することができる[3]。

(1)時間的な長さによる分類
①基本計画（マスタープラン）

基本計画（マスタープラン）は、経営目的や長期目標に示された、将来的にめざすべき人々のスポーツ生活や体育・スポーツ経営の姿の実現に向けた道すじを示した長期計画である。基本計画は、理想を掲げ、その達成に向かう計画という意味で、目標としての計画と表現することもできる。例えば、学校の体育・スポーツ経営では、児童生徒の在学期間全体を通した6年間、あるいは3年間の経営目的とその実現に向けた計画が基本計画となる。また「スポーツ基本計画」（2012年、2017年）は、我が国のスポーツ政策をめぐる基本計画であり、地方自治体でもスポーツ推進をめぐる基本計画をもつ例が多くなってきている。

②具体的計画（アクションプラン）

具体的計画（アクションプラン）とは、基本計画に沿って、中期的・短期的な経営目標の達成をめざした具体的な実施計画である。学校の場合では、年間計画や単元計画などが具体的計画の例である。また生涯スポーツの推進をめぐっては、地方自治体や関係団体は年間の事業計画などのアクションプランを立てている。

(2)計画の内容による分類
①スポーツサービスの計画

クラブの運営計画、行事の運営計画、施設開放の運営計画など、提供されるスポーツサービスの種類や内容、実施時期や期間、実施対象を示した計画である。一般的には、事業計画と呼ばれることが多い。

②経営資源にかかわる計画

スポーツサービスの実施に必要となる経営資源の計画も重要である。短期的な具体的計画（アクションプラン）の実施に必要となる人的資源、物的資源、財務資源、情報資源を確認し、保有資源の活用計画や不足している資源の確保の計画を立てなければならない。また、経営資源の充実や確保は、短期間でその充実や確保ができないものも多いため、基本計画（マスタープラン）に沿った、長期的な経営資源の計画も考慮されねばならない。これら経営資源の計画は、人事計画、施設整備計画、財務計画（予算）として具体化される。

また、経営組織の各組織階層[4]と計画との関係をみるならば、トップマネジメントによって示される基本計画は全体的な方向性を示し、ミドルマネジメントにおいては個別の事業計画や経営資源計画が、そしてロワーマネジメントでは、事業を実施する際の具体的な内容等を示す実施計画がつくられることになる。

[3] フィットネスクラブなど、民間営利のスポーツ経営組織では、経営戦略という用語がよく用いられる。経営戦略とは、変化する環境の中で、経営目的や経営目標を達成するための基本方針を示したもので、計画の前提となる。経営戦略は、市場や競合相手などの外部環境と自組織の経営資源などの内部環境の分析をし、成長可能な事業領域を決定する。また経営資源を有効に活用することや、競争優位性を確保することも重要となる。第5章第4節②も参照。

[4] 組織階層については第6章第3節を参照。

第2節　経営目的と経営計画 | 103

3.経営計画の要件と評価

　計画は、経営の出発点であり、経営機能の最も重要な要件である。しかし、経営目標が抽象的であったり、あまりにも理想を求めたものであったりすることで、計画が実現可能性の乏しいものになっているなど、目標や計画づくりをめぐっては課題が多い。計画づくりを合理的に展開するためには、以下のような観点が重要になる。

①**将来予測を前提にしていること。**

　経営計画はその場限りの行動計画ではなく、期待される未来を実現するためのものである。その意味で将来予想される障害を克服できる、あるいは将来の不確実性に対応できるものでなければならない。

②**客観的なデータに基づいたものであること。**

　目標達成のための代替案の選択では、過去・現在の環境や実績、他の組織の実績等客観的な資料に基づいた検討により、課題解決の方法が選択される。

③**実行可能性を備えていること。**

　組織の能力を越えた計画、運動者・地域の実態に合わない計画は、計画を実行する人々や運動者の活動意欲を損なう。したがって達成可能な目標と計画でなければならない。

④**統制(コントロール)のための基準を備えていること[5]。**

　実行可能性のある計画は、到達すべき状態や基準が明確にされている。この到達すべき状態や基準は計画実行後の評価反省の基準となる。また評価基準が計画の中に示されることによって、組織成員の動機づけにもなる。

⑤**成員に共通理解されていること。**

　計画とその目標は一部の者だけでなく、組織成員全員に理解されていなければならない。また計画内容の具体化、参加的な立案、共通理解の促進等により、計画が成員の動機づけの一要因となっていることが重要である。

　また、良質な計画を描くためには、計画の根拠が明確で合理的であるという論理性、計画の内容が詳細で手順が理解しやすいという緻密性、独自のアイディアに溢れているという独創性、保有資源で実施できるという現実性が満たされていることが重要である[6]。

4.学校体育経営の計画

　体育事業計画は学校における体育経営計画の中心となる計画であり、それは教科体育計画と教科外体育計画で構成される。

　学校における教科体育においては、学習指導要領等を踏まえた学校独自の体育計画(教科体育計画)をつくっていくことになる。中学校及び高等学校では、3年間を通してどのように学習指導要領で示された体育目標を実現していくかという見通し、小学校では、6年間または低・中・高学年といった2年間を見通した計画とともに、体育科及び保健体育科の目標を達成するための、年間指導計画、単元計画、授業計画(指導案)が必要となってくる。

　また、学校における体育経営では、体育祭・運動会、ダンス発表会、球技大会・

[5]例えば、2000年のスポーツ振興基本計画では、成人の週1回以上のスポーツ実施率を2人に1人以上(50%)にするとされた。また第2期スポーツ基本計画(2017年)では、その実施率は65%程度(障害者は20%程度)、週3回以上は30%程度(障害者は20%)となることをめざすと標準を設定している。

[6]第2章第3節を参照。

クラスマッチ、体力テスト・運動能力テスト等、体育的行事の配列を含めた年間行事計画や各々の行事運営計画、業間や昼休みなどの自由な時間のための体育施設の貸し出し方法や開放に関する計画や運動部活動の運営計画等、教科外体育計画は多岐にわたる。これらの計画は、各々独立した形で進められるのではなく、相互に関連し合いながら、統合することによって体育・スポーツ経営体全体の計画として機能する。

さらにこれらを達成するための教科にかかわる教員、運動部活動にかかわる顧問及び外部指導者の配置（人事計画）や指導法やその技術等、教員及び指導者の

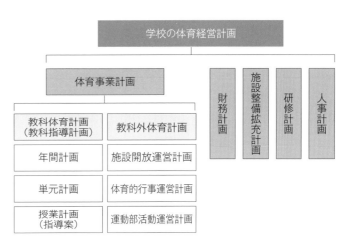

図6-2　学校体育経営の計画の種類
（宇土正彦『学校体育経営ハンドブック』1982、p.22を加筆・修正）

資質向上のための内外の研修機会の確保（研修計画）、施設及び用具等の教材の整備（施設整備拡充計画）、教材等の購入にかかる予算（財務計画）がある。

5.地域スポーツ経営の計画

　地域スポーツについては、これまでも地方自治体が体育・スポーツ事業を計画し、地域住民に対してスポーツの機会を提供してきていたが、2000（平成12）年に示されたスポーツ振興基本計画（文部省）以降、各都道府県及び多くの市区町村においても、スポーツ推進計画等の長期計画が策定され、スポーツ実施率の目標値を設定し、年度ごとの計画及び評価活動も行われ、次年度の計画に評価・改善事項を盛り込んだ計画を策定し、マネジメント活動を計画的、組織的に進めるようになってきている。都道府県の基本施策の中には、スポーツ環境の整備、スポーツに親しむ機会の創造等の目標を掲げ、そのための指導者養成講習会等の実施計画を立て、地域スポーツのコーディネーター役としてのスポーツ推進委員を育てたり、施設の改修や環境整備による機会の拡大を図るように進められている。特に総合型地域スポーツクラブの啓発、普及、設立・維持を図り、設立クラブ数や都道府県内の育成率を目標値の1つとして掲げ、具体的な育成に関する計画や普及のための事業計画をつくっている。一方、小規模な市町村の中には、スポーツ推進計画が策定されていなかったり、総合計画の中にスポーツが位置づけられている自治体も多い。

　総合型地域スポーツクラブは、スポーツ経営組織としてスポーツサービスを提供する機能をもった仕組みである。多くのクラブの設立趣意書には、地域住民の生涯スポーツの推進を図るとともに、地域づくり、まちづくりに寄与することが目的（ミッション）として明記されている。この目的を達成するために、総合型地域スポーツクラブは、年間の事業計画を策定し、会員にどのようなスポーツ事業を提供するのかを明確にする必要がある。しかし、クラブ経営をめぐる基本計画及び具体的計画が不備であるクラブも多く、特に財務計画があいまいであり、その結果、存続が危ぶまれるクラブも散見されるようになっている。

（浪越一喜）

第6章
体育・スポーツ経営と
マネジメント

第**3**節　体育・スポーツ経営組織のつくり方

①組織づくりの基本的な考え方

1.体育・スポーツ組織の多様性

　体育・スポーツ組織とはどのような組織のことをいうのだろうか。これまでスポーツ組織については、「スポーツに関する特定の目標をもつ複数の個人や集団」、あるいは「スポーツにかかわる特定の目的を達成するため意図的に調整された活動のシステム」などと定義されてきた。これを文字通りに解釈すれば、各種のスポーツ競技団体やプロスポーツチームはもちろんのこと、我々の身近にあるスポーツ活動のための組織や団体（総合型地域スポーツクラブなど）にもスポーツ組織の名辞を与えることができそうである。このような包括的な定義は、スポーツ組織の多様性を前提としたものであり、その背景には人とスポーツのかかわり方が時代とともに変化し、多様化してきたという事情がある。人とスポーツのかかわり方は、いまや「行う」のみならず、スタジアムで直接あるいはテレビでスポーツを「みる」、ボランティアなどでスポーツを「支える」、さらにはスポーツ関連の新聞雑誌、ウェブ情報などを「読む」、スポーツを「教える」など多岐にわたっている。スポーツとのかかわりの場や機会は時代とともに拡大し、それが体育・スポーツの分野における新たな組織の誕生を後押ししてきたのである。

　多様な体育・スポーツ組織の中で体育・スポーツ経営組織とは、文字通り、体育・スポーツ経営を実践する組織、あるいは体育・スポーツ事業を営む組織として位置づけられる。

2.体育・スポーツ経営組織の概念

(1)組織化の役割

　こうした多様な体育・スポーツ組織を含む組織や企業は、それぞれの目標達成に向けて製品（プロダクト）を開発・生産し、それらを販売し、金銭と交換するなど様々な活動を行っている。こうした諸活動のうち、人を対象とするマネジメント活動には、予測、組織化、命令、調整、統制などの機能があるとされ、それらは一連の循環サイクルをなすことから、マネジメント・サイクル[①]と呼ばれている。中でも組織化という機能は、目標の達成に向けた業務の配分や協力のためのルール・システムづくり、あるいは組織の構造づくりや人材の配置などにかかわる非常に重要なものとされている。

(2)協働システムとしての体育・スポーツ経営組織

　質の高いスポーツサービスを提供するためには、体育・スポーツ事業の企画・運営に携わる人々あるいは協力してくれる人々を有効に組織化しなければならない。

①マネジメント・サイクルについては第6章第1節を参照。

図6-3　協働システムとしての組織の成立要件

また、そうした人々の活動による経営資源の調達や外部組織との関係構築も重要になる。例えば、学校の体育経営の成果を高めようとする場合には、学校が保有する人的資源としての教員や児童生徒をどのように組織化するのか、また物的資源としての体育施設・設備・用具をどのように整備・調達して活動を行うのかについての検討が欠かせない。場合によっては、地域住民の協力や公共スポーツ施設の利用など外部資源の調達と活用が求められることもあるだろう。

このように、体育・スポーツ経営組織はその目的達成をめぐって人々や資源とのかかわりが必要となる活動であり、2人以上の人々の意識的に調整された活動や諸力の体系としての協働システム（co-operative system）として定義することができる。これは、1人ではできないことを他の人々との協働によって達成しようとする時に組織が生まれるという考え方によるものである。こうした協働システムとしての組織の成立には、①共通目的（common purpose）、②貢献意欲（willing of co-operation）、③コミュニケーション（communication）という要素が必要とされ、組織のマネジメントはこれらの要素を整える営みと捉えることができる（図6-3）。

例えば、公式組織[2]が成立するために欠かせない共通目的は、必ずしも組織成員（メンバー）の個人目標とは一致はしないが、少なくとも組織成員の同意が得られていることを前提としている。具体的な共通目的とは、経営理念、経営目標、ビジョンなどのことであり、これらについてはトップによる組織成員への説得、理解への働きかけが必要となる。貢献意欲は、共通目的達成のために組織成員個人が努力を提供しようとする意欲、つまり協働システムに貢献しようとするモチベーション（動機づけ）やモラール（士気）のことをいう。組織から個人への報酬（誘因）と、組織に対する個人の貢献との比較によって、この貢献意欲の大きさが決定される。そしてコミュニケーションは、組織成員間の各種情報伝達を指す。組織が個人の活動の集まりである以上、それを全体として統合し調整するコミュニケーションがないと、組織としてのまとまりは維持できない。したがって、コミュニケーションは組織成員間（水平的）のみならず、経営陣から組織成員に対するコミュニケーション（垂直的）も含まれることを忘れてはならない。このように、体育・スポーツ経営組織を協働システムとして捉えることは、体育・スポーツ経営のあり方を考える上で、またその目的を達成する方法論を検討する上で、不可欠のものといえる。

(3) 文化としてのスポーツを実現する体育・スポーツ経営組織

さらに、このうちの共通目的に関連して、体育・スポーツ経営組織にはスポー

[2] 公式組織、非公式組織については、第6章第1節を参照。

という文化を扱う組織ならではの期待される役割（普遍的な目的）があることも忘れてはならない。それは、文化としてのスポーツの普及と発展に寄与すること、さらには人々の豊かなスポーツ生活の実現に貢献することである。これは営利、非営利を問わずあらゆる体育・スポーツ経営組織に求められる条件であることから、体育・スポーツ経営組織を、文化としてのスポーツの普及と発展並びに人々の豊かなスポーツ生活の実現に向けたスポーツプロダクト（サービス）の生産を目的とする組織として捉えることも可能である。

3. 体育・スポーツ経営組織の構造的側面

(1) 組織構造の捉え方

　人間行動の仕組みとしての経営組織は、人間の行動が共通の目的達成に向けて、コミュニケーションの仕組みとして構造化される組織構造としてあらわれる。経営組織の構造的側面としての組織構造とは、組織における分業（役割分担や権限）並びに指揮・命令といったコミュニケーションのパターンを規定したものであり、それは組織図として表現されることが多い。また組織構造は、①組織を構成する諸部分の異質性や多様性の程度（複雑―単純）を示す「複雑性」、②職務やその進め方が公に定められている程度（公式―非公式）を示す「公式性」、③意思決定の権限がどの程度上位に集中しているかの程度（集権―分権）を示す「集権性」といった視点から、それぞれの組織の特徴を描き出すことができる。組織構造は、組織の規模、技術の進歩、環境の変化、トップの意向や好みなどに規定される。例えば、文部科学省の外局として発足したスポーツ庁など、環境の変化に伴って組織構造が変更された例は枚挙にいとまがない。組織にはこうした構造的な側面の他、様々な期待や個人的な目標をもつ組織成員の貢献意欲（協働的意思）を確保しながら組織を運営していくという過程的な側面がある[3]。

(2) 組織の階層

　経営組織をつくるにあたって依拠すべき原則の1つとして「階層組織の原則」がある。これは、指示・命令の一元化を図るため組織のトップから現場従事者まで情報伝達の経路が必要になるというものである。また、1人あたりの部下の数には限界があるとする「統制範囲(span of control)の限界の原則」からは、組織規模が大きくなれば階層状の形態をとることが知られている[4]。これらのことから、組織構造はいくつかの階層からなり、一般的にはトップマネジメント(top management：T. M.)、ミドルマネジメント（middle management：M. M.）、及びロワーマネジメント（lower management：L. M.）という3階層で構成されるものとされる。

　T. M. は、組織における最上位の意思決定、具体的には経営目的・目標や経営方針にかかわる意思決定並びに全般的な組織管理を担っている。またM. M. は、T. Mの目的や方針にしたがって具体的な体育・スポーツ経営事業を企画・立案したり、T. M. とL. M. との間で活動の調整を行う役割を担っている。さらにL. M. が創造性を発揮しながら職務を遂行できるように状況を的確に把握しT. M. に働きかけていく役割ももつとされる。そしてL. M. は体育・スポーツ経営の現場において実際の運営や指導を担っている。先述のように、これら3つの階層は役割や権限に応じて一定の指示・命令系統が定められているが、このように上位者と下位者が単一直

[3] 体育・スポーツ経営組織の過程的側面については、本章第4節を参照。

[4] 組織の管理原則には、この他に「専門化の原則（必要な職務を分割し成員を単一の活動に従事させる）」「権限・責任一致の原則（責任と権限の量は常に同量にしなければならない）」などがある。組織を設計・デザインする際にこれら諸原則を無視することはできない。

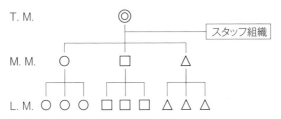

図6-4 ラインアンドスタッフ組織の例

表6-1 基本的な組織構造のタイプと特徴

	長　所	短　所
職能制組織 (機能別組織)	・役割分担の明確化 ・部門間の機能重複を回避 ・従業員個々の専門性向上	・組織全体の利益よりも部門の利益を追求 ・部門間の連携が困難
事業部制組織	・事業部内で業務プロセスが完結 ・権限委譲による迅速な意思決定	・組織全体としての方向づけが困難 ・経営資源の配分や情報格差など事業部間の軋轢発生 ・セクショナリズム
マトリックス組織	・機能別組織の特徴（専門性）と事業部制組織の特徴（分権性）の両立	・意思決定のメカニズムが不明瞭 ・内部調整が多く業務プロセスが複雑化 　（→顧客に目を向けられなくなる）

系的なラインで結ばれた組織をライン組織と呼んでいる。

(3)組織の形態と構造

　組織の基本形としては、このライン組織とラインアンドスタッフ組織の2つがある。ライン組織は権限をもつトップが各部門に対して直接指示・命令を下すのが特徴であり、指示や報告というコミュニケーション経路の一貫性が確保されている。ライン組織はいわゆるピラミッド型の小規模組織によくみられる形態である。

　組織が小規模の時はライン組織でこと足りるが、それが大規模化するとライン部門を補佐し専門的・技術的な助言・提案・勧告などを行うスタッフ部門が必要とされるようになる。組織では、ラインの中には組み込まれないが、専門的な立場から指導・助言を行うスタッフ組織を位置づける場合があり、このような組織形態をラインアンドスタッフ組織と呼んでいる（図6-4）。

　また組織構造のタイプについても分類が可能である。体育・スポーツの分野でも、総合型地域スポーツクラブなどにみられる、総務、事業、経理、広報といった仕事の内容ごとに専門化した職能制（機能別）組織、あるいはフィットネスクラブなどにみられる施設（種目）別の事業部制組織あるいはエリアサービス、プログラムサービスといった事業別組織がある。さらに、組織規模が大きくなり、事業ごとに自律性をもって経営を行う必要から、職能制と事業部制の構造をかけ合わせたマトリックス組織や、ある特定の課題のために特別に組織され課題の解決とともに解散するプロジェクト組織などもある。それぞれの組織構造には長所と短所があることから（表6-1）、組織が置かれている状況によってどのような組織構造がふさわしいかを判断することが極めて重要になる。
　　　　　　　　　　　　　　　　　　　　　　　　　　　　　（作野誠一）

［参考文献］
＊作野誠一「スポーツ組織」、早稲田大学スポーツ科学学術院編『教養としてのスポーツ科学［改訂版］』大修館書店、2011、p. 128.

| 第6章 | 第3節　体育・スポーツ経営組織のつくり方 |
| 体育・スポーツ経営とマネジメント | |

②総合型地域スポーツクラブを事例として

1.組織づくりの考え方

―総合型地域スポーツクラブを事例として―

　ここでは、体育・スポーツ経営組織の一例として総合型クラブを取り上げ、その組織づくりの考え方についてみていきたい。総合型クラブは単なるスポーツ集団ではなく、事業経営体あるいは経営組織といわれる。住民主導型の総合型クラブには、潜在的なコミュニティ再生のニーズの存在、構想を打ち出しそれに邁進する中心人物と賛同者の存在、組織としての明確な理念や目的があること、そして行政には要求こそせよ統制はされないといったいくつかの共通点がある。そして、このような条件を備えたクラブ組織は、各種の自発的結社あるいは運動組織[①]と類似した組織特性をもつとされる。

　一般に、社会運動とは生活要件の不充足を解決するためになされる、今置かれている社会的状況の変革のために人々がとる集合的行動のことをいう。総合型クラブの育成は、地域スポーツ環境の整備にかかわるイノベーション（革新）であり、その意味で社会的状況の変革をめざす「まちづくり運動」との親和性が高い活動といえるだろう。以下、こうした運動組織としてのクラブがどのようなプロセスを経て形成されるのかについてみていくことにしたい。

　表6-2は総合型クラブの形成過程を図式化したものである。第1段階は、客観的条件である地域特性、そして場と機会に代表されるスポーツ環境があげられる。特定の地域におけるスポーツ環境が運動を誘発する大きな条件となる。第2段階は、個々の地域住民が抱く身近なスポーツ環境に対する問題認識である。施設の設備の不備や機会不足といった個人レベルでの危機感や不満がこれに相当する。第3段階は、主導集団（イニシアティブグループ）メンバーによる問題意識の共有である。地域住民に認識されたスポーツ環境の問題は、直接的な利害にかかわる個人や集団にとってはとりわけ重大なものとなるが、ここでそうした思いが複数の住民に共有されることになる。第4段階において、主導集団メンバーの間に問題を自分たちで解決しようとする意図が成立すると、続く第5段階では、規約や会則の作成を通じて組織としての理念や目的が明確にされ、また主導集団を中心に運営のための役割分担が行われる。こうしてクラブは組織としての体裁を整え、同時に各種のPRを通じて、その理念や目的に同調する成員の拡大を図ることになる。第6段階では様々な支援組織・団体との協力関係づくりを進め、それらの協力を仰ぎながらスポーツ環境の変革に向けた各種事業が展開される。そうした中で、地域住民にクラブの活動が受け入れられ、運動が存続し、新たな運動過程が起動するのである（第7段階）。

①自発的結社とは、人々が自らの意思で自発的につくる組織のことを指す。また運動組織とは、今置かれている状況を変えるためにつくられた組織のことをいう。住民主導型の総合型クラブはいずれの特徴ももつといえる。

表6-2　総合型クラブの形成過程モデル（作野、2004）

(1)地域特性とスポーツ環境
(2)地域住民の身近なスポーツ環境に対する認識（問題認知）
(3)主導集団メンバーによる問題意識の共有（問題共有）
(4)主導集団メンバーによる自発的なスポーツ環境変革意図の成立（変革意図）
(5)クラブ組織の形成（組織化）
(6)目標達成をめざしての社会過程と事業の展開（事業運営）
(7)地域住民の受容
(8)促進要因

最後の促進要因は、(1)から(7)までの局面の間に介在して諸局面の継起（移行）を促すものである。

2.組織づくりの契機

この形成過程モデルから、クラブ組織づくりは、地域社会の構造的要因、住民の心理的要因、各種の資源要因といった複数の要因が、段階的に影響する一連の流れとして把握されることが示唆される。クラブを育成しようとする行政、民間団体等がそれぞれの要因についてどのような対応をとるかは地域の状況によって異なるが、例えば地域の生活課題やスポーツ環境をめぐる問題、主導集団となる既存組織の探索といった状況認識、住民同士の相互作用を促す場づくり、基礎情報やノウハウの提供、適正な資源配分といったことは、いずれも重要になると思われる。総合型クラブの育成を支援する団体や機関は、まさにこのようなきっかけづくりに注力する必要があるといえるだろう。

3.組織構造のデザイン

組織形態の基本型には「職能制組織」と「事業部制組織」があるが、ここでは事業部制クラブ組織の考え方について紹介したい（図6-5）。

一般に事業部は自律性が高く、そこには多くの権限が委譲される。この図では、種目事業部の中にクラブ事業とプログラム事業（教室やイベント）が同居しているが、これは事業部が従来からのクラブとしての活動とともに、教室やイベントといったプログラムも手

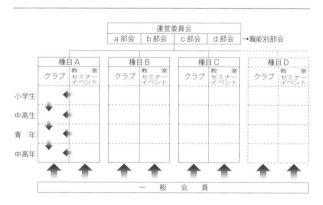

図6-5　事業部制クラブ組織の概念図（作野、2004）

がけていることを意味している。また、各種目の事業部にはいくつかの矢印がみられるが、それらは「教室からクラブへ」というメンバーの移動を意味するヨコ向きの矢印と、各種目におけるメンバーの「多世代化」を意味する下向きの矢印に分けられる。ヨコ向きの矢印は、スポーツイベントのような単発的な活動ではなく、クラブという定期的・継続的なスポーツ活動への参加者を増やそうとする試み、また下向きの矢印は各種目におけるクラブの多世代化の試みとみることができる。共に地域スポーツ推進や総合型クラブ本来の目的・ねらいを具体的な形（組織構造）に落とし込みデザインしたものであるが、いずれも成員のモチベーションを高め、多様なコミュニケーションの可能性を広げることに貢献している。

組織づくりに向けた様々な活動は、いずれも先に述べた組織成立の要素、すなわち「共通目的」「貢献意欲」「コミュニケーション」の条件を整えるための働きかけ（マネジメント）として理解することができる。こうした組織の成立要件を整える営みは、あらゆる体育・スポーツ経営組織に必要とされるものといえるだろう。　（作野誠一）

[参考文献]
＊作野誠一「住民主導型クラブの形成とその支援」「総合型地域スポーツクラブの経営：自主運営をめざして」、日本体育・スポーツ経営学会編『総合型地域スポーツクラブ［増補版］』大修館書店、2004、pp. 42-58.

第4節

第6章
体育・スポーツ経営と
マネジメント

体育・スポーツ経営をめぐる
モチベーションとリーダーシップ

1.経営組織の過程的側面

　経営組織の共通目的は組織成員（メンバー）に共有された組織としての目的であるが、貢献意欲（協働的意思）については、すべての組織成員が常に高いレベルでこれを保持しているとは限らない。また、職能別あるいは事業別部門内のモラール（士気）や凝集性①などのまとまりのよさ、さらにはインフォーマル（非公式）な組織の存在も、共通目的の達成に少なからぬ影響を及ぼしている。これらのことは、組織過程、すなわち経営組織を円滑に運営するための意思決定、リーダーシップ、コンフリクト②の解消といった機能のあり方が重要であることを示している。とりわけリーダーシップのあり方は、組織成員の貢献意欲やモチベーションの向上に大きな影響を及ぼすことが予測される。本節では、こうした組織の過程的側面について、モチベーションとリーダーシップを取り上げ、みていくことにしたい。

2.モチベーション（動機づけ）

(1)体育・スポーツ経営とモチベーション

　モチベーションは組織成員における行動の生起とその継続を説明する概念であり、しばしばやる気や意欲と同義に用いられる。スポーツにおけるモチベーションというトピックは、元来、体育・スポーツ心理学の領域で扱われてきたが、どうすれば人をやる気にさせることができるかという問いは、運動・スポーツの場面のみならず、経営やマネジメントといった場面においても重要な課題である。役割遂行や仕事に対する意欲について解明するためには、まず人がどのような欲求をもっているかについて把握しなければならない。こうした立場から、行動を動機づける要因として個人に内在する欲求について明らかにすることをめざした理論をモチベーションの内容理論という。これに対して、人が動機づけられる心理的メカニズムやプロセスに着目した理論を過程理論という。

(2)内容理論と期待理論

　内容理論の代表的なモデルの1つであるマズローの欲求階層説は、人の欲求が、「生理的欲求」「安全欲求」「社会的欲求」「尊厳欲求」「自己実現欲求」という5つの欲求から構成されるというものである③。この理論は、欲求の満足化行動が低次から高次へと逐次的に移行し、同時に下位の欲求が満たされるたびに、さらに上位の欲求が顕現化するというメカニズムを捉えたものである。
　また、ハーズバーグによる二要因理論（動機づけ―衛生理論）も内容理論に分類される。この理論のポイントは、人は「動機づけ要因」としての仕事そのもの（達

①凝集性とは、集団の成員をその集団から離れないようにひきつけとどまらせるように働く力のことをいう。

②コンフリクトについては第5章第3節②を参照。

③「生理的欲求」とは、生命を維持するための食事・睡眠等の本能的な欲求。「安全欲求」とは、身の安全や経済的安定性など予測可能で秩序だった状態を得ようとする欲求。「社会的欲求」とは、何らかの集団に所属したり仲間が欲しくなったりする欲求。「尊厳欲求」とは、自分が他者から価値ある存在と認められ尊重されることを求める欲求。「自己実現欲求」とは、自分のもつ能力や可能性を発揮し、あるべき自分になりたいという欲求。

112　第6章　体育・スポーツ経営とマネジメント

成、承認、仕事自体、責任など）から満足を得ているのであり、仕事を取り巻く「衛生要因」（人間関係、作業条件など）にどれだけ配慮しても、それは不満を緩和・解消させるだけで、積極的に満足をもたらすわけではないという点にある。例えば、職場の作業環境が大きく改善されたとしても、それは不満が解消されるだけで必ずしも満足にはつながらない。このように、内発的要因としての動機づけ要因、外発的要因としての衛生要因という独立した2つの要因の存在を示すことによって、インセンティブ（誘因・報酬）の考え方に有益な示唆を与えている。

次にモチベーションの過程理論といわれる期待理論についてみておきたい。このモデルでは、功利主義的な人間行動を仮定したうえで、仕事への意欲が生じる認知的なプロセスが描かれている。努力すれば相応の成果が得られそうだという期待（expectancy）と、成果がその人にとって価値がある、あるいは重要であると考える程度としての誘意性（valence）をかけ合わせたものが、モチベーションの強さの関数であるというのが、このモデルの基本的な考え方である。例えば、努力すれば実現可能な目標のもとで、それを達成すればその人にとって意味ある報酬（incentive）が得られるとき、モチベーションは強くなることが知られている。この理論もまた、目標設定のあり方や報酬の考え方について重要な示唆をもたらした。

(3) 内発的動機づけとフロー理論

行為自体に意味をみいだす内発的な動機づけに関連して、特に遊びやスポーツの分野で注目されているのが、チクセントミハイによるフロー理論である。フローとは、「特定の行為そのものに楽しさを感じ、熱中・没入している状態、我を忘れる状態」のことであり、文字通り、行為が流れ（flow）のように首尾一貫しており、行為自体が目的化するような体験と表現されることに由来する。図6-7に示すように、「課題の困難度」と「行為能力（技能）」のバランスがとれたフロー・チャンネル内に位置するとき、人は内発的に動機づけられているとされる。例えば、スキー場の緩かな斜面において初心者は「心配」であるが上級者は「退屈」を感じる。そして、この両者を急斜面に連れて行くと初心者は「心配」が「不安」となり、上級者は「退屈」から「フロー状態」に置かれることになる。こうしたフローを経験させるための方略（課題困難度の調整、行為能力の向上、ルールの工夫等の働きかけ）は、スポーツ実施場面のみならず、様々な経営場面においても適用が可能である。

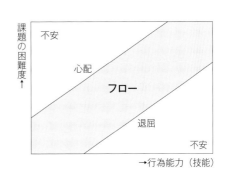

図6-6　内容理論（欲求モデル）の比較　　図6-7　フロー・モデル

(4)モチベーション・マネジメントの考え方

　体育・スポーツ経営学の分野でも、こうしたモチベーション理論の枠組みを用いて組織成員の行動を分析する試みがみられるようになっている。あらゆる体育・スポーツ経営組織において、人材は成果を左右する重要な要因として認識されている。モチベーション・マネジメントは、組織の人材マネジメント、人的資源管理（Human Resource Management：HRM）[4]の重要な一部分を占めている。モチベーション・マネジメントの問題は、報酬や評価の問題と密接にかかわっているが、構造化や組織化の進んでいない組織が未だ多くみられる体育・スポーツ経営組織においては、適切な報酬システムや評価システムをいかに整備するかが重要になるだろう。このとき、後述するリーダーシップをはじめとする様々な組織変数が、成員のモチベーションに影響を与えることを忘れてはならない。

[4] HRMの訳語として「人的資源管理」を当てることが多かったが、人材を単なる経営のための資源としてではなく、心をもった成長する存在と認識し、あえて「人材マネジメント」と訳す研究者もみられるようになっている。

3.リーダーシップ

(1)リーダーシップ研究の変遷

　リーダーによって組織の成果が大きく左右されることを、我々は経験的に知っている。リーダーシップは組織に関心を寄せるあらゆる領域で取り上げられるテーマであり、もちろん体育・スポーツ経営学においても研究の蓄積がなされてきた。ここではまず、リーダーシップ研究の変遷について概観しておきたい。

　リーダーになれる人となれない人、リーダーの立場になってリーダーシップを発揮できる人とできない人、それぞれの違いを説明するのに、かつてリーダーの個人的資質や特性に注目した時代があった。このアプローチは、リーダーシップの特性論と呼ばれる。個人的資質には、性格・パーソナリティ、知的能力、人格、体格、身長などがあるが、優れたリーダーシップを発揮する人の中には身長の高い人もいれば低い人もいることや、ほとんどの個人的特性はフォロワー（組織成員）にはみえないといった理由から、結果的にリーダーシップの特性論は否定された。

　こうしてリーダーシップ論は、資質や特性によって説明しようとするアプローチから、行動面に注目するアプローチに大きく転換した。リーダーシップ行動の二次元モデルにおいて、普遍的なリーダーシップ・スタイルの特徴は、次に示す2つの行動軸に求められた。その1つは仕事や課題に直結した行動（目標を決める、仕事を割当てる、発破をかけるなど）であり、もう1つはフォロワーの感情面にきちんと目配りする行動（相談にのる、配慮するなど）である。代表的なモデルであるPM理論において、上述のリーダー行動は「業績達成（Performance：P行動）」及び「人間関係維持（Maintenance：M行動）」という2次元で説明されている。PM理論では、PとMの両方の機能を高度に達成するPM型が、最も優れたリーダーシップを発揮するとされている（図6-8）。

　しかし、やがて唯一最善のリーダーシップスタイルを提示するよりも、リーダーシップ行動の有効性は、リーダーが置かれている状況（環境、課題の性質、成員の成熟度など）によって異なると考える方がより現実的とする考え方が、1960年代後半から台頭してくる。例えば、スポーツクラブの成員の成熟度（スポー

図6-8　リーダーシップのPM理論

経験や技能レベル、意欲や知識などの程度）が低い集団と高い集団では有効なリーダーシップも異なるであろうと考えるリーダーシップ論である。前者の集団においては、リーダーは丁寧に多様なかかわりをしなければならないであろうし、後者の集団では成員の自主的な活動を促し、権限を委譲するといったかかわりが有効になろう。この考え方は、リーダーシップのコンティンジェンシー理論（条件適合理論、環境適応理論）と呼ばれる。

体育・スポーツの世界には様々な組織と共に多様なリーダーが存在している。例えば、競技団体の代表者（理事長）、学校における教科体育のリーダーとしての体育主任、総合型クラブの会長、スポーツ担当課の課長など、組織のトップマネジメント（T. M.）のみならずミドルマネジメント（M. M.）にも適切なリーダーシップが求められている。そうした人々が発揮するリーダーシップによって組織の成果が大きく左右されることはいうまでもないことである。

⑵組織イノベーションと変革型リーダーシップ

現在のスポーツ界全体の状況を特徴づけるキーワードは、「変化」や「イノベーション（変革）」である。リーダーシップの有効性が状況に依存するとすれば、当然、組織に変革をもたらすリーダーシップのあり方に関心が寄せられることになる。1990年代に入ってから、経営環境の変化に適応していくために組織変革の重要性が指摘されるようになり、その取り組みに不可欠の要素として変革型リーダーシップが注目を集めるようになった。

スポーツ界でも1990年代以降、Jリーグの創設、総合型クラブ育成の全国展開、民間セクターの活用などをはじめとして環境が大きく変動しているが、その流れは今も変わっていない。スポーツ基本計画（2012年）においても、地域スポーツクラブの育成・推進、国際競技力の向上に向けた人材養成、スポーツ団体のガバナンス強化などがうたわれている。また2016年にはJリーグに続くプロバスケットボールリーグ（Bリーグ）が発足・開幕し、2020年に開催される東京オリンピック・パラリンピックに向けた準備が着々と進むなど、各所で新たな状況が生まれ、変化やイノベーションが起こり続けている。

その意味でも、体育・スポーツの分野では、従来型のリーダーと共に、変革型リーダーの登場がひときわ望まれているのかもしれない。変革型リーダーシップのエッセンスは大きなビジョンを描き、そのビジョンの実現に向けてなすべきことを示し、人々を巻き込むことだともいわれている。とりわけ2015（平成27）年にスポーツ庁が設立されてから、多様な省庁が積極的にスポーツ政策にかかわるようになり、新たな施策が展開されている。体育・スポーツ経営の領域では、それらの変化に対応し、さらなるイノベーションを引き起こす変革型リーダーシップを発揮する人材が求められている。

（作野誠一）

［参考文献］
＊金井壽宏『組織変革のビジョン』光文社新書、2004.
＊作野誠一「スポーツ関連組織のマネジメント」、原田宗彦・小笠原悦子編著『スポーツマネジメント［改訂版］』大修館書店、2015、pp. 49-75.

> 第6章
> 体育・スポーツ経営と
> マネジメント

第5節

体育・スポーツ経営の
有効性と評価方法

1.経営評価の手順と内容

経営評価はマネジメント機能の1つで、マネジメントサイクルPDCAのCheck及びActionに該当する。経営評価とは経営分析[1]と同様に考えられがちであるが、厳密には単なる分析だけでなく、一定の価値観から意味や価値を与える診断的な機能として捉えることができる。

経営評価を実施することの意義は、「体育・スポーツ経営をよりよいものにするため」にある。この「よりよい」とは「より効果的に」と「より効率的に」という2つの意味がある。経営には「最善」や「最良」というものはなく、1つの目標が達成されたら、さらに次の目標を立て、その達成に向けてより合理的な経営のために創意工夫し、次の経営活動へとスタートするのである。経営とはそうした「よりベター」を求める上昇志向の営みであり、この絶えざる創意工夫（改善）を促進させる機能が評価機能である。

経営評価は経営活動の業務内容に応じて、内容や方法が選択され実施される必要があるものの、一般的な手順は「標準の設定」「分析評価」「修正活動」という手順で実施される。

(1)標準の設定

体育・スポーツ経営組織とその成員が、目標に向かって機能を発揮しているか、処理される課題に適切な対応がなされているかを判断する手がかりとして、標準が設定されなければならない。標準とは、経営実績と比較するための尺度であり、経営計画に示される経営目的や経営目標などの到達点や成員が行う行動や役割を意味する[2]。標準は評価を行うために必要な観点と基準となるもので、第1に経営目的や経営目標の達成度が重視されることになる。例えば、学校であれば児童生徒の体力や運動技能の状況（学年目標など）、運動生活の実態や変化など運動者に関する視点が重要となり、その到達目標が標準となる。また民間フィットネスクラブであれば会員獲得目標数、プロスポーツ組織であれば観客動員数などがこれにあたる。

その他、経営目的や経営目標を達成するための経営組織の活動状況についての標準も検討する必要がある。経営計画に示された組織活動や手続きは確実に遂行されているかといった観点からの標準である。この標準のように成員の業務に関する基準などは数値化できる項目ばかりではないため、その基準には評語[3]を用いるなど、評価内容ごとに十分工夫をする必要があろう。

いずれの標準も評価・反省の機能を果たすことができるよう計画立案時に配慮がなされねばならない。「計画と評価は表裏一体」といわれる理由がここにある。

[1]経営分析とは財務諸表等の経営情報に基づき、企業実体を解明し、企業の経営内容を評価・判断するための技術である。（日本経済新聞社・日本証券経済研究所編『経営分析ハンドブック』1987、p.2）

[2]第6章第2節も参照。

[3]評語とは成績の評価を示す言葉である。（大辞林第3版）

⑵分析評価

　実際の経営活動やその結果に関する各種の情報や資料を収集し、計画の段階で設定された標準と照らし合わせ、経営活動が適切になされているかを判断し、差異が出ている場合には分析してその原因を明確にする必要がある。そのためには、どのようなデータを、いつ、どのような方法で収集するのかを明確にしておくことが重要である。

　例えば、児童生徒が運動部活動に対してとる逃避行動の実態やその抵抗条件に関する分析は、運動部活動の修正活動（改善）に欠かすことはできない。また、民間フィットネスクラブやプロスポーツでは顧客のCRM[④]が推進されているが、そこで用いられる顧客のデータ分析はこの活動に当たる。情報はヒト、モノ、カネにならぶ経営資源であり、正確な情報をいかに迅速に捉えるか、そしていかにその情報を分析し、次の段階である修正活動のために情報をつくり出すことが重要である。

⑶修正活動

　経営成果や経営活動の分析評価の結果、経営組織の諸活動が計画段階で設定された標準に対して許容を超える差異があるかどうかを判断した後に行われるもので、標準に適していればそのまま維持・前進させ、不適当なものについては、是正したり調整するなどの対策を講じることになる。具体的には、経営目標や経営計画の変更、組織の改編、個人行動のあり方の変更など広範囲にわたって実施される。

2. 経営成績と経営条件の評価

　以上のような評価活動の手順とは別に、経営評価は「経営成績の評価」と「経営条件の評価」の2つの内容で評価することが多い。

⑴経営成績の評価

　「経営成績」とは、体育・スポーツ経営がめざす最終的なアウトカム（経営成果）を意味し、それは体育・スポーツ経営の出発点である「経営目的」を評価することと同義である。多様な体育・スポーツ経営組織に共通する経営目的を、スポーツ行動の生起・維持・発展を通して、スポーツのもつ多様な便益を享受することにより、豊かなスポーツ生活を実現させることと捉えるならば、それらの達成度が経営成績となる。したがって第3章で解説されたスポーツ生活や運動生活の実態、すなわち体育・スポーツ経営組織が対象としている運動者が体育・スポーツ事業に対してどのような行動をとり、どのような運動生活を形成しているかが経営成績の評価の観点として重要になる。体育・スポーツ経営組織は実質的にも形式的にもC運動者が多く、S運動者の階層が少ない状態になるよう経営することが望ましい[⑤]。また、体育やスポーツ活動を通して得られた身体的効果や良好な人間関係、自己実現などの価値や便益の獲得状況も経営成績として把握されなければならない。

　一方、多様な体育・スポーツ経営組織は、それぞれ固有の経営目的も設定している。学校の体育経営組織では教育としての体育の目的達成を前提としているし、民間営利のスポーツクラブは経済的利潤を確保することを前提した経営が行われている。したがって、一般的な経営目的の達成度としての経営成績の評価に加えて、経営組織固有の経営成績の評価も行われなければならない。

　例えば、民間営利のスポーツクラブの経営成績の評価を、標準設定という視点を

④Customer Relationship Managementの略で直訳すると「顧客との関係管理」のことである。顧客との継続的な関係を企業の仕組みとしてつくることで、企業価値を増大させていこうという考え方。（野村総合研究所編『経営用語の基礎知識』ダイヤモンド社、2004）

⑤2012（平成24）年のスポーツ基本計画では成人のスポーツ未実施者（S運動者）つまり1年間に一度もスポーツをしない者の数がゼロに近づくことを目標とすることを掲げている。

表6-3　経営成績と経営条件の評価の視点

○経営成績の評価の観点
　①体育・スポーツ経営の目的や目標が成果となって表れているか。
　②体育・スポーツ経営の目標が評価できるように数値化（明確化）されているか。
○経営条件の評価の観点
　①目的達成にふさわしい体育・スポーツ事業が選択・実行されているか。
　②経営組織は目的を達成するのにふさわしい協力の仕組みとなっているか。
　③体育・スポーツ事業が合理的・効率的に進められているか。
　④体育・スポーツ経営を取り巻く環境との間に良好な関係が築かれているか。

加味して例示してみよう。

①会員や利用者に関する成績（スポーツの効果や利用状況に関するもの）

　例）会員数を○％増やし、退会者数を△％減にするという目標を達成できたか。

②会社全体の目標に関する成績（収益性や成長性に関するもの）

　例）今年度の経常利益[6]を、前年度比○○％にするという目標を達成できたか。

③スポーツ事業に関する成績（会員の満足度に関するもの）

　例）フィットネス部門のプログラムについて、会員の満足を得られているかを満足度調査の結果から評価する。

[6]経常利益とは会社の経常的な状況における利益であり、会社の収益力を直接的にあらわす数値である。（日本経済新聞社・日本証券経済研究所編『経営分析ハンドブック』1987, p. 734）

(2)経営条件の評価

　「経営条件」とは「経営成績」を生み出すための経営組織の活動や方法のことで、経営目的や経営目標を達成するために体育・スポーツ経営組織が行った準備や実践方法がふさわしかったかどうかを確かめる評価である。つまり、目的を達成できたかどうかを「経営成績」で評価し、その経営成績（経営結果）をもたらした原因や要因は何かを評価することが経営条件の評価ということになる。

　経営条件の考え方として、体育・スポーツ経営の構成条件を参考にしてみよう。すなわち、経営目的を達成するために体育・スポーツ事業を行うことになるので、提供されるスポーツサービスが評価されなければならない。また体育・スポーツ事業は経営組織の成員の協働で展開されることになるので、経営組織の活動の状況が評価されることになる。そして合理的・効率的に体育・スポーツ事業が展開される必要があることから、マネジメント機能の発揮状況や経営資源の活用状況も評価される。最後に、体育・スポーツ経営は環境と相互作用するopen-systemであることから、環境との関係性も評価されなければならない。

①体育・スポーツ事業の評価：スポーツサービスの量的・質的評価

　例）総合型地域スポーツクラブの場合
　　　○会員のニーズに対応したスポーツ教室が提供されたか。また、新たな会員獲得を目的としたスポーツサービスは企画されたか。
　　　○地域課題の解決をめざしたスポーツ事業であったか。

②体育・スポーツ経営組織の評価：構造的側面や機能的側面の評価

　例）民間営利スポーツクラブの場合
　　　○多様なプログラムサービスに対応できる人員配置は適切であったか。
　　　○役割分担の明確化や成員間の協力体制を築くコミュニケーションは図られていたか。
　　　○スタッフのやる気を引き出すための仕組みやインセンティブはあったか。
　　　○スタッフの資質向上のための研修は適切に行われているか。

③**マネジメントの評価：マネジメントサイクルと経営資源の評価**
　例）総合型地域スポーツクラブの場合
　　○年間計画は客観的なデータを基に運営委員の参加的な過程で作成されたか。
　　○運営委員会は、新規会員獲得のためのイベントの評価を実施したか。
　　○不足している経営資源を外部から調達できていたか。

④**外部環境との関係の評価：様々なステークホルダー[7]との関係の評価**
　例）学校の体育経営の場合
　　○教育委員会や中学校体育連盟との良好な関係が維持できているか。
　　○総合型地域スポーツクラブや体育協会と連携した外部指導者の活用は適切に行われていたか。

　このように、経営条件の評価は経営成績の評価の原因を探れるように多種多様な要素から成り立っている。また、経営条件の評価は数値化できる項目ばかりではないため、「……のような状態になったか」「……できたか」など評語を用いて評価することが多い。

[7]ステークホルダー（Stakeholder）とは、企業や組織の経営に対して、直接・間接的に利害関係をもっている関係者のこと。

3.評価を有効に使う

　マネジメントサイクルのスタートとなる経営目的・目標の設定と計画立案は、経営評価を経てはじまるのである[8]。つまり、これまでの経営の実態を十分に評価（事前評価）することで改善された計画が生まれ、より高い成果が期待できる体育・スポーツ事業が提案されるのである。経営組織は様々な方法で絶えず評価活動を実施し、事業終了後（事後評価）のみならず、事業の途中（事中評価）でも評価し、改善を図ることが有効である。

　また経営評価は、事業終了後や年度終了時点の評価だけでなく、昨年度との比較や経営組織がもつ諸条件との対比で評価することも重要になる。すなわち当該年度や事業終了後の最終確認としての「到達度」の評価を押さえつつ、昨年度の実績と比較する「進歩度」の評価、そして制約された経営資源をいかに活用したかという「活用度」の評価といった視点も重要になろう[9]（図6-9）。

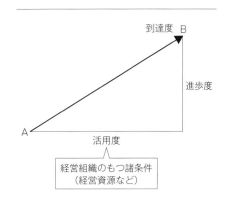

図6-9　評価の活用例

　そして経営評価は、多くの経営組織で欠かすことのできない活動として重要視されてきている。「例年通り」という言葉に代表されるように、特に経営成果の確認や公開を強く求められることが少なかった経営組織では、十分な評価活動の実施に至らない場合もあった。しかし近年、学校や公共のスポーツ経営組織など、かつては経営評価に力を入れてこなかった傾向のあった組織でも「評価」が重要視されてきている。例えば、公立学校のホームページに経営目標が公開されたり、第三者評価委員会が外部評価を学校経営をめぐっては、実施するようになった。

(川崎登志喜)

[8]近年では、PDCAサイクルの前に、事前評価となるR（research）を付け、RPDCAサイクルと呼ぶこともある。

[9]この考え方は体育の学習評価でも用いられてきた。（宇土正彦編『体育学習評価ハンドブック』大修館書店、1981、pp. 47-53）

column Ⅵ

スポーツ経営におけるボランティア・マネジメント

　スポーツの「する・みる・支える」といった多様なかかわりを日常の生活の中でバランスよく取り入れていくことは、スポーツ経営の目的である人々の「豊かなスポーツ生活」を創造していくために必要不可欠な課題である。そのかかわりの1つである「支える」スポーツは、1995年の阪神・淡路大震災を契機としたボランティア活動が一般社会で注目される中、1998年の長野冬季オリンピックで約35,000人ものボランティアが活躍したことも相まって、2000年以降、「スポーツ・ボランティア」として関心が高まった。

　スポーツ・ボランティアは、「地域におけるスポーツクラブやスポーツ団体において、報酬を目的としないで、クラブ・団体の運営や指導活動を日常的に支えたり、また、国際競技大会や地域スポーツ大会などにおいて、専門的能力や時間などを進んで提供し、大会の運営を支える人」（文部省、2000）とされている。具体的には、①日常的な活動である「クラブ・団体ボランティア」、②非日常的な活動である「イベントボランティア」、③トップアスリートやプロスポーツ選手による「アスリートボランティア」の3つの種類があり、さらに、①は「指導ボランティア（監督、コーチ、アシスタント等）」と「運営ボランティア（役員、事務局員、マネジャー等）」、②は「専門ボランティア（審判、通訳、医療救護等）」と「一般ボランティア（給水、受付、交通整理等）」といった役割で分類することができる（山口、2004）という。

　スポーツ・ボランティアは、Jリーグチームや総合型地域スポーツクラブといった「地域のスポーツクラブ」、オリンピック・パラリンピック大会や各都道府県でのマラソン大会といった「国内外のスポーツイベント」、子どもや障害者を対象とした「スポーツの団体」など、多くの場合、個人というよりも組織的な事業においてその活動をみることができる。また、スポーツ・ボランティアへの参加のきっかけは、従来では、「依頼型」のスタイル（人から頼まれて参加する）がほとんどであったが、現在では、「公募型」のスタイル（自ら申し込んで参加する）も散見されるようになってきた。さらに、スポーツ・ボランティアの特徴は、「自発性（自らの意志で）」、「利他性（他人や社会のために）」、「無償性（金銭的な報酬を期待しない）」といった従来の捉え方にとどまらず、最近では、「先駆性・創造性（新しいことにチャレンジする）」、「補完性（行政サービスの不足を補う）」、「相互性（ボランティアをする人、される人が相互に高め合う）」、「自己実現性（自己の可能性を広げる）」といった多様な特性をもつ活動として捉えられるようになっている。

　このように個々で多様な想いをもつボランティアを組織の力として生かしていくために、特にボランティアを受け入れる組織では、そのコーディネートが課題となっている。つまり、「個人（ボランティアしたい人）」と「組織（ボランティアしてほしい人）」のニーズをつなぐ需要調整活動を行う人材（ボランティア・コーディネーター）の存在である。また、このボランティア・コーディネーターの必要性に関する議論は、ボランティアの募集、研修・養成、マッチング、評価といった、一連のボランティア・マネジメントを理論化する動きを多領域で生み出している。

　しかしながら、スポーツ経営では、これまで、「する」スポーツを重視したマネジメント論を展開してきたことから、組織の人的資源の多くがスポーツ・ボランティアによって支えられている実態があるにもかかわらず、その特性を意識したマネジメントを問題にすることは多くなかった。今後は、スポーツ・ボランティアの多様な捉え方を把握・意識し、その多様な特性に基づいた役割分担（活動内容）を提供することで活動の満足度を高め、継続を促していくといった、一連の「スポーツ・ボランティア・マネジメント」を展開していくことが必要になろう。また、ボランティアという人的資源の活用方法は、一般的なマネジメントにおける「効率性」という物差しを用いることが必ずしも適切でない場合が想定されることから、そのマネジメントには異なった手法が必要になる。つまり、スポーツ経営におけるボランティア・マネジメントを考えることは、スポーツ経営の独自性を見いだす契機を秘めているのである。　　　（行實鉄平）

[参考文献]
＊文部省『スポーツにおけるボランティア活動の実態等に関する調査研究協力者会議報告書』2000
＊山口泰雄『スポーツ・ボランティアへの招待 新しいスポーツ文化の可能性』世界思想社、2004

第7章

体育・スポーツ経営の
実践領域

この章のねらい

体育・スポーツ経営は、体育・スポーツのもつ価値を実現させる
ための普及や振興の方法論に強い関心を寄せる実践的な性格を
もっている。これまで学習してきた理論は、体育・スポーツ経営が
展開される具体的な場や領域で活かされることになる。また、そ
の体育・スポーツ経営の領域は、多様な人材が活躍する場でもあ
る。本章では、体育・スポーツ経営が実践される領域を概観し、各
経営領域の特性と課題について理解を深めることをねらいとする。
まず、これまで学習してきた「行う」スポーツの経営理論が展開
される個別領域について、学校体育から民間スポーツクラブまで、
その経営領域の特性と課題を解説する。一方、「みる」というスポー
ツのかかわりに対する関心も拡大し、これらの領域で活躍する人材
も増大してきた。この領域ではプロスポーツクラブやメガ・スポー
ツイベントなどに関心が寄せられてきたが、本章では新たに公営
競技やスポーツショーなどの領域についても解説を試みている。

キーワード ◉学校体育・スポーツ ◉地域スポーツクラブ
◉公共スポーツ施設 ◉体育スポーツ行政 ◉民間スポーツクラ
ブ ◉職場スポーツ ◉企業スポーツクラブ ◉プロスポーツク
ラブ ◉競技別スポーツ統括団体 ◉メガ・スポーツイベント
◉公営競技 ◉スポーツショー

第1節 「行う」スポーツをめぐる経営領域

第2節 「みる」スポーツをめぐる経営領域

第7章
体育・スポーツ経営の実践領域

第1節

「行う」スポーツをめぐる経営領域

1.学校体育・スポーツ経営

⑴学校体育・スポーツ経営の特徴

　学校が教育機関である限り、学校の体育・スポーツ経営は教育目的の達成に向けて、その下位目的としての体育目的の効果的・効率的な達成をめざして行われる。基本的には、我が国においては教育行政の一環として、教育基本法（2006年改正）や学校教育法（1947年）、学習指導要領など法律や規則に則って行われなければならない。また、体育・スポーツに関する基本計画や学校体育施設開放事業などの自治体の基本施策や事業と連携することが望まれる。

　一方で、それぞれの学校は、法律や規則を前提としながらも、個別の体育・スポーツ経営組織として、固有の体育目標や体育経営の目標を掲げて、独自の体育・スポーツ経営に取り組んでいる。学校体育・スポーツ経営では、体育授業などのプログラムサービス、運動部活動などのクラブサービス、自由時間の運動施設の開放といったエリアサービスが行われているが、各校の体育の理念や目標、学校規模による経営資源の違いから、提供されるスポーツサービスは多様である。我が国の場合、明治の学制（1872年）以来、すべての学校段階で体育（体操）が取り入れられ、体育館や運動場、さらにはプールなど物的資源が整備されてきた。また保健体育教員という国家資格を有する専門的な人的資源が確保され、必ずしも十分とはいえないが、行政や保護者からの財務的な支援も受けてきており、他の領域と比較して安定した経営資源に恵まれている。

⑵学校をめぐる経営領域としての課題

　少子化の影響から、複数校合同部活動など複数の学校が協力する事例がみられるようになってきたが、各学校は基本的には単独で限られた経営資源をもとに経営を行っている。少子化は、生徒数の減少をもたらし、教員の高齢化を招いており、運動部活動にとっては望ましくない状況が続いている。学校週5日制のもと教科体育を含め、部活動への外部指導者①の導入など、ますます学校間や家庭・地域社会との連携協力のあり方が重要な課題となってきている。

2.地域スポーツクラブの経営

⑴地域スポーツクラブ経営の特徴

　地域の住民が主体となって設立し、自主的に運営されているのが地域スポーツクラブである。設立の理念や目的、運営方法など、様々な地域スポーツクラブが存在しているが、草野球チームに代表されるように、ある特定のスポーツを楽しむため

①第2期スポーツ基本計画（2017）では、スポーツ指導にかかわる専門性を有し、教員と連携して運動部活動を支え、大会引率も可能な「部活動指導員（仮称）」を制度化することが明記された。

に同好の仲間が集まってつくられたクラブと、総合型地域スポーツクラブに代表されるような、国の政策に呼応する形で育成されてきているクラブの2つに大別することができる。どちらも参加・脱会の自由や自主運営という点では同じであるが、設立の理念や目的に違いがみられる。前者は、メンバーが同じスポーツを楽しむことを唯一の目的にしているのに対して、後者では、「新しい公共[2]」の担い手として、スポーツを通じて地域の様々な生活課題を解決していく協働の場の1つと考えられている。スポーツ経営の特徴としては、前者がスポーツ事業の対象が、クラブ会員に限定されているのに対して、後者はクラブ会員のスポーツ活動を支援すると共に、幅広く会員以外の地域住民を対象としたスポーツサービスを提供することがあげられる。そのためには、それに見合った経営資源が必要になるので、総合型地域スポーツクラブでは、会費や参加費による自主財源を確保し、クラブマネジャーなどの運営スタッフやスポーツ指導者を配置するために、一定規模以上の会員数を有し、また補助金など外部から支援を受けているクラブもある。

[2]新しい公共については第1章第2節を参照。

(2)地域スポーツクラブをめぐる経営領域としての課題

　地域スポーツクラブにとって大きな経営課題は、自立的・安定的経営の確立であり、これまで以上に支援する側の政策の改革と、クラブ・地域住民側の意識改革が不可欠となる。これからは、できるだけ国や自治体がもっている資源や権限を国民に開放し、国民に新たな選択肢を提示することが大切になる。学校体育施設や公共スポーツ施設の経営に、地域スポーツクラブなどの民間団体や企業が積極的に参画することも課題である。

3.公共スポーツ施設の経営

(1)公共スポーツ施設経営の特徴

　公共スポーツ施設は、運動の物理的な空間としてのエリアサービス事業のみならず、独自にスポーツ教室や大会などのプログラムを企画したり、施設を拠点としたクラブを育成するなど、独立した経営領域を形成している場合がある。都道府県や市区町村の中核的な公共スポーツ施設は、地域スポーツ行政の一部を担うと共に、財団法人などの自立したスポーツ経営のための経営組織を有し、独自の意思決定を行っている場合が多い。また、指定管理者制度の導入によって、施設の所有と運営管理が分離している事例も多くみられるようになった。

　公共スポーツ施設経営の対象は、施設が立地している周辺の住民ということになるが、その範囲は、施設の役割や機能、提供するスポーツサービスによって異なる。都道府県の中核的な公共スポーツ施設では、日常的生活圏域はもとより、全国的、全県的な大会の開催や調査研究、市区町村への情報提供といった働きが特徴となる。市区町村の中核的な施設では、市区町村全域を対象とした大会や研修会などが特徴的なスポーツサービスとなり、小学校区・中学校区などより身近な地域レベルの施設では、地域住民の日常的なスポーツ活動の場となるスポーツサービスの提供が中心となる。施設の顕在的な利用者に注目すれば、スポーツへの関心や欲求が高い人々を対象としているので、地域のスポーツ行政と比較すると対象をしぼり込むことが容易であるが、利用していない潜在的な利用者に来場してもらおうと意図した場合には、利用のきっかけとなる教室やイベントの開催などのスポーツサービスと関連

したプロモーション活動が必要となる。

(2)公共スポーツ施設をめぐる経営領域としての課題

我が国の公共スポーツ施設は、1996（平成8）年をピークにして減少傾向にある。また市町村合併に伴い、老朽化した施設の更新や重複する施設の整理など、公共スポーツ施設の再編が課題となっている。その際、施設の機能をめぐって、単独では利用率の低い公共スポーツ施設については、他の公共施設との複合化や学校開放による代替化、指定管理者制度などの導入による運営の見直しが課題となる。

4.体育・スポーツ行政[③]

(1)体育・スポーツ行政組織の経営の特徴

国や都道府県、市区町村などの自治体は、いわゆる公立のスポーツ施設を保有し、経営の主体となって国民（住民）を対象として体育・スポーツ事業を営んでいることから、固有の経営領域として検討する必要がある。当然、国、都道府県から市区町村になるほど、日常的に住民に対してスポーツサービスを提供することが多くなるので、地域におけるスポーツ経営としての課題が増えることになる。学校や職場以上に、年齢やスポーツへの参加や関心の程度など、多様な人々（住民）を対象として、法律や規則に則って公的な財源を用いてスポーツ経営を行うことになる。したがって国のスポーツ基本法やスポーツ基本計画を参考にして、自治体のスポーツに関する基本的な計画を立案することが求められる。計画の立案に際しては、実態調査に基づき地域の生活課題や住民のニーズを的確に把握することが不可欠となる。

体育・スポーツ行政組織は、人口規模によってスポーツ担当部局の位置づけや職員の数も異なる。人口規模の小さい自治体では、体育やスポーツの担当部局（保健体育課、スポーツ課など）や専門職（社会教育主事など）が組織上、明確に位置づけられていなかったり、専門的な能力を有する職員が配置されていなかったりする制度上の問題を抱えている自治体が多い。また、都道府県や大規模自治体を中心に、部局を横断したスポーツ施策を可能にするなどの目的で、体育・スポーツ行政の担当部局が、教育委員会から首長部局に移管されてきている。

(2)体育・スポーツ行政組織をめぐる経営領域としての課題

経営資源、とりわけスポーツの専門的な能力を有する人的資源やスポーツ事業に投入できる財源の確保が課題となっている。専門的な人材については、スポーツ基本法で規定されている非常勤公務員としてのスポーツ推進委員（旧体育指導委員）制度がある。旧スポーツ振興法では必置であったものが、市区町村の任意となったこともあり、人的な減少に拍車がかかることが懸念される。また、これまでのスポーツの指導者としての役割に加えて、当該市区町村全体の地域スポーツ推進のコーディネーターとして実績を示すことも課題である。

5.民間スポーツクラブの経営

(1)民間スポーツクラブ経営の特徴

ここでいう民間スポーツクラブとは、フィットネスクラブ、スイミングスクールやテニスクラブに代表されるように、企業としてスポーツ事業を営む領域である。1980年代以降急速に拡大し、バブル期には様々な事業者が参入したが、近年では

---

③体育・スポーツ行政には、直接スポーツサービスを提供する経営という働きだけでなく、法律や規則、施策に基づき、体育・スポーツ経営組織を指導・管理する働きがある。第1章第3節も参照。

チェーン展開している大手企業によって寡占化④が進んできている。多くの場合、「会員制」を導入し、入会金と月（年）会費、教室など個別のプログラムへの参加料などを主な収入源としている。フィットネスクラブやテニスクラブのように、主にプログラムサービスを提供している領域と、ゴルフクラブのように、物理的な場の提供としてのエリアサービスを中心としている領域に大別される。会員（顧客）の継続と新たな顧客の獲得をめぐって、前者では、施設の清潔さや設備の充実と共に、インストラクターなどの専門的な資格や能力を有する人的資源が重要になり、後者では、クラブハウスなどの付帯施設を含めた運動施設（物的資源）のクオリティと価格のバランスが重要な要因となる。

④寡占化とは、製品やサービスの市場を、少数の企業が支配するようになること。フィットネスクラブでは上位5社で市場の約5割を占めている（『月刊レジャー産業資料』2013年11月号）。

(2)民間スポーツクラブをめぐる経営領域としての課題

　公共施設や地域スポーツクラブとの競合する定着率が高いシニア層の取り込み、駅中、職場内、オフィスビル内、大規模マンション内などアクセスの良さによる働き盛りの世代への対応、民間のノウハウを生かして公共スポーツ施設の指定管理者になることなど、時代と共に経営領域としての課題も変化してきている。

6.職場スポーツ経営

(1)職場スポーツ経営の特徴

　企業や団体などの職場が主体となって、従業員や職員を対象として、その福利厚生の一部としてスポーツサービスが提供されている。学校と同様、対象が特定しやすく参加への強制力を働かせやすいという特徴がある反面、組織の規模や福利厚生に対する経営者の考え方によってスポーツ経営への取り組みは多様である。また我が国においては、家族主義的な経営方針のもと、手厚い福利厚生事業が展開されてきたが、1990年代以降の経済的な停滞と連動し、職場スポーツもまた経費削減の対象となってきた。

　大規模な企業ほど福利厚生が充実し、その一部としての職場スポーツに力を入れているというのが一般的な傾向である。東京都スポーツ推進企業取組事例集⑤によると、男女のバスケットボールのトップチームを保有する大企業A社（製造業）は、労働組合や健康保険組合と連携して企業グループの健康やアクティブライフに関する基本計画を策定し、「生活の質の向上」と「健康企業」の実現のための取り組み（事業所表彰やポイント制度の導入）によって運動習慣者を増加させた。一方で小規模零細な企業でも、B社（情報通信業）ではデスクワークの多い社員の健康不安の声を受け、月2回まで昼休みを1時間延長して運動にあてることができる「F（Fitness)-Hour」制度、会議室へのバランスボールの導入、運動部の創設や活動に支援金を支給するなど、社内のスポーツの活性化に取り組んでいる事例もみられる。

⑤東京都は、2015年度から企業のスポーツに対する積極的な取り組みを認定し、広く都民に周知することで、働き盛り世代のスポーツ活動を推進すると共に、スポーツに対する社会的気運を盛り上げるため、「東京都スポーツ推進企業認定制度」を開始した。この制度は、社員のスポーツ活動を推進する取り組みやスポーツ分野における社会貢献活動を奨励するために導入された。スポーツ推進企業の内、特に社会的な影響や波及効果の大きい取り組みを実施している企業を「モデル企業」として表彰し、都ホームページなどで公開している。

(2)職場スポーツをめぐる経営領域としての課題

　一般的にスポーツに投入できる経営資源の少ない中小・零細企業の取り組みは低調であるが、大企業でも会社の業績に影響されやすく、業績が悪化すると職場スポーツに必要な運動施設の維持管理やスポーツ事業に必要な財源の確保が難しくなる。社員のスポーツ活動が、社員間の交流機会となり、企業の生産性の向上や医療費の低減にもつながるという経営者の考え方や企業全体でのコンセンサスを得ることが課題となる。

（木村和彦）

第7章
体育・スポーツ経営の実践領域

第2節

「みる」スポーツをめぐる経営領域

1.企業スポーツクラブとリーグの経営

(1)企業スポーツクラブ経営の特徴

一般的に企業が本業以外に、トップスポーツクラブを保有したり、冠スポンサーになったりしてスポーツを支援する目的は、スポーツで収益を上げるというより、①企業やブランドの宣伝、②社員の士気の高揚などがあげられる[①]。どちらの目的にとっても、クラブの試合を観戦してもらい、TVなどのメディアに取り上げてもらうことが必要になる。主催者側からみれば、チームの強化と共にチケットや放映権を販売することが課題となる点ではプロスポーツと同じである。企業クラブは、競技団体が主催するリーグに加盟し、試合をすることになるので、上記2つの目的に加えて、競技団体の目的である競技の「強化」と「普及」にもかかわることになる。

例えば、ジャパン・ラグビートップリーグ（JRTL）は、加盟金を納めた企業ラグビークラブが参加したトップリーグを開催している。それぞれの試合の運営は、3つの地域協会と開催地協会（都道府県）に業務委託されている。したがって企業クラブは、みるスポーツの中核である「試合」にとっては不可欠の構成要素ではあるが、その他の競技運営、チケットや放映権、広告やグッズ販売など、みるスポーツの環境条件のほとんどはトップリーグと業務委託された地域協会が担っているという特徴がある。企業クラブにとって、観戦者や視聴者がステークホルダー[②]になりにくい構造になっている。

(2)企業スポーツクラブとリーグをめぐる経営領域としての課題

ラグビーと同様に、企業クラブにチケットや放映権の販売の権利がなく、企業クラブを保有する目的達成の方法が限られており、観客数の増大や放映権の販売促進などへのインセンティブが働きにくい場合が多い。企業クラブにとって、社員の観戦促進のためのプログラム、自らのホームページを通じてファンクラブの設置やファンの拡大のためのイベントの開催などを行い、みるスポーツの拡大による企業目的の達成に努めることが課題となる。

2.プロスポーツクラブとリーグの経営

(1)プロスポーツクラブ経営の特徴

企業クラブやリーグと違い、プロスポーツクラブとリーグは、みるスポーツとして観戦者や視聴者からの収入を収入源の大きな柱としており、チケットや放映権の販売が大きな課題となる。つまり親会社のクラブ保有目的の達成のためではなく、観戦者や視聴者がプロスポーツクラブやリーグ経営にとっての重要なステークホル

[①]1990年代、多くの休・廃部クラブが生まれた社会人野球ではあるが、その代表的な大会に「都市対抗野球」があり、毎年東京ドームで開催（2016年第87回大会）されている。都市対抗とはいえ、地方予選を勝ち抜いた出場チームの企業（事業所）が所在する都市の対抗であり、実質的には企業野球クラブトーナメント大会である。企業野球クラブは、ピーク時200クラブを超えていたが、2003年以降には80クラブ台になり低迷が危惧されていた。しかし近年では、スポーツチャンネルで全試合オンデマンドやライブ中継が行われるようになり、その個性的な応援風景とともに注目されるようになってきている。

[②]ステークホルダーについては第6章第5節を参照。

ダーになっている点が、この経営領域の特徴の1つとなっている。一般的な消費者と同様に、観戦回数などから、みる人をヘビーユーザー、ミドルユーザー、ライトユーザーに分類することができる。プロスポーツクラブは、初めて観に来た人や観戦経験の浅い人（ライトユーザー）を最終的には観戦回数の多い熱烈なファンやサポーター（ヘビーユーザー）になってもらうことを望み、様々なマーケティング活動を行う。

　プロスポーツクラブは、消費者が望むであろう製品を事前に生産することはできない。これは一般的なサービスと同じように生産と消費の同時性という経営課題に起因している。スポーツの場合、みる人の満足度や便益には、勝敗のみならず、みる人の知識や経験、観戦動機、チームへのロイヤリティ[3]、対戦相手、一緒にみる人の影響、競技場の雰囲気など、多くの要因が関係している。これらは、一般的にはクラブ側が統制することが難しい要因であり、クラブ側とファンやサポーター側がプロスポーツという製品を一緒につくっていくプロセスが重要になってくる。プロ野球やJリーグにおいて、クラブ側と私設応援団やサポーター側が応援の仕方について協議し意見交換しているのは、このプロセスの一例であるといえよう。

> [3]チーム・ロイヤリティ(Team Royalty)は、応援しているチームへの忠誠心といわれ、チームを応援・支援する誇りや献身的な愛情の程度などをいう。

(2)プロスポーツクラブとリーグをめぐる経営領域としての課題

　クラブ側からみれば、ファンクラブに入り、シーズンチケットを購入し、熱心に応援するヘビーユーザーを維持すると共に、はじめて観戦した人やテレビでしか視聴しないようなライトユーザーをヘビーユーザーに移行させることが課題となる。ヘビーユーザーは、いわゆる「目の肥えた」人々であり、熱狂的であるばかりではなく、時には批判的な視点をもち、周囲に積極的に情報を発信するオピニオン・リーダーでもある。この観戦者は、単なる消費者ではなく、みるスポーツの文化の形成者として重要な役割を果たしている。

3.競技別スポーツ統括団体の経営

(1)競技別スポーツ統括団体の経営の特徴

　例えば、（公財）日本陸上競技連盟（JAAF）は、代表的な競技別スポーツ統括団体であり、我が国の陸上競技界を統括し代表する団体として、陸上競技の強化と普及を目的として活動している。その事業の1つとして、国際競技大会、日本選手権大会やその他の競技会を開催している。一般的に競技別スポーツ統括団体の目的は、競技の強化と普及であるから、プロスポーツと違い、大会をみる人は団体経営のステークホルダーとしては周辺的な位置づけになる。ただし競技の普及という点では、競技場やメディアを通じて、できるだけ多くの人にみてもらうことが重要になるから、関心事項の1つとなる。しかし、現状での普及活動の中心は、ジュニアの育成であり、みる人の拡大は主要な課題とはなっていない。またマーケティング活動については、マーケティングを担当する委員会はなく、十数名という少ない正規職員の中で、担当職員がすべてを担っている現状がある。我が国の中では、加盟者数や予算規模からみても大きな団体であるJAAFの実態から、他の小規模な団体においては、なおさらみるスポーツとしての発展をめざすことは難しい現状がある。

(2)競技別スポーツ総括団体をめぐる経営領域としての課題

　多くの団体では、みるスポーツとしての拡大に関心はもっていても、組織として対応するだけの人材が不足しており、外部に委託するだけの財源も十分ではない。

みるスポーツとしてより関心をもってもらえるように、競技の魅力が伝わるような映像や情報の提供が望まれる。また、競技別団体が加盟する（公財）日本体育協会や（公財）日本オリンピック委員会が、経営能力の弱い個々の団体をまとめて、みるスポーツの拡大を図ることも今後の課題である。

4. メガ・スポーツイベントの経営

(1) メガ・スポーツイベント経営の特徴

オリンピックやサッカー・ワールドカップなど、メガ・スポーツイベントは一度に多くの観客を集めると共に、テレビやインターネットを通じて世界中に映像が配信されるので、みるスポーツの経営にとって重要な領域となってきている。この経営領域の特徴の1つは、ステークホルダーが多岐にわたり、時にはステークホルダー間の利害が対立し、調整が問題になることである。

オリンピックを例に考えてみよう。オリンピックに関連する基本的な諸権利は、国際オリンピック委員会（IOC）が有している。IOCによって指名された開催都市（地方政府）は、中央政府の協力を取り付け、大会組織委員会を組織し、開催競技の国際競技連盟（IF）や国内競技連盟（NF）[4]と協力、調整しながら、会場の整備や運営にあたる。開催都市の主な財源は、税を中心とした公的財源であるのに対して、大会組織委員会においては、放映権料、スポンサー料やチケット収入、企業からの寄付金など、私的財源が中心となる。競技団体においては、大会が競技会として成功し、競技会場の整備やメディアによる露出を通して、当該競技が普及・発展することが目標であるので、そもそも大会運営に必要な財源に対する関心が低い。また開催都市や国において人気のない競技については、観戦者が極端に少なかったり、放映時間が少なかったりする場合がある。2012年ロンドン・パラリンピック大会において障害者スポーツが、みるスポーツとして大きな注目を集めた。このように大会主催者は、それまでみるスポーツとして関心の低い競技でも、競技団体と協力して、できるだけ多くの人に観戦・視聴してもらう経営が重要になる。

(2) メガ・スポーツイベントをめぐる経営領域としての課題

多様な観戦者が訪れるメガ・スポーツイベントでは、観戦者の多様性に対応することが求められる。例えば障害者への対応がある。車椅子での観戦場所の確保、観戦場所までのバリアフリー化はもちろんのこと、視覚障害者も観戦できるように誘導し、音声による解説が必要になる。また多数の外国からの観戦者が予想されるイベントでは、会場内表示の多言語化を含めたユニバーサルデザイン[5]の導入が不可欠となる。

5. 公営スポーツ競技の経営

(1) 公営スポーツ競技の経営の特徴

国が定める特別な法律に基づいて、自治体などが開催することが認められる、いわゆる公営ギャンブルとして行われるスポーツ競技である。競馬（中央と地方）、競輪、競艇、オートレースなどがある。中央競馬は、農林水産省が所管する日本中央競馬会（JRA）が主催している。競輪や競艇やオートレースは、単独あるいは複数の自治体で作る組合が施行者（主催者）となり、その委託を受けた財団などの団

[4] 世界的なルールの統一や変更、国際競技大会を主催する国際競技連盟（International Federation 略してIF）と、IFに加盟して各国の競技の強化や普及を目的とする国内競技連盟（National Federation 略してNF）がある。

[5] ユニバーサルデザインについては第4章第1節を参照。

体が運営している。競馬ではレースの模様がテレビやインターネット中継され、年間入場者数も600万人（2020年度）を越えており[6]、直接観戦ではプロ野球、Jリーグに次いで多くの人々にみるスポーツの場を提供している。

プロサッカーのスポーツ振興投票（toto）と同様に、馬券（勝馬投票券）を購入することによって、観戦にも熱が入り、観戦者の参加度が高まるスポーツである。また勝ち馬を予想するために、出走前の馬の様子を観察したり、競馬新聞や情報サイトなどから、様々なデータを収集・分析するという楽しみもある。ただし高額配当金が生まれやすい馬券の種類が増え、射幸心だけを煽るようになると、みるスポーツというよりギャンブル（賭け事）の性格が強調される可能性がある。馬券の買いやすさや高額配当馬券の登場によるギャンブル性の強化が、スポーツとしての楽しみ方の深化を阻害する可能性があるので注意が必要である。

(2)公営スポーツ競技をめぐる経営領域としての課題

みるスポーツとしての公営競技の課題は、若者をはじめとした底辺の拡大にある。過度にギャンブル性に偏らず、健全な娯楽としてみるスポーツとしての底辺を拡大するためには、ギャンブルに関する若者への教育や啓発活動が必要になる。教育の内容としては、ギャンブル依存症を含めたリスクへの適切な対処方法と共に、確率や予測などを含む、みるスポーツとしての楽しみ方が大切になるだろう。

6.スポーツショーの経営

(1)スポーツショーの経営の特徴

スポーツショーとは、スポーツや身体技能をルールに則った競技としてではなく、演出された見世物の興行として行われる事業のことである。同じスケートでも、オリンピック種目でもあり、競技として行われるフィギュア・スケートではなく、氷上のエンターテイメントとして創作され、観客に提供される。サーカスや中国の雑技団などの伝統的な見世物との違いは、高度なスポーツの技術的要素を残して、現役や引退した選手が出演することが多い点である。我が国では、1978年に初めてフィギュア・スケートとエンターテイメントの要素を組み合わせたアイスショーが開催された。また「筋肉で音楽を奏でる」という基本コンセプトで生まれたマッスル・ミュージカル[7]も多数の元アスリートが出演するスポーツショーである。海外では、1984年にラリベルテ（G. Laliberte）が創設したシルク・ドゥ・ソレイユ（Cirque Du Soleil）が有名である。カナダのケベック州に誕生したシルク・ドゥ・ソレイユは、50カ国以上から1,300人のアーティストを含む5,000人のスタッフが働き、約1,500万人（2012年）もの観客を動員している。日本からも体操競技やシンクロナイズドスイミングの元選手など、多数の元アスリートが参加している。

(2)スポーツショーをめぐる経営領域としての課題

マッスル・ミュージカルの事例にもみられるように、常設劇場が安全や防火の問題から使用禁止になったり、興行会社が経営破綻したり、安定してみるスポーツの場を提供できていない場合が散見される。また元アスリートのセカンド・キャリアの1つとして期待されているが、労働時間や労災認定など労働環境の問題が指摘されたこともある。

(木村和彦)

[6]売り上げも長らく減少傾向にあったが、2011年度に歯止めがかかり、8年連続増加している。

[7]2001年に誕生。震災の影響もあり2011年に活動休止したが、2016年に全国ツアーを再開した。

column Ⅶ

体育・スポーツ経営における組織間関係とステークホルダー

　一般的に、経営組織は日々変化する環境の中で活動しており、特に他の組織の存在や組織間の関係を見過ごすことはできない。例えば、国が定める法令や制度により、経営組織の行動を制限もすれば拡大もする。また、同じ事業を展開する経営組織は、競争をする相手でもあり協働する仲間でもある。さらに、消費者団体が経営組織に社会的責任の履行を求めることもあろう。このように、経営組織はこれらステークホルダー（利害関係者）からの影響を考慮しつつ行動し、時には組織間関係を構築、調整することが不可欠となる。

　体育・スポーツ経営組織も同様な状況に置かれているが、ここでは学校運動部活動を取り上げ、学校体育経営組織とステークホルダーとの組織間関係について考えてみる。生徒たちの自発的・組織的なスポーツ活動が実践されている運動部活動は、様々なステークホルダーとのかかわりの中で展開されている。

　文部科学省が定める学習指導要領では、運動部活動は教育課程外の学校教育活動として位置づけられ、教育課程との関連を図ることが明記されている（文部科学省、2017）。またスポーツ基本計画では、国が運動部活動のあり方に関する総合的なガイドラインを策定することや、指導力の向上や指導体制の充実を図ることが記されている（スポーツ庁、2017）。このように運動部活動は、国や行政機関によって一定の方向性が示されているため、それに沿った活動が求められることになる。また、運動部活動に所属する生徒たちは、（公財）日本中学校体育連盟や（公財）全国高等学校体育連盟などが主催する競技大会を目標として日々の活動に励んでいる。それゆえ日常的な活動内容は、第三者が主催する競技大会での活躍を活動目標とする従属的クラブの性格を帯びやすくなり、いわゆる「勝利至上主義」に陥る危険性と背中合わせになっている。以上から、運動部活動のあり方やその活動は、国や行政機関、大会を主催する外部組織の影響を受けながら展開されていることがわかる。

　一方、運動部活動をめぐる諸問題を解決するために、ステークホルダーと協力的な組織間関係を構築する必要もある。

　昨今、少子化の影響で生徒数が減少し、単一の学校では競技大会に出場することができない運動部が現れてきている。そのため、いくつかの学校が合同でチームを結成して活動し、大会に出場するという複数校合同運動部活動が認められるようになってきた。このような現象は、部員数の減少という問題を克服して生徒たちが活動できる機会を確保するために、複数の学校と協力体制を築いているとみることができる。また顧問教員の運動部活動をめぐる負担が問題視される中、外部指導者の活用や総合型地域スポーツクラブとの連携の必要性も指摘されている。外部指導者に関しては、地域に存在する人的資源を活用しながら、専門的な指導の保証と顧問教員の負担を軽減しようとするものである。総合型地域スポーツクラブとの連携をめぐっては、運動部活動に所属する生徒がクラブの会員にもなり、専門的指導を受けたり運動部活動にはない種目を実践したりする事例も散見され、総合型クラブと協力して運動部活動の問題解決を図ろうしている。

　このように、学校体育経営組織は様々なステークホルダーとの組織間関係を念頭に置いて、生徒にクラブサービスを提供しているわけであるが、その際、運動部活動が学校の教育活動である以上、教育的成果の実現を目的とした活動が前提になることはいうまでもない。外部の第三者が主催する競技大会で勝つことを重視するあまり、顧問教員の指導が行き過ぎてしまっては、生徒の健全な成長にとってプラスになるとは考えがたい。外部指導者を活用するにしても、技術向上に終始した指導になり、学校教育活動から逸脱した指導が行われるようなことがあってはならない。学校体育経営組織をはじめとする体育・スポーツ経営組織は、スポーツサービスの受け手であるスポーツ生活者・運動者が必要とする便益の実現や豊かなスポーツ生活、そして文化としてのスポーツの発展を第一義的に考え、その実現を促すステークホルダーとの組織間関係づくりを模索する必要がある。

（今宿　裕）

第**8**章

「みるスポーツ」の経営

この章のねらい

「みる」スポーツに対する関心が高まると共に、みるスポーツの経営領域も拡大してきた。それは「行う」「支える・創る」というかかわりと共に、人々の豊かなスポーツ生活を構成する重要な要素となっている。また、みるスポーツの具体的な経営領域については多くの関心が寄せられてきたが、「みるスポーツ」の考え方や展開の仕組みなどについては十分な解説はなされてはいない。本章では、「みるスポーツ」の経営という営みを、みるスポーツの発展という視点から解説することを目的としている。

まず、みるスポーツライフやみる力とはどのようなものかを解説し、それらを豊かにする方法について説明する。そして個人的なみるスポーツの高まりが、地域社会に拡大し定着する意味や手法について解説する。さらに、地域社会から全国的・国際的に、みるスポーツを展開させる可能性をもつスポーツイベントについて解説する。最後に、みるスポーツの質を高める方法としてのスポーツプロデュース論の考え方を紹介し、特に競技会の価値を高める方法について考える。

キーワード ◉みるスポーツライフ ◉みる力と事業 ◉みるスポーツと地域経営 ◉スポーツイベント ◉スポーツプロデュース ◉競技会の価値

第1節 みるスポーツの経営を考える

第2節 みるスポーツライフを豊かにする経営

第3節 みるスポーツの地域経営論

第4節 スポーツイベント経営論

第5節 みるスポーツのスポーツプロデュース論

第8章
「みるスポーツ」の
経営

第1節

みるスポーツの経営を考える

1.文化としてのみるスポーツ

　みるスポーツの経営は、競技場でスポーツを「みる」ことを中心としながらも、人々の生活を豊かにすることやスポーツ活動の質を高めるための新しい価値を創り出すという「文化としてのみるスポーツ」の推進を考える。そして、新たな文化的価値や知識が創られるためにどのように環境を整えていくべきかを検討する。

　みるスポーツの経営についての考え方には2通りある。第1の考え方は、文化としてのみるスポーツの全体像を、日常生活、地域、全国展開といった人々の生活や地理的な視点から水平的な広がりに着目した考え方である。この考え方の基点は人々の生活にある。競技会だけでなく、みるスポーツに関する生活の全体、つまりスポーツについて色々な情報を調べたり、感想を話したりといった日常生活をイメージして考えてみたい。

　次にみるスポーツに親しむ人々が生活する地域社会をイメージする。その地域には、大きな競技場が地域の物的なシンボルとして整備され、商店街はチームカラーの旗やポスターでディスプレイされている。そういったまちなみを人々はシンボルカラーのTシャツを着て歩き、その結果、地域へのアイデンティティが実感できる。人々は我がまちや地元チームを誇りに思い、子どもたちがスタープレイヤーに憧れ、ホームチームは地域にとってかけがえのない存在となっていく。

　さらに国際的な試合や全国大会が開催されることをイメージする。色々な国や日本のトッププレイヤーがその地域に集い、最高の競技を披露する。地域の人々にとっては一生に一度しか体験できないイベントとなるかもしれないが、これを契機に国際交流やボランティアのように新しいかかわりが生まれる可能性もある。

　みるスポーツ経営についての第2の考え方は、競技会そのものについて、競技や鑑賞[1]の質を考えていく垂直的な視点である。競技会は、みる人からすれば「鑑賞する対象物」ということになるが、プレイヤーからすると日頃の練習成果を発揮する場である。「する」と「みる」が同時に揃う、スポーツの原点といえよう。例えば競技場全体が盛り上がる場面をイメージするとよい。プレイヤーが最高のパフォーマンスを発揮し、それを鑑賞者が讃える。競技場にいるすべての人が深い感動を得られるかどうかを考え、そのための競技の質と鑑賞の質を高める経営を考えていく。

①スポーツは世界共通の人類の文化である。本稿ではスポーツをみることを「鑑賞」と表記する。

2.みるスポーツの経営を考える4つの論点

　みるスポーツ経営は、「水平」と「垂直」の枠組みから、以下の4つの論点（A～D）で考えていくことができる（図8-1）。

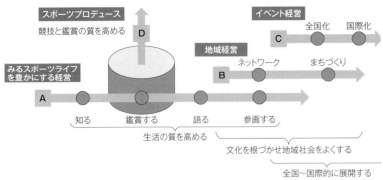

図8-1　みるスポーツ経営の枠組み

　A〜Cは人々の生活を豊かにすることをみるスポーツ経営の基点として、地域社会の形成、あるいは全国的に競技会を展開していく水平的な経営である。Dはスポーツを競技場やテレビでみる場合の競技会や番組の質を高める垂直的な経営である。

A　みるスポーツライフを豊かにする経営

　みるスポーツを豊かにする経営[2]とは、みるスポーツと親しむ日常的なスポーツ生活に焦点を当て、人々の生活の質を高め、より豊かにすることを基点として経営を考えていくことである。生活を豊かにするにはまずは地域で生活する人々、すなわち生活者としての「主体性」が求められる。モデルとなる生活者は、専門家ではないが、教養ある市民として多くの知識や情報を得ようとしたり、鑑賞したことについて自分なりの意見をもち、社会的な活動に参画できる人々を想定している。

B　地域に「みるスポーツ文化」を根づかせる経営（地域経営論）

　地域社会においてみるスポーツが文化として根づいているとは、まずは人々のみるスポーツライフが豊かであることだろう。しかし日常生活を家族や友人単位で豊かにしていったとしても、地域にみるスポーツ文化が根づいているとはいいがたい。確実に文化としてのスポーツが根づくには、地域全体が持続的にみるスポーツを中心に発展していく「社会的な仕組みづくり」が必要となる。

　地域経営論は、人々の主体的な生活を尊重しながら、様々な組織・団体が協力して持続的な発展をめざす地域社会システムを考えていく経営論である。

C　スポーツイベントを開催する経営（イベント経営論）

　イベント経営論では、競技会を招致して地域発展の起爆剤とすることや、全国的・国際的な競技会を展開し、開催都市も利益を得るための経営を考えたい。全国的なスポーツイベントはその地域では多くても年に1回であり、国際的なイベントの場合には数十年に1回あるような祭典である。これを成功させ、負の影響を最小限にし、次世代に好ましい遺産を継承する方法を考える経営論である。

D　競技と鑑賞の質を高める経営（スポーツプロデュース論）

　スポーツプロデュース論は、スポーツ自体の質、競技会や放送番組などの質を高めることを考える、いわば垂直的な高度化を考える経営論である。町内運動会であれオリンピックであれ、競技会に出場するプレイヤーの競技の質を高め、また競技をみる者の鑑賞の質を高めるため、効果的で効率的な働きかけを考える経営論である。

（齊藤隆志）

---

[2] 生活者が自らの生活について主体的に経営したり、日常生活の中で親密的な集団であるサークルを経営したりする視点である。これを生活経営という。一方で、それを支えたり推進したりする側である学校や地方自治体、あるいは会社の経営という視点も重要となるだろう。

<table>
<tr><td>第8章</td></tr>
<tr><td>「みるスポーツ」の経営</td></tr>
</table>

第2節

みるスポーツライフを豊かにする経営

1. みるスポーツライフの豊かさとは

みるスポーツを軸とした一人ひとりの生活を「みるスポーツライフ」と呼ぼう。

みるスポーツライフの豊かさの方向性は、自身の能力を生かし主体的に活動し、新しい文化を創る「文化の担い手」として自立することにある[1]。

みるスポーツを豊かにする経営では、その生活の豊かさがめざす方向を押さえつつ、状況に応じた事業を企画・運営していくことが重要である。特に、みるスポーツを主体的な活動にするには、経営側がみるスポーツライフを豊かにするための能力としての「みる力」の育成を強く意識して企画・運営していくことが望まれる。このポイントを押さえていないと、人々は話題のある競技会に何となく群がり、ブームに流されるだけの単なる「見物客」となってしまう可能性が高いからである。

みるスポーツライフにおいて、人々はスポーツを鑑賞するために、まず事前にルールやチーム等の情報を知る。次に、競技を鑑賞し、自分なりに考えたことを意味づける。そして意味づけた感想を他者に話したり意見したりする。さらに誰かを応援するため集会を企画する場合もあるだろう。このような主体的な活動を通して、スポーツの価値を享受し、生活の中で意味づけ、他者と交流し、社会活動に参画することが、みるスポーツライフの豊かさといえよう。

つまり、みるスポーツライフとは、「『みる』を中心としながら、みるスポーツの価値とかかわる生活の全体」なのである。みるスポーツの価値とかかわる生活の全体は、図8-2のような一連のプロセスで考えられる。

[1] 人々がみるスポーツライフを送る際に、話題性やブームに踊らされていては、豊かなスポーツライフであるとはいえない。それは受動的な消費者・お客様として観戦するだけであり、文化の担い手とはいえないからである。一方、話題性やブームは関心をもつきっかけになるので、これをスポーツ鑑賞へとつなげていけるとよいだろう。

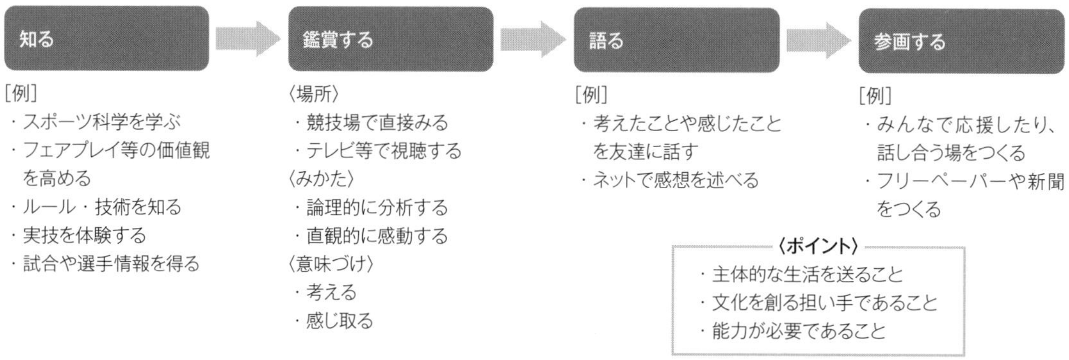

知る	鑑賞する	語る	参画する
[例] ・スポーツ科学を学ぶ ・フェアプレイ等の価値観を高める ・ルール・技術を知る ・実技を体験する ・試合や選手情報を得る	〈場所〉 ・競技場で直接みる ・テレビ等で視聴する 〈みかた〉 ・論理的に分析する ・直観的に感動する 〈意味づけ〉 ・考える ・感じ取る	[例] ・考えたことや感じたことを友達に話す ・ネットで感想を述べる	[例] ・みんなで応援したり、話し合う場をつくる ・フリーペーパーや新聞をつくる

〈ポイント〉
・主体的な生活を送ること
・文化を創る担い手であること
・能力が必要であること

図8-2 みるスポーツライフのプロセス

2.みるスポーツライフの種類

(1)知る

　みるスポーツが主体的になるには、まず鑑賞前に、そのスポーツについて様々な知識や情報を「知る」という行動をとる必要があろう。人々は学校の授業や生涯学習としてスポーツ理論を知的に学んだり、行うスポーツとして実際に経験したりすることで、スポーツの技術・ルールや歴史、身体感覚などを学ぶ。またテレビのスポーツ情報番組、新聞やネットなどから試合前の情報を得たり、応援するチームの公開練習をみたりして様々な情報を収集する活動である。

(2)鑑賞する

　鑑賞はみる場所によって直接的鑑賞(観戦)と間接的鑑賞(視聴)の2種類がある。直接的鑑賞とは、競技場で競技や演技を直接みることである。カメラワークで切り取られた映像ではなく、自分がみたいプレイヤーを追ったり、会場でしか味わえないライブ感を体感したりできる。間接的鑑賞とは、テレビやネットを介して制作された番組を視聴することである。データ放送などの放送技術によって、知的関心に応えながら鮮やかで美しい映像をみることができる。そして直接、間接を問わず、自分で主体的に考えたり感動したりすることで、自分の内面に鑑賞したことを意味づける[2]。

　また、鑑賞による主体的な意味づけの仕方(みかた)についても2種類ある。1つはデータや戦術などに基づいて、プレイしているチームの攻めや守りを分析したり予測したりすることなどを論理的に考えながらみる場合である。もう1つはプレイヤーが限界に挑戦する姿やフォームの美しさ、人間らしさなどを直観的にみて感動する場合である。

(3)語る

　直接的・間接的に視聴した後には、論理的に考えたことや感性的に感動したこと(意味づけたこと)について、家庭や学校で自分の言葉や文章で感想を語ったり、SNSで意見を述べたりする[3]。

　また、地域や社会の問題と関連づけて意見することもあるだろう。このような評論的な語りは、単に家族や友人といった身近な人に対してだけではなく、学校の授業や市民集会などの様々な対話の場でも展開される。

(4)参画する

　一般人が大規模なスポーツ競技会を企画・運営していくことは難しい。しかし、地元のプロスポーツチームのあり方や活性化についてみんなで考える市民フォーラムのような場を企画することや、地元プレイヤーを応援するためのパブリックビューイングを企画・運営するなど、市民としてみるスポーツを通したまちづくりに参画することはできる。

　あるいは学生や市民が中心として制作している「大学スポーツ新聞」や「フリーペーパー」のようなジャーナリスティックな活動も主体的な参画活動といえるだろう。

[2]スポーツを鑑賞し、目の前の競技やスポーツそのものについて分析・評価してみたり、高度なプレイに感動したりすることなどを「内面化」という。

[3]スポーツ鑑賞によって「内面化」したことを、自分の言葉で他人に話したり、文章にしたりして、説明やコミュニケーションすることを「表出化」あるいは「外面化」という。

3.「みる力」とは

　「みる力」とは、みるスポーツの価値とかかわる生活の全体の質を高め、意味づけし、自分の生活を豊かにすることや、新しい社会や価値を創り出すことができる総合的な力である。ここでは、「みる力」はどのような力で構成されているかを具体的にみていく。

(1)事前知識

　事前知識とは、スポーツ全般や鑑賞する種目について、先人が築き上げた哲学、歴史、科学、ルール、戦術などの「基本的な知識」や、行うスポーツの実践から得られる身体操作感やリズム感といった「経験知」のことである。

　また、出場プレイヤーのコンディションやプレイの特徴、練習にかける情熱や家族らの支えなどの裏話、チームが採用する戦術など当日の試合に関する「情報」などを知っていることである。このような情報については、ネットやマスコミ、あるいは試合で配布されるパンフレットなどから入手可能である[4]。

(2)知性と感性(鑑賞)

　鑑賞場面での「みる力」には、「知性」と「感性」がある。「知性」とは、論理的な思考力のことで、事前知識や各種データを使いながら分析的に鑑賞して、競技の進み具合、戦術やプレイヤーの動きを理論的に理解できたり予測できたりする力である[5]。

　「感性」とは、試合を鑑賞して、興奮や感動などの心の動きを素直に感じ取る力を意味する。プレイヤーのたゆまぬ努力、家族愛などの人間ドラマを推し量り、その人間らしさに共感したり、ドラマティックな試合展開に感動したりすること、またプレイヤーの活躍から勇気を貰ったり、人智を越えた才能やフェアプレイの姿勢に尊敬・畏敬の念を抱いたりできることである。あるいは優れたプレイについて身体全体で共感し、その卓越性や美しさ[6]に感動できたりすることである。

(3)評論・表現力

　「評論・表現力」とは、「知性」によって考えた観察内容や分析結果を論理的にまとめ、競技結果やプレイヤー・監督の状況判断などについて、その優劣、価値などを他者にわかりやすく言葉や文章で説明・評価できる力のことである。また「感性」によって動かされた心持ちを色々な言葉を使って豊かに表現[7]できる力のことである。

(4)組織化する力

　組織化する力とは、スポーツを文化として根づかせるために、人々が豊かなスポーツライフを築くように市民レベルでまちづくりに参画していく力である。

　多くの専門家が従事し、莫大な経費がかかるような事業を市民レベルで企画することは難しいかもしれない。しかし、市民が協働しながら身の丈に合った事業を企画し、新しい価値や知識を創ったり発信したりすることや、行政が企画する政策立案の場に市民の立場から意見を述べるといった、組織化する力が期待される。このような活動を通して多くの人々が文化を根づかせ、次世代に継承するために活躍する「文化の担い手」となることが期待される。

[4]学校体育の体育理論で学ぶようなスポーツ科学、様々なスポーツ種目の歴史やルール・戦術、フェアプレイやスポーツフォアオールについて、より多く理解できているとよい。

[5]例えば野球で過去のデータや攻守のスコアを参考にしながらみたりできること。また、サッカーにおけるプレイヤーのポジショニングの取り方や体操競技における体のひねり方といった運動・動きを観察し、それが上手かどうか理解できることである。

[6]新体操のような芸術的な競技を美しく感じることばかりでなく、様々な種目で、プレイヤーの一瞬の判断、連係プレイ、複雑な身体操作などを「すごいなあ」と感じる。このようにプレイを直観し、体全体で共感して本質的な美しさに感動できることを「美感」という。

[7]「今日の試合のハイライトは〇〇選手のスペースをつくる動きとそれに連動した△△選手のパスがすばらしかったことだ」というように、言葉や文章でわかりやすく説明・意見できる力のことである。さらに、地域観光や福祉といった他の社会的活動と関連させて述べられることも評論・表現力といえよう。

4.みるスポーツライフを豊かにする事業⑧

(1)学習プログラム事業(みる力を育む)

　学習プログラムとは人々の「みる力」を育むことをねらった事業である。この事業は「事前知識」を増やすための教養プログラム⑨として企図できるだろう。例えば、学校の体育理論の授業や、行政が企画する市民講座などでの展開が期待される。

　さらに、トップアスリートの名言集をつくるとか、国際大会のゲーム分析の仕方を学ぶ講座など、鑑賞者の感性や知性、評論・表現力を伸ばすような講座も考えられるだろう。市民評論家となって評論力を育成する事業や、企画のハウツーを学んで組織化する力を育ててみるなど、みるスポーツライフの場面に応じた「みる力」の様々な要素について育成するプログラムを考えるとよいだろう。

(2)ファンクラブ事業(仲間をつくる)

　プロスポーツリーグの各チームは、ファンを顧客として獲得するためのファンクラブ事業を行っている。会員向けの雑誌の発行、ファンとの交流イベント等を行い、チームとファンのつながりを強化している。ファンクラブ事業を通してクラブメンバーでなければ知り得ないプレイヤー・監督の考えや日常の姿、チームの情報などを知ることができるだろう。入会動機は好みのプレイヤーのファンである場合も多いかもしれないが、ファンとなることをきっかけに、みる力を高めることにつなげていくことができるだろう。

(3)交流・応援事業(プレイヤーを深く知り、交流し、応援する)

　交流・応援事業は、出場チームやプレイヤーのことを深く理解したり、交流したりすることによって教育や復興支援のために役立てる事業である。

　みるスポーツでの交流・応援事業の代表例として一校一国運動がある。オリンピック開催地の小、中、高等学校の各校が、応援する国や地域をあらかじめ決めて、その国や地域の文化や言語を学習したり、当該国・地域のオリンピック選手や子どもたちと交流したりして異文化理解を深めようとする教育活動である。1998年長野オリンピックで話題となり、オリンピックのみならず色々な国際大会を開催する都市の草の根運動が全国的、国際的に広まっている⑩。

　あるいはプロチームやトップアスリートらが、被災地、福祉施設や小学校などに赴き、入所者や子どもたちとふれあう交流事業では、多くの人々が勇気づけられている。交流事業はチームやトップアスリート側からすると、復興支援事業や社会貢献事業となるだろう。

(4)コミュニティ空間事業(親密的で文芸的な対話の場をつくる)

　するスポーツでは生涯スポーツとして楽しく行うサークル活動の場があるが、同じようにみるスポーツでも友達同士やファンが集う場が地域社会には多くある。

　地域では、特定のファンが集う飲食店やスポーツ鑑賞を楽しむカフェに人々が集まり、同じチームを応援する者同士で、間接的鑑賞を楽しみ、気兼ねなくプレイヤー・チームに対する意見を語り合ったり、楽しく評論したりできる。そのような場は、偏見をもたずに聞いてくれるといった文芸的な空間でもある⑪。

(齊藤隆志)

⑧鑑賞場面に関する事業については本章第5節を参照。

⑨「オリンピックを10倍楽しむ方法」といった教養講座は比較的イメージしやすい。単にルールや競技の裏話を座学で学ぶだけでなく、実技や鑑賞実習を含めた講座を考えていくことも良案だろう。障害者スポーツやマイナースポーツのような、我々が学校の体育実技で学ぶ機会が少ない種目について、多くの機会をつくっていくことが期待される。障害者スポーツについての鑑賞講座として、実技を健常者も体験することで、身体操作感や難しさを知ることができ、敬意をもって障害者スポーツを鑑賞するようになるといった学習効果が期待できる。

⑩2020年東京オリンピックを契機にしたオリンピック・パラリンピック教育の一環として、東京都教育委員会は「世界ともだちプロジェクト」と称して同様の取組を行っている。

⑪小説を読んだり、絵画をみてお互いに感想を話し合ったり、同人誌をつくったりする場のことを「文芸的公共圏」という。みるスポーツについてもスポーツカフェや大学のサークルなどで、興味の近い人たちが集まって語り合う場がみられるが、みるスポーツの経営では「文芸的公共圏」での活動を重視していきたい。

第3節 みるスポーツの地域経営論

1. 地域固有の価値をつくる経営

(1) みるスポーツを文化として根づかせるには

　地元チームや選手の試合を鑑賞したり、語ったりすることによって、みるスポーツの価値が個々人のレベルで創り出される。そして、みるスポーツについて地域の人々が考えたり発信したりする事柄について、他の人々と議論されたり次世代に語り継がれたりする。やがて人々はチームやスポーツに対し愛着や誇りを抱くようになると共に、スポーツが地域にとってかけがいのない文化として地域社会に根づいていく。みるスポーツを文化として根づかせるには、スポーツをみるだけでなく、友人との語らいや住民同士の話し合い、一緒に応援することなどにより、一体感を抱き、その地域を誇りと思うようになるための総合的な施策を考え、また環境を整えていくことが重要である。一過的なブームで終わらせないためには、文化として根づくように工夫された事業が持続的に展開されることが期待される。

(2) 地域組織のネットワーク

　みるスポーツ文化を地域に定着させるための事業が持続的に営まれるには、地域を拠点としている様々な組織が協働しながら経営することが望ましい。ここでは、地域社会において、地域にある資源を活用しながらみるスポーツを文化として根づかせていく持続可能な社会の仕組みづくりや事業の営みのことを地域経営と呼ぶ。地域経営では、地域の資源を活用しながら事業展開していくので、地域を拠点とする様々な業種の組織が、それぞれの立場から知恵を出し合い、情報を共有し、スムーズに協働できるようなネットワークが重要となる。事業の企画・運営には、多分野にわたる専門性や継続的な資金が求められ、それぞれの知見を生かした企画・運営をしなければならないからである。例えば、スポーツ関係団体ばかりでなく、観光業、広告代理店、飲食業者など様々な業種が協力し合う必要がある。

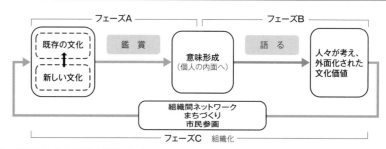

図8-3 「みる」文化価値の創造プロセス

図8-3はみるスポーツ文化が「既存の文化→鑑賞し他者に語る→新しい文化となる」までの「みる」文化価値の創造プロセスモデルを描いたものである[①]。このプロセスのフェーズCが、みるスポーツ文化が地域に定着していく局面であり、この局面において様々な組織が協力しながら事業化していくと考えるとよい。事業の具体例としては、人々が議論できる場、地元アスリートを応援する催し、商業施設と競技観戦が複合された施設など、みるスポーツを話題に人々が交流したり話し合った内容や名勝負を記事や記録にする取り組みなどがあげられる。また地域アイデンティティを抱きやすくするために物理的なシンボルとなるスタジアムとまちなみや景観を視覚的に統一していくことも重要だろう。

2.みるスポーツを根づかせる

(1)地域スポーツコミッション

　地域にある異業種の団体や組織が単なるネットワークを超えて、地域レベルの連携組織として「地域スポーツコミッション」が結成されるようになってきた。地域スポーツコミッションは、地方公共団体、スポーツ団体及び観光産業などの民間企業が一体となって組織される。スポーツイベント誘致や開催、観光客の呼び込み、地元チームと密着した店舗運営など、その地域独自の取組や情報発信について責任体制を1つにできるという利点がある。地域スポーツコミッションには、地域を活性化させながら、様々な創造的な事業が生まれるような働きかけが期待される。

(2)市民ミーティング事業

　近年、Jクラブのサポーターは、経営者に直接意見を述べ、クラブ経営やチーム活動に介入しようとする場合もみられる。クラブ側はサポーターズ集会を開催し、チームの経営・財務状況やチームの戦術から観客サービスの内容に至るまで説明し、サポーターから意見を求めたりしている。また、市民、行政、首長らが肩を並べて我がまちのスポーツやオリンピックに向けた課題などについて話し合う対話集会（タウンミーティング）が全国各地で行われている。

(3)ジャーナル事業(評論・ジャーナリズム・地域メディアをつくる)

　多くの大学では、学生を中心に大学スポーツを取材し、新聞やメールマガジンを発行している。また、市民による草の根新聞や学生による手づくりの新聞・サイトなどのスポーツを考えるメディア、あるいは地元密着型のフリーペーパーやFMラジオなどを活用した情報発信活動があげられる。

(4)パブリックビューイング、パレード、セール(地域を盛り上げる)

　地域を盛り上げるために、地元出身者や学校卒業生がオリンピックに出場する場合など、地域の人や児童生徒が公民館等に集まり、みんなで応援するパブリックビューイングの場を設けたり、地元チームの活躍を契機に、選手たちがまちをパレードしたり、商店街が記念セールを行うといった事業が考えられる。

(5)スポーツを核にした市民交流施設事業

　新しく建設されるスポーツ施設(スタジアムやアリーナ等)の中には、スポーツ・文化施設や商業施設(ショッピングモール等)などを有しているものがある。このような複合的機能により、みるスポーツは単に競技を鑑賞・応援するだけではなく、市民の日常生活や経済活動に根ざした、文化的な生活空間をつくっている。(齊藤隆志)

①フェーズAはみるスポーツライフ(本章第2節参照)の「知る」から「鑑賞する」までのことである。現在あるスポーツの文化価値として、地元チームの試合を鑑賞し、自分に意味あることとして内面化する。フェーズBはみるスポーツライフの「鑑賞」から「語る」までである。スポーツを鑑賞して、意味形成した事柄を、自分なりに考え、言葉や文章として外面化する。他者に語ったり情報発信していく場面である。

第8章
「みるスポーツ」の経営

第4節

スポーツイベント経営論

1. 競技会を全国的・国際的に展開するとは

　スポーツイベント経営論は、競技会を全国的に開催したり、国際試合を招致したりする経営論である。スポーツイベントは、教室やサークル活動のような定期的な事業ではなく、一過性で単発的な催しである。また国民体育大会や国際大会のように開催地が地方都市を転々と移動する事業も多い。そのスポーツイベントの主催が統括競技団体であったとしても、実務を任されている大会組織委員会は、期間があらかじめ決まっているプロジェクト組織である。

　スポーツイベント経営では、単発的な催しであるので、来場者や観光客をその場で満足させることも重要だが、それ以上に開催地に対して短期的・長期的にどのような影響を及ぼしたかどうかが問われる。つまり、地元への短期的な波及効果ならびに長期的なレガシー（遺産）が好ましい結果に向かうことが期待される。特にレガシーが長期にわたって維持される持続可能性を意識したマネジメント[①]が重視される。このような事業特性を見極めた上で「顧客は誰か、利益は何か」を類型別に明確にするとともに、ステークホルダーの利益に供するマネジメントが重要である。

2. スポーツイベントの種類

　みるスポーツの視点からスポーツイベントを分類する場合、開催規模を分類軸として表8-1のように示すことができる。国際型は国際統括団体（国際オリンピック委員会〈IOC〉や国際競技連盟〈IF〉等）が開催し、全国型は国内統括団体（（公財）日本体育協会や国内競技連盟〈NF〉等）が開催する。ただし開催都市に財政、人材、スポーツ施設などの負担が求められるので、規模のコンパクト化や分散化、建築費などのコスト削減、費用対効果を考慮した運営、コストに見合う好ましい波及効果やレガシー[②]について、住民に十分な説明が必要となる。

表8-1　スポーツイベントの類型

国際型	オリンピック大会、アジア大会、ワールドカップ、世界選手権等
全国巡業型	国民体育大会、全国高等学校体育大会
ホームタウン型	プロ野球、プロサッカー、プロバスケット
拠点型	全国高校野球選手権大会（甲子園）、全国高等学校ラグビー大会（花園）
地方／地域型	地方ブロック大会／都道府県大会・市区町村大会
単独型	市民マラソン、学校や自治体による住民向けイベント

[①]イベントの持続可能性に関するマネジメントシステムの国際規格として、ISO 20121が2012年に発行された。ロンドンオリンピックでは、本規格が適用され、計画から持続可能性を基本に据え、環境や社会的側面に関するイベントレガシーを強く意識した運営が行われた。具体的には、気候変動、廃棄物、生物多様性、社会的包括性、健康生活の5項目に対し、目標の公約と事後成果による客観的な経営評価がなされ、イベントの健全経営に対し高い評価が得られている。

[②]オリンピックやワールドカップのようなメガ・スポーツイベントにおいては、多くの人々が関心を寄せる求心力がありつつも、開催期間が限定的であるという事業の特徴が考慮されなければならない。メガ・スポーツイベントの開催は、スポーツだけではなく、観光、食文化、日本文化（古典芸能やアニメなど）、デジタル産業などについて異業種・産官学が手を携えて分野横断的に推進していくことが期待されよう。

3. スポーツイベントの顧客と利益

　大規模な競技会に直接的にかかわる顧客は主に大会スポンサー、放送会社、競技者、観客である。顧客にとっての商品価値として、スポンサーにはブランドのイメージアップやプレミアムチケット、グッズ[3]販売益、放送会社には視聴率、競技者にはパフォーマンスを存分に発揮できる良好でフェアな競技環境、観客には質の高い競技内容や鑑賞サポートサービス、観覧席等の快適性などが期待される。地方型や単独型のような競技会であれば、顧客は来場者や地域スポーツ団体、地元の商店といった程度で、開催規模や実施団体組織への負担は小さくなるだろう。

　いずれの場合であっても顧客同士の利益は相互に関連している。例えば社会的関心が高いと視聴率も高くなり来場者数も多くなる。競技者が最高のパフォーマンスを発揮すれば観客はエキサイトするだろう。視聴率が高くなり観客が多く集まると、スポンサーロゴの露出も多くなり広告効果が高くなる。

　顧客ごとに異なる利益を調整し、全顧客が満足できるマネジメントが重要である。

[3] スポンサーは宣伝のためにイベント関連マーク（エンブレムやロゴマークなど）を使用できるので、商品に付与して売り上げを増やすことやスポンサーの認知度を高めることができる。

4. ステークホルダーの波及効果とレガシー

　スポーツイベントと利害関係にあるステークホルダーには、顧客の他に、自治体、地域経済にかかわる観光・旅行業界や建設業界、地元企業・商店、ボランティア、地元市民等が考えられる。

　ステークホルダーにとっての主な利益は波及効果とイベントレガシー[4]である。波及効果には経済的効果、教育的効果、観光効果といった正の影響があげられる。一方で環境破壊や経済的負担といった負の影響をできる限り少なくする運営も同時に求められる。レガシーとは波及効果よりも長期にわたる肯定的な効果のことである。負の波及効果をできるだけ少なくし、より効果的で肯定的なレガシーを求めるイベント経営が期待される。

5. スポーツイベントに参与するスポーツ生活者

　スポーツ生活者からみれば、スポーツイベントは非日常的な体験である。行うスポーツの立場からは日頃の練習成果を試す場である。みるスポーツの視点からは世界レベルや全国レベルの競技を鑑賞する場である。またボランティアなど支えるスポーツが展開され、競技者やボランティア同士が交流し、社会貢献ができる場でもある。スポーツイベントは「行う、みる、支える」が一体となった機会といえよう。これらはどのようなスポーツとのかかわり方であったとしても、日常生活の目標となり、夢や感動を味わい、交流や社会貢献により、人々の生活に豊かさをもたらすだろう。

　さらにスポーツイベントが生活者へ与える効果には、参加による経験だけではなく、無形のレガシーがある。競技者にとっては競技生活を動機づけ、観戦者にとっては競技鑑賞後にSNSで評論したり、地域一体感や誇りを醸成し、スポーツをはじめるきっかけとなる。イベントを契機に、支えるスポーツとしての市民ボランティアの組織化が期待される。そしてボランティアの組織的活動を通して、信頼関係やネットワークが広がり、地域の社会関係資本[5]の蓄積が期待される。

（齊藤隆志）

[4] レガシーとは波及効果よりも長期にわたる肯定的な効果について表す用語である。Gratton & Preuss (2008)によれば、レガシーは、1) ポジティブなものか、ネガティブなものか、2) 有形のものか、無形のものか、3) あらかじめ計画したものか、偶発的なものか、の3つでありこれらの軸で構成される六面体であらわされ、レガシーキューブといわれている（図8-4）。レガシーは、ポジティブ・有形・計画的なもの（いわゆる競技場や道路といったインフラ整備等）に焦点があてられがちだが、無形（ソフト面や人々の記憶等）も含む多面的な幅広い概念である。波及効果は環境や経済に対する影響があるが、環境への悪影響や建設費の高騰による住民への負担増など必ずしも肯定的でない場合もある。

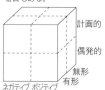

図8-4　レガシーキューブ

[5] 地域における人々の信頼関係や結びつきをあらわす用語。信頼関係や結びつきが高くなれば、人々の幸福感、教育活動や治安活動が効率的に行われるようになる。

第8章 「みるスポーツ」の 経営

第5節

みるスポーツの
スポーツプロデュース論

1. スポーツプロデュースとは

　スポーツプロデュースとは「スポーツ活動の質を高めることを目的とし、そのために、スポーツの特性やプレイヤー・鑑賞者の特性を生かしながら、スポーツルール等のスポーツを構成する要素を調整・創造する活動やその過程である」と定義される。スポーツプロデュースという考え方は、みるスポーツばかりでなく、体育授業、生涯スポーツなどの行うスポーツにおけるルールの工夫や道具の工夫などへの創意工夫にも活用される。ここでは、みるスポーツに限定し、競技会をめぐる人のかかわりから、競技会の価値（質）を高めていく垂直的な働きかけについて、スポーツプロデュース論の立場から論じていく。

2. みるスポーツとしての競技会の価値とは

　みるスポーツとして競技会の価値を高めるには「スポーツと人との文化的なかかわり」を理解し、それぞれのかかわりに応じた働きかけをプロデュースする必要がある。

　みるスポーツをめぐる人とスポーツとのかかわりには、①プレイヤーとスポーツのかかわり、②プレイヤーの競技現象とそれをみる鑑賞者のかかわり、③プレイヤーと鑑賞者同士のかかわりまである。

(1)プレイヤーとスポーツのかかわり―競技の質―

　鑑賞者が鑑賞する対象物である「競技の質」を高めることが重要である。プレイヤーが主観的にみても、鑑賞者から客観的にみても「今日の試合はとてもよい内容だった」と評価されるように競技をプロデュースする。競技の質は、プレイヤーとスポーツのかかわりから、プレイヤーがスポーツの特性に触れながら本来もっているべき競技能力を出し切るかどうか、そのパフォーマンス[①]の発揮度合いが問題となる。また、ルールやフェアプレイの観点から、競技が公正で正確に審判され、進行されなければならない。これは競技レベル、性別、国籍、障害の有無等を問わずすべてのプレイヤーにとって重要である。

(2)競技を鑑賞する―鑑賞の質―

　「プレイヤーがスポーツの特性に触れながら自身の技能を十分に発揮したプレイができているか」ということを、鑑賞者がみる力を駆使していかに解釈、解読するかが重要な点である。環境条件が悪かったり、プレイヤーがベストを尽くさなかったり[②]するとその競技はどうなってしまうだろうか。本来発揮すべき能力をプレイヤーが出し切れず、パフォーマンスも低くなり、結果的に鑑賞者もその競技をつま

[①]環境条件（気候条件やグラウンドコンディション、相手との組み合わせなど）や主体的条件（本人のやる気など）によって、プレイヤーが本来もっている競技能力が十分に発揮されないことがある。この場合は、競技能力が100%発揮される場合に比べ、競技内容の質が格段に低くなる。逆に、ハンディキャップや賞金などによって外発的にプレイヤーのやる気を高めることも可能である。

[②]ロンドンオリンピック（2012年）ではバドミントン選手が決勝トーナメントで都合のいい組み合わせになろうとわざとミスをするプレイを繰り返し、そうしたプレイヤーが無気力試合として失格となった。全力で戦わない姿勢は、フェアプレイの精神にもとるし、鑑賞していて最もつまらない競技である。手を抜いたプレイはスポーツの本質的な価値をゆがめてしまう。

らないと感じ、鑑賞の意味づけも低くなってしまう。

また、審判の判定も鑑賞の質に大きく影響する。審判は、正確でフェアな判定をすると共に、鑑賞者にわかりやすく説明することも必要となる。

(3)競技場全体が共鳴する雰囲気の価値

プレイヤーが素晴らしいプレイをすると、すべての鑑賞者が同時に歓声をあげたり、陸上競技100mのスタートの瞬間では水を打ったように静まりかえったりする。これらはプレイヤーのパフォーマンスが最高度に高まった時、それを鑑賞する質も同調するように高まり、プレイヤーと多くの鑑賞者の間で、競技の質と鑑賞の質が増幅しあうと考えることができる。これは競技場でしか味わえない、まったく独特な価値であろう。

3.競技会の価値を高める働きかけ

(1)競技の質を高めるには

競技の質を高めるには、スポーツそれ自体の構成要件の発展が期待される。構成要件の発展には、ルールの改正、技術・戦術の開発、スポーツ医科学の発展、施設・用具の開発、トレーニングやコーチング方法の開発などが影響している[3]。また、競技の質を高めるためには、プレイヤーの技術向上やコンディショニング、フェアプレイ教育やメディアトレーニング[4]といった教育的な取り組み姿勢も重要である。加えて、主催者が対戦カードやハンディキャップの工夫、公正な審判、良好な施設の提供、賞金や名誉を与えることによりプレイヤーの士気を高揚させることもプロデュース[5]といえるだろう。

(2)鑑賞の質を高めるには

鑑賞しやすくするためには、オーロラビジョンやみやすい観客席の設置など物理的な工夫が求められる。次に鑑賞の質を上げるための働きかけとして、みる力へのサポートが考えられるだろう。例えば審判によるジャッジの説明、ミニFMやタブレットを用いた解説、初級者向けにはパンフレットの工夫、データ端末を使ったルール・戦術説明、選手情報・コメントなど、鑑賞の知的理解を補助するサービスが考えられる。最も期待できるのは、「マッチデープログラム」[6]だろう。プレイヤーのコンディション、監督のコメント、今日の競技の両チームの予想フォーメーションの解説など幅広く情報が提供されるので、これを試合前やハーフタイムに読むことによって自然とみる力を高めることができる。

(3)競技の質と鑑賞の質を同時に高めるには

競技の質と鑑賞の質を同時に高めるために、フィールドと観客席の距離を縮めたり、スタンド傾斜角を急にするなど、みやすさに配慮したり、あるいは観客同士の一体感を高めるために座席を円形に配列したり、あえて座席数を少なくすることで満員状態をつくり出し雰囲気を盛り上げようと形状が工夫された競技場もある。

音響やスクリーンについては、リズミカルな音楽を高質な音で聞けたり、ゴールシーンをリアルタイムでプレイバックする大きくて高画質なスクリーンの配置といった工夫がされている。座席数を制限したりすることで爽快感や密集感が演出できる。競技そのものの盛り上がりのタイミングを合わせることをスタッフがうまく助長するなど、意図的に感動を共鳴化させる工夫も考えられる。　　　　　（齊藤隆志）

[3]例えば、ラリーが続くように卓球（2000年）やテニスのボール（2003年）の大きさが変更された。またバレーボールではラリーポイント制へ変更（1999年）された。これらは鑑賞者からみてドラマティックな展開をねらったルール変更である。北京オリンピック（2008年）ではマラソンコースにミストシャワーがつけられ体温上昇を抑えるサービスが施された。陸上競技では競技進行をスムーズにするために不正スタートのルールが変更された（2010年）。フライングがなくなり、1度きりのレースへの緊張感が高まることで、競技全体が共鳴しやすくなったと考えられる。

[4]競技後のインタビューや記者会見で質問にわかりやすく答えられるように日頃から教育を受けること。

[5]競技レベルの高いプロのプレイヤーはもとより、学校の球技大会のような比較的競技レベルが低いプレイであっても、彼らが存分にスポーツの特性に触れて楽しんでいる（一生懸命プレイしている）ことを鑑賞できれば、鑑賞者は感動することが可能である。

[6]マッチデープログラムとは、試合当日の出場選手や対戦成績等の情報を記載しているメディアのことである。

column **Ⅷ**

スポーツ参加とスポーツ観戦の関係

　人とスポーツのかかわりにおいては、「する」、「みる」、「支える」などの多様な参与形態があるが、その中でも「する」と「みる」は、直接スポーツとかかわるという意味で中心的なかかわりである。スポーツをする人（スポーツ参加者）やスポーツを観る人（スポーツ観戦者）の行動を理解することは、スポーツの普及・振興にとって重要であり、体育・スポーツ経営において主要な研究テーマの1つとなっている。スポーツ参加者・観戦者の行動を理解するプロセスにおいて、スポーツ参加者行動とスポーツ観戦者行動は各々別個なものとして捉えられることが多かったが、スポーツを「する」ことと「みる」ことの間には様々な関係があり、最近の研究などでもそれが徐々に明らかにされつつある。

　例えば、プロのアスリートの素晴らしいプレイをみて「自分も同じようなプレイをしてみたい！」という感情が沸き上がってきたり、チームメイトや知り合いが競技会場で頑張っている姿をみて「自分も試合をしたい！」とウズウズしたりすることはないだろうか？　筆者は、2012年頃に民間テニスクラブの会員（レッスン生）を対象にして、テニスクラブのコーチが行うエキシビションマッチを観戦するプログラムを企画し、観戦者（会員）の心理的な変化について調査を行った。結果、エキシビションマッチの観戦によって、「テニスの実施意欲が強く向上した」という人や、「自分自身の技術向上に対するきっかけを摑めた」という人の存在が、確認されている（霜島・木村、2013a）。また、この研究以外にも、大学のバレエの授業において、プロが演技を行っているDVDを鑑賞させることで、学生のバレエの継続意欲が向上したという報告もある（醍醐ほか、2015）。これらのことから「素晴らしいプレイや試合をみると、自分もそのスポーツを今まで以上にやりたくなる」といった現象が生じることが、科学的に確認されつつある。

　ところで、上記の内容はスポーツ観戦がスポーツ参加に影響を与えるという現象（観戦⇒参加）であるが、逆に、スポーツ参加がスポーツ観戦に影響を与える（参加⇒観戦）といったことはないであろうか？過去のデータによると、国内最大級のテニス観戦イベントである「ジャパンオープン」において、来場客のうち、アンケート調査に回答してくれた観客の約80％が、テニスの経験者であったというデータがある（佐野、2007）。この結果から、テニスのように多くの実施者を持つスポーツにおいては、スポーツ参加と観戦には密接な関係があることがみてとれよう。筆者が2010年頃、テニス実施者を対象に実施した調査からは、テニスを行う動機として「技術的に向上したい」という思いが強い人ほど、「スタジアムに行ってプロのテニスの試合を生で観戦したい」という欲求が高いことがわかっている（霜島・木村、2013b）。この結果から、スポーツ参加者の中には「自分のプレイの参考、お手本にするためにプロのスポーツイベントを観に行く」という人が多く存在していることが想像でき、例えばテニスのように実施人口が多いスポーツの場合には、観戦人口を増やす1つの方策として、実施者の技術的な向上欲求を高めることにつながる補助的なプログラムやサービスを開発するといったアプローチも有効であろう。

　このように、スポーツ参加者の拡大のためにはスポーツ観戦の側面からアプローチすることも重要であり、同様に、スポーツ観戦者の拡大のためにはスポーツ参加の面からアプローチすることも重要であるといえよう。スポーツ参加行動とスポーツ観戦行動の関係性はまだまだ解明されていない部分も多く、今後更なる研究が期待されるテーマである。

（霜島広樹）

［参考文献］
＊佐野昌行「国際スポーツイベント観戦者の基礎的特性に関する研究」、『日本体育大学紀要』Vol. 36、No.2、pp. 231-248、2007
＊霜島広樹、木村和彦「テニスクラブ生を対象としたコーチによるエキシビションマッチが観戦者に与える影響：クラブマネジメントへの活用可能性の観点から」、『スポーツ産業学研究』Vol. 23、No. 1、pp. 19-32、2013a
＊霜島広樹、木村和彦「参加動機が観戦意図に与える影響に関する検討：テニスを事例にして」、『スポーツ科学研究』Vol. 10、pp. 12-25、2013b
＊醍醐笑部、木村和彦、作野誠一「バレエDVD鑑賞前後における態度・行動意図の変容：大学バレエクラスを対象として」『スポーツ科学研究』Vol. 12、pp. 19-37、2015

索引

索　引

●英字

A階層 ················· 33
CRM ··················· 117
C階層 ················· 33,77
PFI事業 ··············· 47
PFI方式 ··············· 47,62
PM理論 ················ 114
P階層 ················· 33
STP分析 ··············· 95
S階層 ················· 33

●あ

アクセシビリティ（accessibility）
················· 60
新しい公共 ············· 7,123
アメニティ（amenity） ··· 60
意思決定の機能 ·········· 20,100
異質集団型クラブ ········· 80
意図的運動現象 ·········· 14,28
イノベーション ······ 12,52,89,110,
115
イベント ········· 65,133,140,141
インクルージョン ········· 59
インセンティブ（誘因・報酬）
················· 97,113,126
インフォーマル組織 ······· 100,112
運動行動 ··············· 28,58
運動施設 ··············· 42,125
運動（実技）指導者 ······· 36,56
運動者··· 5,22,23,28,32,53,59,65,
66,77,78,81,90,94,100,130
運動者行動 ········· 28,29,30,32,58
　―の可能性 ··········· 31
　―の実質性・形式性 ····· 29
　―の自律性・他律性 ····· 30
運動者志向 ············· 91
運動生活 ··············· 32,33
　―の階層的把握 ········ 33
　―の類型的把握 ········ 32
運動部活動 ······ 8,20,29,50,54,56,

58,59,68,84,90,98,105,117,
122,130
　―の開発 ············· 86
　―の文化的特質 ········ 86
　―をめぐる問題 ········ 85,130
衛生要因 ··············· 113
エリアサービス（Area Service: A. S.）
····· 19,36,58,59,60,62,122,
125
　―事業 ····· 42,58,59,60,62,63
行うスポーツ······ 6,8,15,27,28,32,
36,38
オフ・ザ・ジョブ・トレーニング（Off・JT）
················· 40
オン・ザ・ジョブ・トレーニング（OJT）
················· 40

●か

会員制 ················· 63,125
階層組織の原則 ·········· 108
外部指導者··· 54,87,105,122,130
開放制（非会員制） ········ 63
価格設定（Price） ········ 91,97
拡延プログラム ·········· 67
学習プログラム ······ 69,73,81,137
学校開放 ··············· 46,62,124
　―運営組織 ··········· 46
学校体育······ 4,8,15,23,44,46,50,
85,90,104,122,130,136
　―施設開放 ··········· 46,59,62,122
学校の体育経営 ········· 8,10,20,107,
117,119
過程理論 ··············· 112
環境 ················· 4,10,11,12,18,
19,22,31,36,42,45,54,60,73,
94,95,110,115,118,119,126,
132,138,142
環境創造 ··············· 23
鑑賞の質 ··············· 133,142,143
間接的鑑賞（視聴） ········ 135
官民協働 ··············· 62

企業スポーツクラブ ········ 126
企業（民間営利）のスポーツ経営
················· 9,90,102
期待理論 ··············· 112
基本計画（マスタープラン）
················· 103,125
基本プログラム ·········· 67
教科外体育計画 ·········· 104
教科体育計画 ··········· 104
競技形式 ··············· 72
競技的クラブ ··········· 79,84
競技の質 ··············· 142,143
競技プログラム ·········· 69,72
競技別スポーツ統括団体 ····· 127
凝集性 ················· 112
共通目的（common purpose）
·········76,102,107,111,112
協働システム（co-operative sys-
tem） ················ 106
共同利用 ··············· 45,83
クオリティ··· 60,61,92,93,94,125
具体的計画（アクションプラン）
················· 103
クラブ········ 63,76,78,79,80,81,
82,83,84,88,89,98
　―運営組織 ··········· 87
　―サービス（Club Service: C.S.）
················· 19,36,77,91
　―サービス事業 ······· 76,77,78,
82,88
　―の性格 ············· 78
　―マネジャー ·········98,123
　―連合組織 ··········· 83
経営参加 ··············· 23
経営資源······ 17,22,36,37,42,48,
54,100,103,117,118,122
経営条件の評価 ·········· 117,118
経営成績 ··············· 26,117
経営成績の評価 ·········· 117
経営戦略 ··············· 103

経営の主体………… 17,22,81,124
経営の4条件……………………… 16
経営評価…………………………… 116
経営分析……………………48,116
経営目的……… 5,10,16,26,48,86,
　　100,102,116
経営目標…… 16,26,101,102,116
経営理念……………………16,102
経営倫理…………………… 16,23
計画の策定…………………20,100
形式的運動者…………………… 29
継続的プログラム………………… 71
健康・体力づくり事業財団……… 40
コア・プログラム(中核プログラム)…67
公営スポーツ競技……… 128,129
公共スポーツ施設経営………… 123
貢献……2,5,6,9,88,89,98,107,
　　108,111,141
貢献意欲（willing of co-operation）
　　………………………107,111,112
公的財源………… 11,37,49,51,128
国際オリンピック委員会(IOC)
　　……………………………… 128,140
国際競技連盟（IF）……… 128,140
国内競技連盟（NF）… 50,128,140
国立スポーツ科学センター（JISS）
　　……………………………………… 50
コミュニケーション（communica-
　　tion）……… 77,100,107,111
コミュニティ・スポーツ……………8
コミュニティセンター……… 47,62
コミュニティの形成………………… 88
コンセプチュアル・スキル……… 39
コンティンジェンシー理論（条件適合
　　理論、環境適応理論）…… 115
コンフリクト……………………80,112
●さ
サービス提供プロセス（Process &
　　Procedures）…………… 97
サイコグラフィック……………… 96

細分化（ゾーニング）……45,56,95
財務資源（カネ）……………36,37,48
支える（創る）スポーツ……… 7,8,
　　27,89,120,141
サッカーくじ（toto）………… 51
シーズン制…………………… 80,87
事業（enterprise or business）
　　……… 10,17,18,24,36,52,54,
　　103,109,137,138,139
事業過程……………… 17,20,22,48
事業部制組織…………………… 109,111
市区町村域施設…………… 44,62
事後評価……………………… 119
施設の分類……………………… 42
自然的運動現象………………… 14
事前評価……………………… 119
事中評価……………………… 119
実質的運動者………………… 29
指定管理者制度…47,54,62,98,123
私的財源…………………… 37,49,128
社会教育主事…………………39,124
社会的責任………………8,10,130
修正活動……………………… 116,117
従属的クラブ………… 78,86,130
従属的施設…………………… 44,58
従属的スポーツプログラム……… 68
住民自治…………………… 23,89
住民主導……………………… 110
受益者負担…………………37,47,49
主体的クラブ………………… 78,79
主体的施設…………………… 43,58
主体的条件…………………18,31,59
主体的スポーツプログラム……… 68
生涯スポーツ……… 9,14,45,50,86
情報活用力・流通力……………… 55
情報管理力…………………… 55
情報技術・能力…………37,53,55
情報資源（情報）……36,37,48,52,
　　53
情報収集力…………………… 55

情報内容……………………… 53
情報分析・解釈力………………… 55
職能制（機能別）組織………… 109
職場のスポーツ経営………9,20,125
人員配置……………………21,100
人的資源（ヒト）………… 36,38,
　　39,48,54,65,103,107,120,122,
　　124,130
人的資源管理（Human Resource
　　Management: HRM）… 114
ステークホルダー……49,119,126,
　　130,140,141
スポーツイベント……… 65,98,133,
　　140,141
スポーツNPO ………………… 9,49
スポーツ活動の継続性……… 33
スポーツ活動の合理性……… 33
スポーツ活動の自律性……… 33
スポーツ活動の組織性……… 33
スポーツ環境の条件…………… 19
スポーツ観戦………………… 6,144
スポーツ基本法……… 2,4,9,26,38,
　　45,46,49,54,74,124
スポーツ行政……8,23,83,123,124
スポーツクラブ………………9,29,
　　31,33,49,58,63,65,73,76,78,
　　82,83,85,87,88,89,120,122,1
　　23,124,125,126,127
スポーツ権…………………………4
スポーツコミッション………98,139
スポーツサービス……… 19,22,28,
　　32,36,52,81,91,92,94,103,
　　118,122
　―の開発……………………… 91
　―の特徴……………………… 92
スポーツ産業………………… 24
スポーツ視聴…………………………6
スポーツ少年団……………… 80
スポーツ消費者………………… 90
スポーツショー……………… 129

147

スポーツ振興基金……………… 51
スポーツ振興基本計画……… 28,45,
　77,87,89,105
スポーツ振興投票（スポーツ振興くじ）
　………………………………51,129
スポーツ振興法…… 44,45,74,124
スポーツ推進委員（旧体育指導委員）
　……………9,38,74,105,124
スポーツ推進計画……………… 105
スポーツスポンサーシップ（sport
　sponsorship）……………… 92
スポーツ生活……… 6,26,34,102
スポーツ生活者……27,28,130,141
スポーツ庁………34,99,108,115
スポーツ・ツーリズム……… 24,34,
　42,98
スポーツによるマーケティング
　（marketing through sports）
　……………………………… 92
スポーツの条件………………19,31
スポーツの生活化………… 3,18,74
スポーツのマーケティング（marketing
　of / for sports）…………… 91
スポーツプログラミング……… 68
スポーツプログラム………… 29,33,
　64,65,66,68,70,72
　―の構造…………………… 66
　―の性格…………………… 68
　―のタイプ………………… 68
スポーツプロデュース…… 133,142
スポーツ文化… 3,5,6,89,133,138
スポーツ・ボランティア……34,120
スポーツ・ボランティア・マネジメント
　……………………………… 120
スポーツマーケティング…… 10,90,
　91,94
スポーツマーケティング戦略…… 94
スポーツマンシップ………………2,7
スポーツリーダーバンク……… 82
スポーツ立国戦略……………… 45

スポンサー料………………49,128
生活圏………………………42,45
生活・社会環境的条件………… 18
生活スポーツ…………………… 14
製品（Product）…… 12,90,92,97,
　106,127
セグメンテーション…………94,95
接近―逃避行動………………… 29
総合運動部……………………… 87
総合型地域スポーツクラブ…… 9,34,
　56,76,89,98,105,106,109,
　110,118,120,123,130
総合クラブ…………………80,83
総合プログラム………………… 70
組織（organization）… 5,8,12,15,
　16,20,21,22,83,100,102,106,
　107,108,109,110,111,112,
　114,115,116,130,138,140
組織階層………………………… 103
組織化の機能…………………21,100
組織間関係……………………23,130
組織構造………………100,108,111
組織（マネジメント）指導者… 36,56
組織文化………………………… 37
●た
ターゲティング………………94,96
体育経営計画…………………… 104
体育事業計画…………………… 104
体育・スポーツ行政組織……… 124
体育・スポーツ経営組織…… 10,20,
　22,94,100,103,106,107,108,
　110,116,118
体育・スポーツ経営の基本的目的（価
　値・便益）……………………… 10
体育・スポーツ経営の実践領域
　…………………………… 11,20
体育・スポーツ経営の目的… 18,20,
　22,27
体育・スポーツ事業…… 10,19,22,
　24,36,58,68,90,101,102,105,

　118
体育・スポーツ組織…………… 106
体育の目的……………… 15,85,117
第2期スポーツ基本計画…… 45,46,
　104,122
単一種目型のクラブ………… 80,83
単独クラブ…………………80,82
単独プログラム………………… 70
単発的プログラム……………… 71
地域施設………………44,45,62
地域スポーツクラブ経営……… 122
地域のスポーツ経営………… 8,102
チーム・ロイヤリティ………… 127
チャンピオンシップスポーツ… 2,14
直接的鑑賞（観戦）………… 135
抵抗条件………………………… 31
テクニカル・スキル…………… 39
テストプログラム……………69,75
デモグラフィック……………53,96
デュアルユース………………… 47
動機づけ…………21,75,100,112
動機づけ要因…………………… 112
同質集団型クラブ……………… 80
統制範囲（span of control）… 108
トップマネジメント（top manage-
　ment: T.M.）………… 103,108
都道府県域施設……………44,62
トレーニング的クラブ………… 79
トレーニングプログラム……70,75
●な
内容理論………………………… 112
ナショナルトレーニングセンター
　（NTC）……………………… 50
ナレッジ・マネジメント…… 52,55
日常生活圏………………44,62,98
日本オリンピック委員会（JOC）
　……………………………50,128
日本障がい者スポーツ協会……… 40
日本スポーツ振興センター（JSC）
　……………………………… 51

日本体育協会………… 40,128,140
日本体育施設協会………………… 40
日本レクリエーション協会……… 40
二要因理論（動機づけ―衛生理論）
　………………………… 112
●は
発表プログラム………………… 70
バリアフリー………………… 37,45
ビジョン………………… 102,115
ヒューマン・スキル……………… 39
評価・統制の機能…………21,101
標準の設定………………… 116
フェアプレイ………… 2,7,136,142
フォーマル組織………………… 100
不規則的運動者………………… 29
複数校合同部活動…………80,122
複数種目型クラブ………… 80,87
付属設備………………… 37,42
付帯施設…………………37,42,45
物的資源（モノ）…………36,42,46
物理的環境要素(Physical Evidence)
　………………………… 97
フロー理論………………… 113
プログラミング… 67,68,72,73,75
プログラムサービス（Program Service: P.S.）…………19,65,67
プログラムサービス事業…… 64,65,
　66,68
プロジェクト組織………… 109,140

プロスポーツクラブ……………… 126
プロモーション活動（Promotion）
　………………………… 91,97
文化的価値…………… 4,18,33,132
文化的生活………………… 26
文化としてのスポーツ……… 2,7,10,
　14,18,22,26,41,107,130,133
分析評価………………… 116,117
変革型リーダーシップ………… 115
保健体育審議会…………44,84,87
ポジショニング……………… 94,97
ボランティア………… 7,11,38,120,
　132,141
●ま
マーケティング的思考………… 23
マーケティング・ミックス… 95,97
マトリックス組織……………… 109
マネジメント機能……… 17,21,22,
　100,116,118
マネジメントサイクル…… 21,100,
　101,106,116,119
ミッション……………… 102,105
ミドルマネジメント（middle management: M.M.）……103,108,115
みるスポーツ……… 6,27,34,38,69,
　90,126,132,133,134,138,139,
　140,142
　―の経営……………… 128,132
　―ライフ…… 133,134,135,137

みる力………… 134,136,137,142
民間スポーツクラブ経営……… 124
メガ・スポーツイベント…………38,
　41,128
目的の設定……………… 16,20,100
モチベーション………107,112,114
モチベーション・マネジメント…114
モラール（士気）………… 107,112
●や
ユーザビリティ（usability）…… 60
誘致距離………………… 59,62
ユーティリティ（utility）……… 60
ユニバーサルデザイン……… 37,45,
　47,61,97,128
欲求階層説………………… 112
●ら
ライフスタイル… 53,55,79,88,95
ラインアンドスタッフ組織…… 109
ライン組織………………… 109
リーダーシップ………112,114,115
リーダーシップの特性………… 114
立地・流通（Place）………… 97
レガシー………………… 140,141
レガシーキューブ……………… 141
レクリエーション的クラブ……… 79
レクリエーションプログラム　…69
ロワーマネジメント（lower management: L.M.）…… 103,108

149

■執筆者（執筆順）

柳沢	和雄	筑波大学名誉教授	第1章第1～3節、第4章第1節
山本	悦史	新潟医療福祉大学	コラムⅠ
清水	紀宏	筑波大学	第2章第1～4節、第4章第4～5節、第5章第3節
朝倉	雅史	筑波大学	コラムⅡ
永田	秀隆	仙台大学	第3章第1～3節
中路	恭平	南山大学	コラムⅢ
木村	和彦	早稲田大学	第4章第2節、第7章第1～2節
藤井	和彦	白鷗大学	第4章第3節
馬場	宏輝	帝京平成大学	コラムⅣ
中西	純司	立命館大学	第5章第1～2節、第4節
川邊	保孝	東海大学	コラムⅤ
浪越	一喜	帝京大学	第6章第1～2節
作野	誠一	早稲田大学	第6章第3～4節
川崎登志喜		玉川大学	第6章第5節
行實	鉄平	久留米大学	コラムⅥ
今宿	裕	作新学院大学	コラムⅦ
齊藤	隆志	日本体育大学	第8章第1～5節
霜島	広樹	福岡大学	コラムⅧ

テキスト 体育・スポーツ経営学
©Kazuo Yanagisawa, Kazuhiko Kimura, Norihiro Shimizu, 2017　　NDC377/viii, 149p/26cm

初版第1刷————2017年11月10日
　第4刷————2022年 4月 1日

編著者————柳沢和雄・木村和彦・清水紀宏
発行者————鈴木一行
発行所————株式会社 大修館書店
　　　　　　〒113-8541 東京都文京区湯島2-1-1
　　　　　　電話 03-3868-2651（販売部）　03-3868-2297（編集部）
　　　　　　振替 00190-7-40504
　　　　　　[出版情報] https://www.taishukan.co.jp

装丁・本文デザイン—石山智博
組　版————加藤　智
印　刷————横山印刷
製　本————牧製本印刷

ISBN978-4-469-26831-7　　　　Printed in Japan
Ⓡ本書のコピー、スキャン、デジタル化等の無断複製は著作権法上での例外を除き禁じられています。本書を代行業者等の第三者に依頼してスキャンやデジタル化することは、たとえ個人や家庭内での利用であっても著作権法上認められておりません。